胶东家谱考略

杨剑平　贾竹青　编著

齐鲁书社

图书在版编目（CIP）数据

胶东家谱考略 / 杨剑平，贾竹青编著. -- 济南:
齐鲁书社，2020.5
ISBN 978-7-5333-4334-7

Ⅰ. ①胶… Ⅱ. ①杨… Ⅲ. ①家谱－研究－山东
Ⅳ. ①K820.9

中国版本图书馆CIP数据核字(2020)第047867号

胶东家谱考略

JIAODONG JIAPU KAOLUE

杨剑平 贾竹青 编著

主管单位	山东出版传媒股份有限公司
出版发行	齊魯書社
社 址	济南市英雄山路189号
邮 编	250002
网 址	www.qlss.com.cn
电子邮箱	qilupress@126.com
营销中心	（0531）82098521 82098519
印 刷	山东星海彩印有限公司
开 本	889mm×1194mm 1/16
印 张	18.75
插 页	2
字 数	370千
版 次	2020年5月第1版
印 次	2020年5月第1次印刷
标准书号	ISBN 978-7-5333-4334-7
定 价	198.00元

序

家谱也称作族谱、祖谱、宗谱、家乘等，它是中华传统文化的一个重要组成部分；国有史，地有志，家有谱，人有传，这些都属于中华文明所特有的人文史籍文献。在中华民族历史上，尤其是在汉民族的历史上，家谱是影响力最大、最为普通民众所接受的史书之一。所不同的是，家谱是以记载一个有着血缘关系的家族的世系与事迹为主要内容的史类文献，它不但是为了明世系、序昭穆、理亲疏、辨血统，还具有敬祖先、制族规、定家训、诏后人的作用。

也可以说，家谱是一个家族的生存发展史，它不仅记录着该家族的起源和迁徙的轨迹，也记录着这个家族的生息、繁衍、婚姻、伦理、道德等方面的全部信息。但它只是记载着父系家族男性成员的信息，女性成员甚至连名字都没有留下。每一个有姓有名的男性族人，无论他走到哪里，流落何方，只要凭着姓名和籍贯，就可以确定他在其家族中所处的世系，这就是“认祖归宗”，这就是家谱的魅力之所在。

而且，每个姓氏的家谱，大都记载着自己姓氏的起源，看了自己家族的家谱，就可以知道自己姓氏的源流，知道自己根在何处，也就可以世世代代传承下去，这也是中华文明能够绵延不断地流传至今的原因之一。一个个家族、一代代子孙锲而不舍地修纂自己的家谱，其用意就是要使自己家族的姓氏血缘关系维持不断，流传有序，家谱也因此成为维系家族血缘关系的纽带。

一个编有家谱的家族，更具有凝聚力，更具有忠义孝悌、耕读传家等中华民族的传统美德。这些家族往往都有家族的祠堂、私塾、林地、义田、墓地等公产，也有自己的堂号。他们通过定期的修谱活动，以及举行家谱中规定的各种祭祖仪式，能够使全体族人彼此间增加感情的交流，增进家族中各支派间的认同感，从而能组成一个利益相关的命运共同体，以共同抵御外来的天灾人祸。在家族内部能互通有无、救急救难，这也是家谱的作用之一。

凤台书屋收藏有百余种老家谱，除去残本和品相不佳者外，共整理出八十种，涉及五十多个姓氏。这些姓氏主要分布于山东省的胶东地区，其中以即墨和莱阳居多，其次是福山、黄县（今龙口市）、栖霞等地。这些家谱大多编修于清代中晚期和民国时期，有木刻印本、石印本和铅印本，还有一部分手抄本，也有少量的活字本，装订形式全部为线装，极个别版本的书名页采用套红印刷。这一部部、一册册见证着各自家族兴衰史、荣辱史的老家谱，由于各种原因，被它们的主人遗弃了。幸运的是，它们如今通过各种渠道来到凤台书屋，受到良好的待遇，被妥善地保护起来了。不幸的是，还有更多的老家谱，也是由于各种原因，已经湮灭毁失，我们再也见不到了。如果将来有一天，这些幸运保存下来的老家谱，能以某种方式重新回到它们各自家族后人的手中，那是最好不过的事情。

当今社会，经济活跃，人口流动频繁，社会发展突飞猛进。随着农村的城市化进程，很多传统的以家族聚集的形式形成的村落正在快速地消失，族人分散迁徙，家庭成员分居四方，再聚在一起编修家谱，变得非常不现实。家谱三十年一修这一规矩已经被打破，这是一件令人忧虑的事情。家谱作为一种承载中华民族生生不息的文化载体，恐怕要出现断档，这种中华民族的非物质文化遗产，是否也到了该进行保护的时候了？

杨剑平

2019年已亥春月清明前

于凤台书屋

目 录

序 言 ……(1)

《鲁氏族谱》十卷 ……(1)
《牟平矫氏族谱》不分卷 ……(5)
《福山鹿氏族谱》三卷 ……(8)
《（莱阳双山）马氏族谱》二卷 ……(11)
《（莱阳双山）马氏族谱》四卷 ……(14)
《（黄县）扶风马氏族谱》二卷 ……(17)
《（福山）巴氏支谱》不分卷 ……(20)
《栖霞名宦公牟氏谱稿》八卷 ……(23)
《（即墨）蓝氏族谱》不分卷 ……(27)
《即墨蓝氏族谱》不分卷 ……(31)
《即墨蓝氏族谱》六卷……(34)
《（即墨）孙氏族谱》二卷 ……(37)
《即墨孙氏族谱》四卷……(40)
《即墨（如在堂）孙氏族谱》不分卷……(43)
《（莱阳）孙氏族谱》四卷 ……(47)
《（荣成）杏林孙氏族谱》十四卷 ……(50)
《（即墨）李氏族谱》不分卷 ……(53)
《（栖霞）李氏谱书》四卷 ……(56)

《莱阳李氏族谱》不分卷 …………（59）
《（即墨）廉氏族谱》不分卷 …………（62）
《（福山）柳氏谱书》六卷 …………（65）
《（莱阳）耿氏族谱》不分卷 …………（69）
《即墨张氏族谱》四卷 …………（73）
《（莱阳双山）张氏世谱》六卷 …………（76）
《（莱阳）张氏谱册》长支二册 …………（79）
《（蓬莱）张氏族谱》不分卷 …………（82）
《（莱阳）续修张氏谱书》十卷 …………（86）
《莱阳于氏族谱》四卷 …………（90）
《即墨于氏族谱》上、下卷 …………（97）
《于氏族谱》四卷 …………（101）
《（福山）于氏家谱》不分卷 …………（104）
《即墨杨氏族谱》不分卷 …………（107）
《即墨杨氏族谱》不分卷 …………（111）
《（莱阳）盖氏族谱》不分卷 …………（114）
《（莱阳）盖氏族谱》十二卷 …………（117）
《（莱阳）史氏族谱》五卷 …………（120）
《豫齐戴氏家乘》不分卷 …………（123）
《黄县王氏族谱》不分卷 …………（126）
《即墨王氏族谱》不分卷 …………（129）
《（福山官庄）陈氏家谱》三卷 …………（136）
《东莱宫氏族谱》四卷…………（139）
《武威郡贾氏族谱》十卷 …………（143）
《（即墨）华氏族谱》不分卷 …………（148）

《（即墨）白梅安梁四氏合谱》不分卷 …… (151)
《福山县谢氏家谱》不分卷 …… (155)
《（文登）邵氏族谱》不分卷 …… (159)
《（莱阳）董氏谱书》七卷 …… (162)
《（即墨）董氏世谱》不分卷 …… (166)
《即墨东南厢解氏世谱》四卷 …… (170)
《初氏族谱》六卷 …… (174)
《（黄县）麻氏阖族谱策》四册 …… (179)
《墨邑栾氏支谱》不分卷 …… (184)
《（莱阳）周氏族谱》四卷 …… (187)
《即墨周氏族谱》不分卷 …… (191)
《（牟平）贺氏族谱》不分卷 …… (195)
《（即墨）乔氏族谱》不分卷 …… (198)
《天水郡赵氏合编族谱》十三卷 …… (201)
《（莱阳）天水赵氏支谱》上下卷 …… (206)
《芝阳赵氏族谱》四卷 …… (209)
《黄县赵氏西支族谱》八卷 …… (213)
《济阳郡左氏族谱》六卷 …… (217)
《林氏世谱》上、下卷 …… (221)
《（即墨）万氏族谱》二卷 …… (226)
《（莱阳敦睦堂）姜氏族谱》十二卷 …… (230)
《东莱鼎甲庄姜氏族谱》分卷 …… (233)
《山东福山古现集姜氏谱书》不分卷 …… (237)
《定海郡隋氏族谱》十二卷 …… (241)
《隋氏族谱》四卷 …… (245)

《昌阳吕氏族谱》四卷 ……（248）
《即墨江氏族谱》六卷 ……（252）
《豫东刘氏家谱》四卷 ……（256）
《即墨县西流峰刘氏世谱》不分卷 ……（260）
《莱阳彭城郡刘氏族谱》上、下卷 ……（264）
《东莱刘氏族谱》四卷 ……（268）
《即墨城后刘氏族谱》四卷 ……（272）
《（莱西）刘氏族谱》四卷 ……（276）
《（黄县）范氏家乘》四卷 ……（280）
《（即墨）迟氏族谱》不分卷 ……（284）
《高密仪氏族谱》十二卷（首一卷、末一卷） ……（288）

《鲁氏族谱》十卷（一）

魯氏族譜　卷一

魯氏族譜

魯經復題

《鲁氏族谱》十卷（二）

序文

魯氏東海世家也其先澤綿遠人才蔚起至今流傳不絕而扶風一派繁衍於龜蒙泰岱者居多余嘗西遊至東平瞻扶風懔然想見其衣冠文物之美與其事業聞望之盛而一脈相傳尤表表東海間甲辰夏五月余由濟南歸暇日閒步亭山村維時東亭魯公論及其修譜一事即囑余作序曰吾與汝交好歷有年所魯氏世係汝盡知之其為我叙之余謝不敏然與東亭至戚義固弗可辭也按魯氏其先世居青州後遷於招遠廟之夼至大明由廟之夼遷於棲邑者一族遷於萊邑氏屋姜格莊亭山者二族其始之某公某諱與某公遷某處班班可考距今有三百餘年矣夫天地之氣始萃而終渙生人之道始合而終睽循其枝葉而忘其本根者往往有之若此者皆不修譜之弊也故渙者萃之睽者合之此仁人孝子之心也然則聯親情如一體昭百世之同源譜書之所係

《鲁氏族谱》十卷，十册，民国印本。框高 21.7 厘米，宽 32.2 厘米，四周双边，单鱼尾。书名页：鲁氏族谱，鲁经复题。

卷一前有：赐进士出身内阁中书加三级荆宇焘撰“序文”、戊申科岁贡生十九世孙经复民国二十六年（1937）撰“序文”；谱例；更正；目录；鲁氏修谱名氏：发起人，注笔人，校正人，采访人；鲁氏历代科名录；鲁氏节孝志。

卷十后有：“莱阳城内复兴书局承印，定价国币伍拾贰圆伍角。”

目录：卷一栖邑朱留支，卷二栖邑朱留支，卷三海邑大鲁家支，卷四海邑鲁家沟支，卷五莱邑韩格庄支、杜林头支、夏庄支、萧家疃支，卷六莱邑瓦屋支，卷七莱邑姜格庄支，卷八海邑小鲁家支、海阳城里支，卷九莱邑东亭山村支，卷十平度支。

谱例有十二条，其一：“凡五世一抬头，取五世同堂之义，嗣续益繁则世益增，虽万世不紊也。”其二：“凡界画长子长孙直下，其同父兄弟则依次横列于左，犹古大宗小宗之意也。”不一一列举。

更正有十条，其十为辈分排序：“鲁氏居栖、莱、海三县，族人繁盛，恐日后世次紊乱，合族共议自二十一世起，按字排续立有：世缘佩命，膺求多福；正义修心，齐家治国。十六字每世照排，井井不紊，尽后合族另行计排。”

鲁经复《序》曰：“《诗·大雅·鲁颂》篇《閟宫有侐》一章一则曰：建尔元子，俾侯于鲁。再则曰：乃命鲁公，俾侯于东。而鲁之国于是立，而鲁氏之族姓亦于是始。考前汉《地理志》：周兴，以少皞之墟（即今山东曲阜），封周公子伯禽为鲁侯，以为周公主。注云：鲁为伯禽之后。此以国为姓之通例也。……谨察吾始祖居青州东平，后迁居招远庙子夼，至大明初年由庙子夼迁居栖邑朱留者一族，迁莱邑瓦屋、姜格庄、亭山者各一族，迁于海邑小鲁家者一族。由朱留迁于平度者一族，迁于莱邑韩格庄者一族，迁于海邑鲁家沟、大鲁家者各一族，迁于黄邑者一族。由韩格庄迁于莱邑杜林头、夏庄、萧家疃者各一族。由海邑大鲁家迁于大龙口者一族。”

荆宇焘《序》曰：“鲁氏，东海世家也。其先泽绵远，人才蔚起，至今流传不绝。而扶风一派，繁衍于龟蒙泰岱者居多。余尝西游至东平，瞻扶风忾然，想见其衣冠文物之美，与其事业闻望之盛，而一脉相传，尤表表东海间。甲辰夏五月，余由济南归，暇日闲步亭山村，维时东亭鲁公论及其修谱一事，即嘱余作序，曰：吾与汝交好历有年所，鲁氏世系汝尽知之，其为我叙之。余谢不敏，然与东亭至戚，义固弗可辞也。按鲁氏其先世居青州，后迁于招远庙之夼，至大明由庙之夼迁于栖邑者一族，迁于莱邑瓦屋、姜格庄、亭山者二族。其始之某公某讳与某公迁某处，班班可考，距今有三百余年矣。”

扶风，乃鲁氏之郡望也。扶风郡，三国时置，治所在槐里（今陕西兴平东南），晋移治池阳（今陕西泾阳西北），北魏移治好畤（今陕西乾县东）。

鲁国在公元前256年为楚国所灭，鲁姓子孙被迫迁居下邑（今安徽砀山东），后此地被齐国所占，鲁姓即在山东大地缓慢繁衍。秦汉之际，鲁姓开始向当时的政治文化中心——关中迁徙。王莽时代，有扶风平陵人鲁匡在朝中任职，号为“智囊”，其子在建武初为武陵太守，其孙鲁恭为东汉名相，恭之弟鲁丕任侍中显职。由于此支扶风鲁姓历代显贵，族大人众，于是形成了鲁姓历史上第一大郡望——扶风郡。东汉中期以后，鲁姓向河南新蔡一带迁衍，后昌盛壮大为鲁姓新蔡郡望。

书中钤印：“俎豆千秋”、“平安是福”。

《牟平矫氏族谱》不分卷（一）

矯氏祖譜序

譜族者何謂枝葉之庇、根本所繫支體之愛、脈絡相通也、自古帝王建國、莫不以敬祖尊宗爲懷、如堯之親族、皋之叙族、周之展親是也、如有虞氏祖顓頊而宗堯、夏后氏祖顓頊而宗禹、殷人祖契而湯、周人祖文而宗武、人君之協和萬邦者、悉本乎此至於黎庶、亦何獨不然、吾矯氏籍歷茲土久矣、欲追水源木本、世系支脈、問諸耆老、多弗知其詳、言念及此、咸以爲憾、於是核稽宗譜、訪查碑誌、經歷數年、而支譜粗成、洎乎民國貳拾伍年、正月間、吾族祖田祥曰球、族兄善柱、邀集族人於前壷柳四甲祠堂、提倡續纂族譜之議、同聲齊贊、而無所着手、遂據海西譜

《牟平矫氏族谱》不分卷（二）

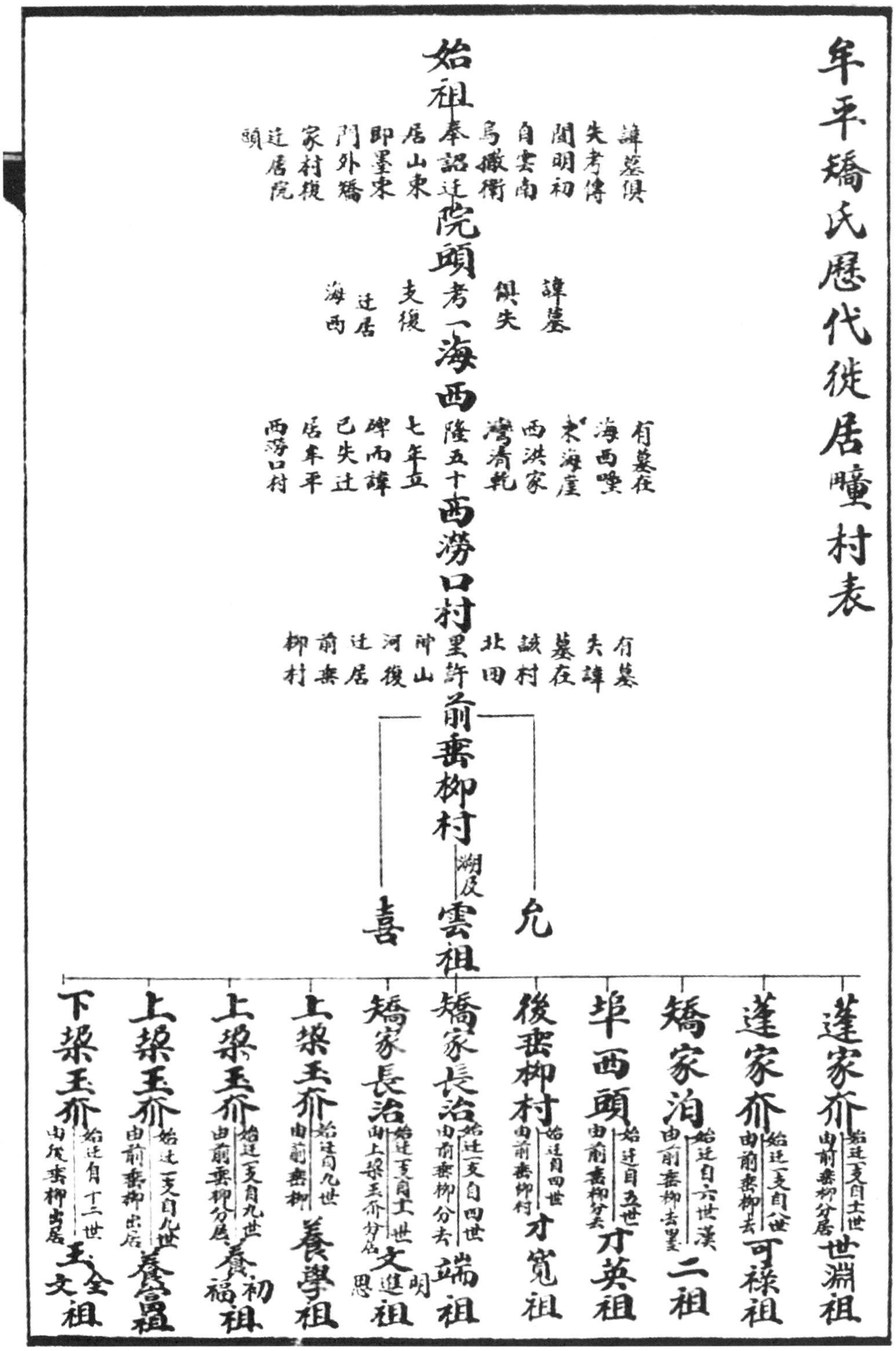

牟平矯氏歷代徙居疃村表
始祖
諱慈俱失考傳聞明初自雲南烏撒衛奉詔迁居山東即墨東門外矯家村復迁居院頭
院頭
諱墓俱失考一支復迁居海西
海西
有墓在海西嘡東海崖西洪家灣清乾隆五十七年立碑而諱已失迁居牟平西澇口村
西澇口村
有墓失諱墓在誠村北田里許神山河後迁居前垂柳村
前垂柳村
允
湖及
雲祖
喜
蓬家介 始迁一支自十世 由前垂柳分居 世淵祖
蓬家介 始迁一支自八世 由前垂柳去 可祿祖
矯家泊 始迁自六世 由前垂柳去畢 漢二祖
畢西頭 始迁自五世 由前垂柳分去 才英祖
後垂柳村 始迁自四世 由前垂柳村 才寬祖
矯家長治 始迁一支自四世 由前垂柳分去 端祖
矯家長治 始迁一支自十一世 由上梁王介分居 文明 文進 文恩 祖
上梁王介 始迁自九世 由前垂柳 養學祖
上梁王介 始迁一支自九世 由前垂柳分居 養初 養福 祖
上梁王介 始迁一支自九世 由前垂柳出居 養富 養盈
下梁王介 始迁自十二世 由後垂柳出居 王全 王文 祖

《牟平矫氏族谱》不分卷，一册，民国印本。框高22.8厘米，宽31.0厘米，四周单边，单鱼尾。

谱前有：牟平矫氏历代徙居疃村表；无名氏矫氏祖谱序、民国二十五年（1936）十七世孙文英序、文民序，十六世孙天德序，十九世孙希盥序，十八世孙恒聪序，十七世孙作新序、矫文山序，丙子年十八世孙祥云序；祠堂志；兆域志；奉天复县各支茔域；凡例。

矫氏宗族辈分排序命名式（自二十一世至四十世）："人才培成（上）林，国运永（上）清平。宗世（上）昌乃（上）崇（上），祥星维（上）长（上）明（上）。"

据是谱载，牟平矫氏于明初洪武年间自云南乌撒卫奉诏迁居山东即墨东门外矫家村，后迁居院头村，又迁至海西疃、东海崖、西洪家湾、乳山西涝口村（旧属牟平），复迁牟平前垂柳村，是谱即以前垂柳村矫氏云公为其一世祖。其后裔目前分布于牟平蓬家夼（现属乳山）、即墨矫家泊、牟平埠西头、矫家长治、上下垛玉夼、留格庄、李家仲、崖子等村，以及辽宁复县、山东文登等地。

矫氏出自姬姓，起源于春秋时期，晋国卿大夫矫父，姓姬，名矫父，其后以其名为氏。十九世孙希盥序曰："吾氏考诸古籍，由来甚久，如晋大夫矫父、《史记·仲尼弟子列传》矫疵字子庸、前汉右将军矫望、后汉逸民矫慎、齐北海高士矫应。《文登县志》载唐昭宗景福二年，有矫宣授录史之职。牟平县岳姑庙碑载宋太平兴国四年，有佐史矫誗捐资修殿，传闻皆居文登小产村，距岳姑殿庙廿余里。考栖霞云岭寺重修殿庙碑载，元世祖至元元年有垂柳树矫一公、矫法仁各施绢六匹。"

乌撒卫，《明史》载：洪武十五年置乌撒卫指挥使司，属云南都司，永乐十二年改隶贵州都司。其辖地即今之贵州威宁、赫章两县及云南宣威北部地区，卫城在今威宁县城内，俗称"小云南"。该卫在清康熙三年（1664）撤裁置威宁府，雍正七年（1729）降州，州治在乌撒卫城。《清史稿·地理·贵州》载：威宁州"康熙三年以乌撒置府，雍正七年降州"。

明洪武二十一年（1388）建鳌山卫，乌撒卫部分军民奉调至此，清雍正十二年（1734）裁卫置即墨县。

《福山鹿氏族谱》三卷（一）

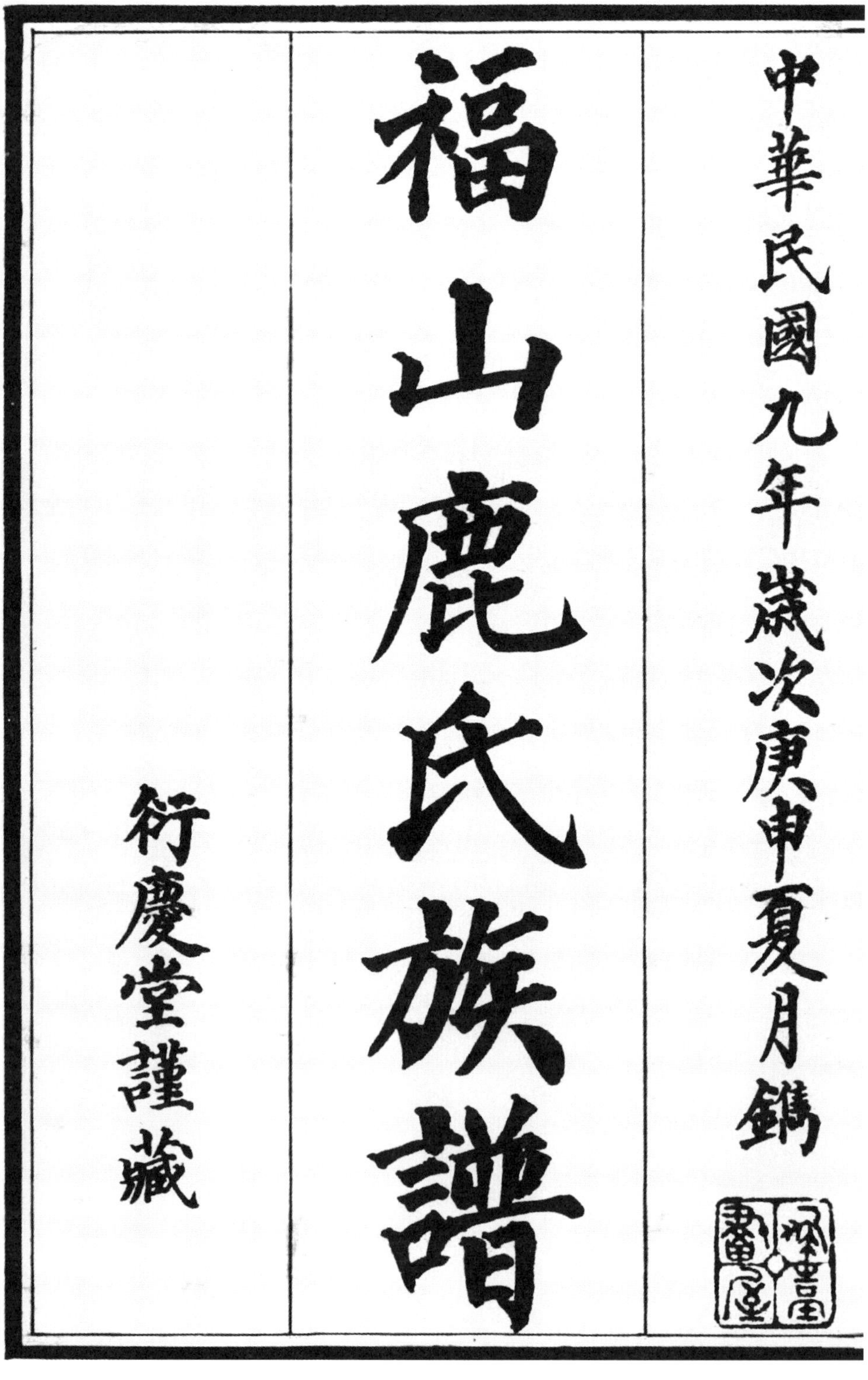
中華民國九年歲次庚申夏月鐫

福山鹿氏族譜

衍慶堂謹藏

《福山鹿氏族谱》三卷（二）

福邑東關社鹿氏族譜原序

古者國有史郡邑有志所以紀沿革載人物使不至久而泯没也而族譜之立為尤要我鹿氏之隸福也源遠流長自始祖以來瓜瓞緜緜流傳十有六世子孫除城居而外則有分處各鄉約三十餘村且僑居他邑流寓别郡者比比地遠則跡疏跡疏則情薄使無譜牒以繫之則傳世愈久往來不通後世童穉各不識面則相見無異陌路矣即或知為同族而傳聞渺茫無所依據其何以徵信也耶此譜之所以不可

《福山鹿氏族谱》三卷，三册，民国印本。框高25.4厘米，宽37.2厘米，四周双边。书名页：福山鹿氏族谱，中华民国九年岁次庚申夏月镌，衍庆堂谨藏。

卷一前有：乾隆二十八年（1763）贡生十二世孙寿祺撰“福邑东关社鹿氏族谱原序”、道光癸巳（1833）邑庠生十五世孙林桂撰“续修族谱序”、民国八年（1919）十八世孙华藻“重修族谱序”；鹿氏渊源考略；重续族谱附考；鹿氏族谱实录：中州检讨褚太初“鹿冲乙先生荣擢序”、“鹿蓉峰先生荣归颂”、乾隆四十九年（1784）赐进士出身安徽滁州直隶州知州前刑部江苏司主事加四级眷弟谢宜发撰“烈女郭氏传”；附载；福山鹿氏名派；鹿氏族谱凡例。

是谱为三修，前两次修谱是在清乾隆和道光年间。卷一：世图，卷二：世传，卷三：世传。

关于鹿氏宗族辈分排序，书中说：“崇道理为宪，章常昭懿训。育英才振绪，业佑启新传。”“所拟理、章、训、才、业、佑、新等字，似宜置于名之下一字，用时酌之。先世所拟派字告尽，若不续拟以系之，窃虑传世愈久，支派愈繁，且城乡散处多不识面，尊卑之行不易稽考。今公同拟二十字，自二十世起，凡我同族，皆宜依世按字命名，以系宗派。”

福山鹿氏家族是清代福山县（今山东烟台市福山区）的名世家，始迁祖荣甫元末自河南开封来福山任主簿，致仕后入福山籍。明清两朝福山鹿氏科甲相继，有清一代先后有三人中进士，十一人中举人。

《鹿氏渊源考略》载：“粤稽鹿氏一族，先世以帝颛顼之苗裔，至周历世为晋大夫，食采五鹿，子孙因以为氏，后又去五为鹿焉。《风俗通》云：五鹿，卫邑。晋公子重耳封舅犯于此，后因为氏。元《魏书》云：神元皇帝时，余部诸侄内入者有阿鹿桓氏，后更为鹿氏。《万姓统谱》云：代北步鹿孤氏，孝文帝改为鹿氏。得姓非一，班班可考也。”

又载：“而显名古今者，亦不一其人，汉有五鹿充宗，又有鹿旗为巴郡太守，著名当世三国魏有鹿磐为将军，讨平麹英之叛。至晋有鹿兴寿为沮渠氏金部郎中子生元，魏时为济南太守。……而居福山者，相传始祖当元时自中州以主簿来官于福，子孙因家焉。考邑乘《建置志》，元延祐时有管民长官鹿在山而缺其籍贯，疑即来福之祖，但其名不登于宗谱，故家乘缺疑，谨尊荣甫祖为始祖云。”

《（莱阳双山）马氏族谱》二卷（一）

嘉慶己卯修

馬氏族譜

雙山光裕堂存板

《（莱阳双山）马氏族谱》二卷（二）

雙山馬氏世譜序

小史掌國志奠系世辨昭穆而譜昉焉譜也者小宗大宗罔弗詳十世百世罔弗周讀其文按其次因世系之分合而親疏定緬祖德之高厚而本源重大傳所謂尊祖敬宗收族皆此譜之意也夫譜之修烏可緩歟吾馬之受姓也伯夷之後趙奢封馬

《（莱阳双山）马氏族谱》二卷，二册，第十九世孙元亭主修，清嘉庆刻本。框高 19.5 厘米，宽 25.6 厘米，四周双边，单鱼尾。书名页：马氏族谱，嘉庆己卯修，双山光裕堂存板。

卷一前有：嘉庆戊寅（1818）十九世孙元京“双山马氏世谱序”；嘉庆二十四年己卯（1819）十九世孙元亭“谱叙”；谱例；同事纪名：主修、采辑、参考、校梓。

谱例中定有行辈取字（自二十二世起至四十一世止）：“贞举（作底用）玉魁良，克广恭信彰（作底用）。宁建启令望（作底用），贤圣万载芳。”

双山是山东烟台莱西夏格庄镇的一处村庄，明清时期属登州府莱阳县，民国后划莱西县，并分为东双山村和西双山村，1958 年又从西双山村分出一山西头村，此处地势平坦，因有两处海拔 50 米高的土坡，故名双山村。有马、张、林、王、刘、李诸多姓氏在此村居住，其历史上张、马两姓最为显赫，名人辈出，元朝时马姓族人即迁来此村居住。在抗日战争和解放战争中，该村共有 140 余人参加八路军和解放军，被县政府命名为“双山连”。双山村人、中共党员李伯颜，于 1927 年在双山村建立了胶东半岛第一个党支部，次年 3 月又成立了中共莱阳县委，出任首任县委书记。

马氏十九世孙元京考马姓源于伯夷。其《序》曰：“吾马之受姓也伯夷，之后超奢封马服君，遂氏焉，厥后铸铜标而载功绩，青海重光设绛帐，以授生徒，白眉继烈。年代久远罕有考稽。”

此段记载中，伯夷应是伯益，超奢应为赵奢。相传伯益是东夷部落首领，因佐大禹治水有功，又为舜帝驯服鸟兽，被舜帝赐姓嬴氏，其后代造父被周穆王封于赵城，即后来的赵国。赵国公子奢以善于用兵而著称。奢于公元前 270 年率军大败秦军，而受封于“马服”（今河北省邯郸市西北）一地，并赐封号“马服君”。其子孙后代便以“马服”为姓，后又改为单姓“马”。

《序》中又说：“我双山马氏，先世家云南，元初我始祖荆斋公迁居莱阳之双山。”是谱记载：“五世祖亮，字经邦，号贞干。至正甲辰武举，乙巳进士，历官管军、总把、都督元帅，俱载《明史》。诰授荣禄大夫，配于、孙氏俱封夫人，赐谕祭葬双山。”

《（莱阳双山）马氏族谱》四卷（一）

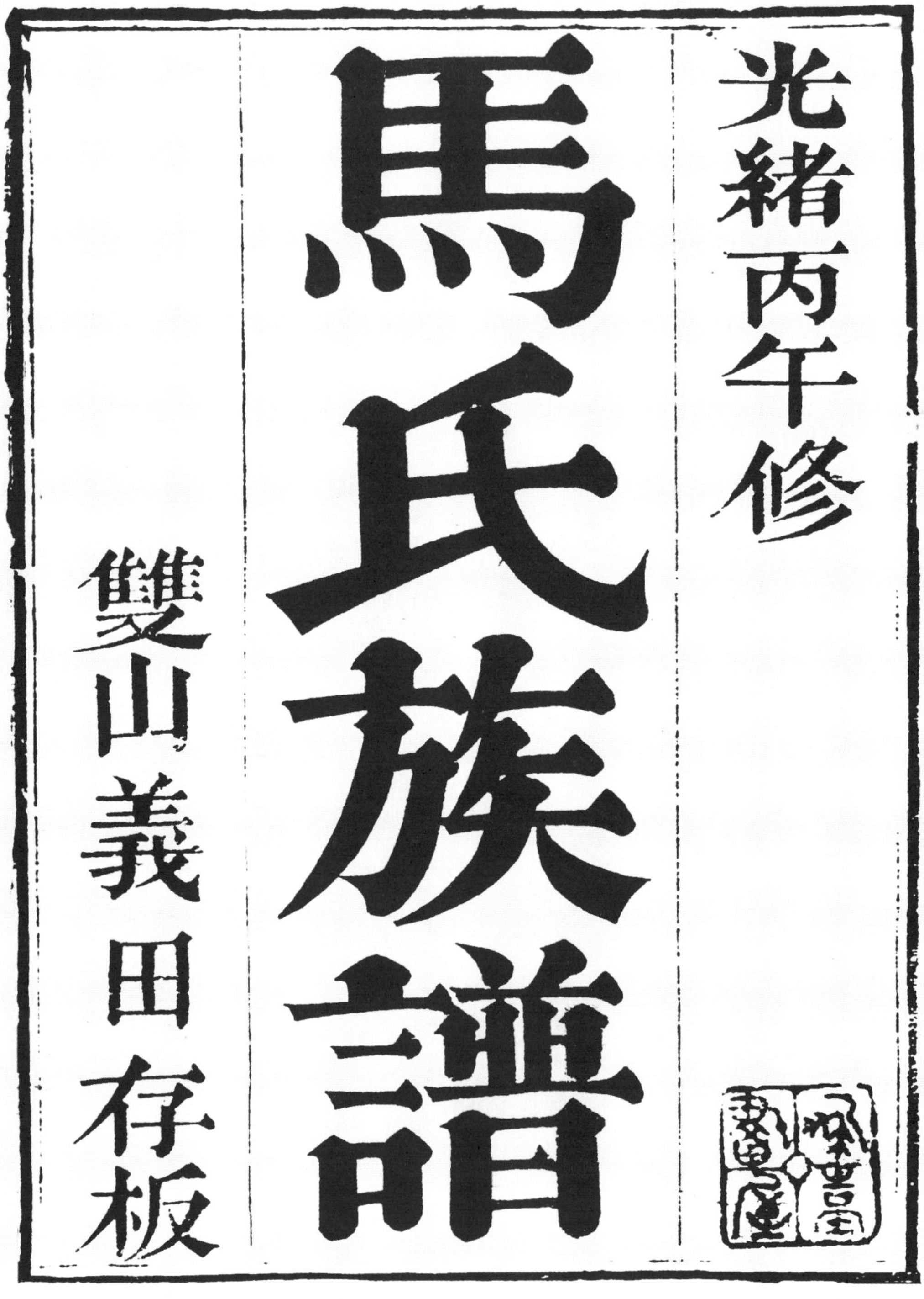
光緒丙午修

馬氏族譜

雙山義田存板

《（莱阳双山）马氏族谱》四卷（二）

雙山馬氏世譜序

小史掌國志奠系世辨昭穆而譜昉焉譜
也者小宗大宗罔弗詳十世百世罔弗周
讀其文按其次因世系之分合而親疏定
緬祖德之高厚而本源重大傳所謂尊祖
敬宗收族皆此譜之意也夫譜之修烏可
緩歟吾馬之受姓也伯夷之後趙奢封馬

《（莱阳双山）马氏族谱》四卷，四册，第二十一世孙利崇主修，清光绪丙午刻本。框高19.2 厘米，宽 29.0 厘米，四周双边，单鱼尾。书名页：马氏族谱，光绪丙午修，双山义田存板。

卷一前有：嘉庆二十四年己卯（1819）十九世孙元京“双山马氏世谱序”；嘉庆二十四年己卯十九世孙元亭“谱叙”；谱例；光绪三十二年（1906）二十一孙利崇“重修谱叙”；光绪三十二年丙午二十二世孙贞芳“重修谱叙”、“五世祖科第功勋辨误”、“继嗣论”；谱例；同事纪名。

卷四后有：十九世孙思递“跋”；二十二世孙贞琅“马氏谱跋”。

是谱为嘉庆版《马氏族谱》之光绪重修本，两版《马氏族谱》相隔八十多年，由两册变为四册。表明双山马氏一族子孙繁盛，人丁兴旺，瓜瓞绵绵。而且，后谱较前谱更为详细、准确。

二十二世孙贞琅在《跋》中介绍了其氏族的分支情况，曰：“余马氏自荆斋祖居双山，四世单传，六世祖有为元顺帝护驾至黑龙江北者，其讳配无考，难为注明。所可注明者，惟恩荫守备天一祖七世，分为四支。长支斌祖、二支亨祖居家守墓，奉承祭祀。四支原祖流寓昌邑县小章庄。惟三支志祖阅一世而始居神山埠。”

小章庄，今潍坊昌邑围子街道西小章村。

神山埠，今青岛即墨官庄镇神山埠村，位于即墨北部与莱西、莱阳交界处。

二十二世孙贞芳还纠正了嘉庆谱中关于五世祖马亮的错误记载，曰：“五世祖亮，字经邦，号贞干，至元丙子武举，丁丑进士。历官军总把、都督元帅，诰授荣禄大夫。配于氏、孙氏，俱封夫人。赐祭葬双山村北，去县城一百十里。以明五世祖为大元纯臣。且以见《明史》马亮，不过与五世祖同姓名同职官，而决非我五世祖也。”

贞芳还有一篇《继嗣论》收在卷一中，文中说：“天地有阴阳，而万物化生；人生有夫妇，而男女长育。其不长育者，则取他人子以继之。考前明官不至三品，不准继子，嘉靖弛禁，三十年而止。我族在前明无继嗣事，职此故也。当今之世无子者，准继兄弟之子，谓之‘应继’。应继者不才，择远支之才者继之，谓之‘爱继’。兄弟二人惟一子，准其双承，谓之‘分继’，亦曰兼祧。但小宗兼祧大宗则可，大宗独子不准兼祧小宗。乃有于应继之外另择爱继者，使之兼祧。虽大宗独子亦有所不论，此乡里无多产业者之所为也。从未闻有无妻继子、无子继孙之一说。虽乡里间或有之，不过无妻者少有遗产，择一人以奉养而已。继孙一事，尤为应继之子已亡，不得已而为之。”

“大宗与小宗”，是指在封建宗法社会中，氏族家庭以嫡系长房长子为“大宗”，其余各支为“小宗”。而在各支当中，嫡长子又是该支的“大宗”，其他支是“小宗”。

《（黄县）扶风马氏族谱》二卷（一）

中華民國二十三年歲次甲戌

馬氏族譜

《（黄县）扶风马氏族谱》二卷（二）

馬氏族譜

始祖 文炳 配崔氏

二世祖 諱慶 配吕氏

《（黄县）扶风马氏族谱》二卷，二册，民国印本。框高23.3厘米，宽28.8厘米，四周双边，单鱼尾。书衣：扶风马氏族谱。书名页：马氏族谱，中华民国二十三年岁次甲戌。

卷一前有：民国二十三年（1934）十三世孙岑麟“序”；十二世孙汶基“序”；民国二十二年（1933）十二世孙辅基“序”；十二世孙纶基、盛基“序”；命名定式。

黄县马氏始祖系四川人士，相传于明洪武年间由四川南柳树迁来。

马氏十三世孙岑麟在《序》中介绍说：“吾始祖原系于明洪武年间自四川南柳树来鲁，当时兄弟三人，因谋生遂分地而居，长支留于淮河岸；三支落籍栖霞县；二支卜居于下观，即今吾族所奉为始祖者也。清代洪杨之乱，宗支移徙避难而分散各处。文卿祖由下观迁黑口马家，传五世，又经启凤祖迁至圩内马渠河子乡。”

马氏十二世孙汶基在《序》中这样说：“我马氏不敢称为诗书家风，不过克守礼范，耕读为本，乡党亲睦，邻里太和。自明季嘉靖年间，文卿祖以下观迁黑口马家，枝叶繁盛，传五世代，经启凤祖又迁黄邑圩内马渠河子，传世十五，卜年三百于兹矣。”

二人之叙述，虽然在迁徙年代上有出入，但世祖、世代、地点都是一致的。

下观村，在黄县（今龙口市）下丁家镇，现在有下观付家、下观孟家、下观曲家等村。

黑口马家，也在下丁家镇，现在为庙西马家、庙东马家村。

圩内马渠河子，今天龙口市东莱街道博渠村。圩内是指在清咸丰、同治年间为防捻军袭扰，而在黄县城墙外又筑起的圩子墙内。

由上述序言可知，是谱当为黄县马氏之马渠河子（今博渠村）支派祖谱，一世祖为马讳文卿，而马渠河子马氏始迁祖为其四世祖宗德次子、五世祖马讳启凤。

命名定式（自十四世起）：“秉志汝维善，衍焕迪吉祥。家声思丕振，永世有余芳。”

扶风为马氏之郡望。马氏后代在战国末期至汉武帝时，自马氏发祥地——马服（今河北邯郸市西北）迁到了右扶风定居。之后，在这片土地上繁衍发展，相继诞生了多位马氏名人，如东汉时期著名经学家、“扶风伯”马融，东汉名将、“伏波将军”马援，三国时期的马腾、马超、马钧等，马氏成为扶风地区的望族，其后人莫不以“扶风”为自豪。

《（福山）巴氏支谱》不分卷（一）

巴氏支譜序

自宗法廢而敬宗收族之誼不講於世生人散而無紀矣譜牒之作所以詳支派定昭穆明世次別親疏冀以通已渙之情使之復萃於敬宗收族而歸之一本上以濟宗法之窮者也漢魏以降譜學頗講但其流極炫鬻門閥沿及唐宋斯風益熾敦宗睦族之真意渺然矣宋蘇老泉始創為義例斷以己意故自為族譜其法皆本小宗就吾身而上推之求其確可知者奉為始祖其他歷代達人苟不能考其世系概畧而不錄以昭其慎歐陽氏因之斟酌損益尤為精審雖宰相世系表未免貽

《（福山）巴氏支谱》不分卷（二）

序

福邑巴氏世居城南崇義村蓋有年矣傳至八世祖
九明公　九成公於有清康熙年間徙居旺原村迄今
已二百餘年於茲譜系之修未之前聞光緒辛丑春恭
往崇義省墓　敬堂族祖提及族譜一事恭　以代遠年
湮修輯誠非易易又以是歲假館他鄉無暇顧及遂不
果壬寅春　曉峰族祖又以此事相促恭私心竊計凡
天下由一本而散為萬殊者應使萬殊胥歸一本況世
代綿長子孫繁衍或聚族同鄉或散居異地不有譜牒則
世系莫考將何以聯其一本之情哉爰會同族人互相

《（福山）巴氏支谱》不分卷，一册，民国红格抄本。框高16.2厘米，宽28.8厘米。

前有：中华民国三年甲寅（1914）景肃“序”；十三年甲子（1924）本恭“序”；义喻“序”；附例。

据《福山县志》载，福山巴氏原籍河南固始县，金朝时来福山定居，起村名为“巴家寨”。后来，元军打来，巴氏家族归顺，受到元军褒奖，改村名为“崇义”。到清康熙年间，崇义巴氏之九明、九成二兄弟又迁居旺远村（今福山区回里镇旺远刘村、旺远柳村），分西、东二支。是谱即为旺远巴氏之支族谱。

其东支七世孙义喻《序》曰：“尝考旺原（远）巴姓之始迁祖九明公居（旺远）刘村，殁后营葬于村后北庵，时奉为西支始祖。九成公居（旺远）柳村，殁时卜兆未遂，仍归葬于崇义村北祖茔，时奉为东支始祖。二公各立有支祠祀焉。”

其西支九世孙本恭《序》曰：“福邑巴氏世居城南崇义村，盖有年矣，传至八世祖、九明公、九成公，于有清康熙年间徙居旺原（远）村，迄今已二百余年。”

景肃在《序》中叙述巴氏之渊源：“福邑巴氏溯自春秋子爵之国，而道源于东汉，若经学之茂，廉吏之祇，以德引人之肃尚已。固始祖之迁来也，肇自有金，而盛于有元，碑记郡志载之详矣。自是以来，历年六百余，延世十六传。自三世祖兄弟分为四支，其三支世守先人庐墓，永住古崇义村。惟次支至八世累迁旺原（远）村居多，而本村留者无几。此旺原（远）巴姓所由昉也。”

命名定式（自八世起）：“礼本忠信，美用和济。居协彝伦，庆惟善余。”

《栖霞名宦公牟氏谱稿》八卷（一）

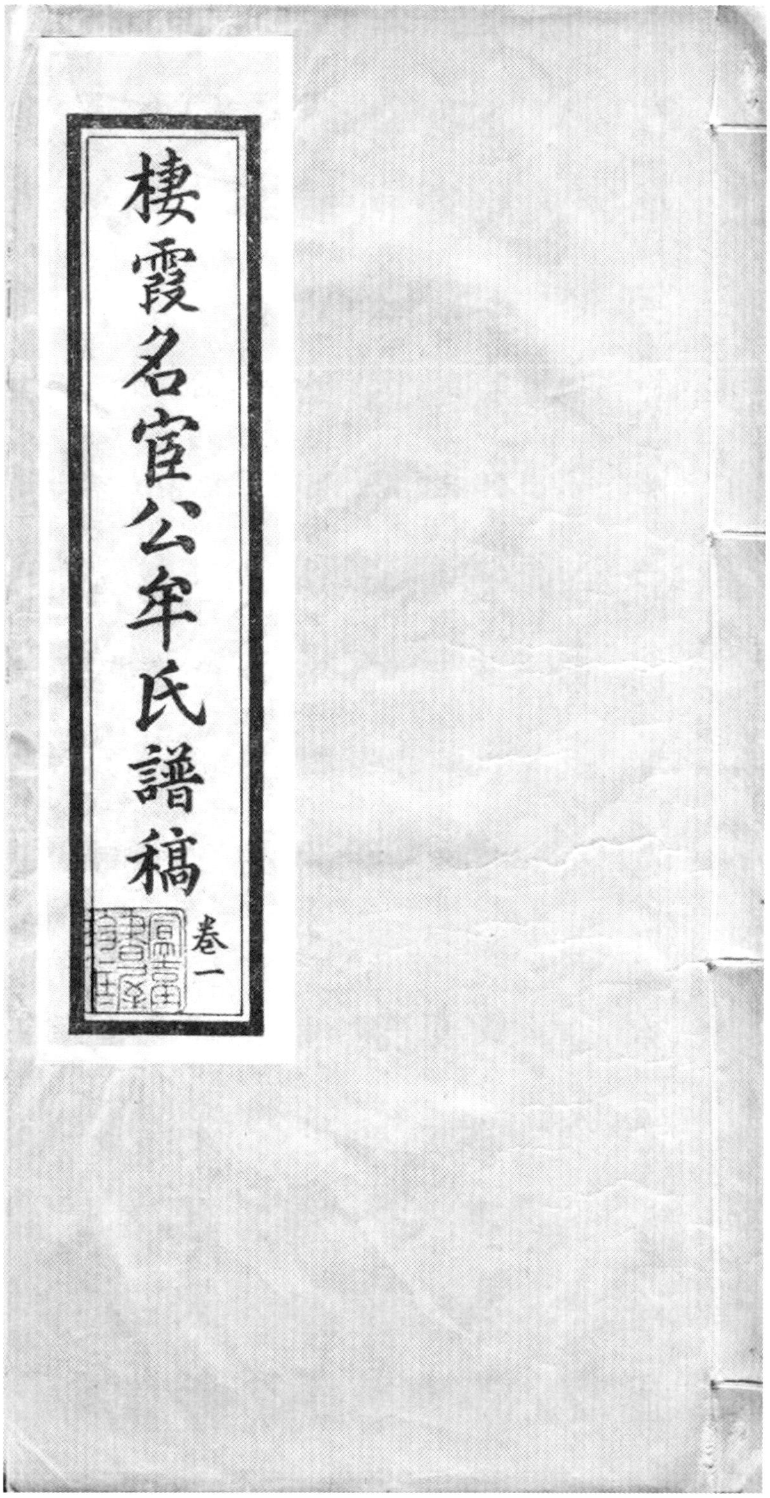

《栖霞名宦公牟氏谱稿》八卷（二）

棲霞縣名宦公牟氏譜稿序

棲霞有兩牟一爲鐵口牟一爲名宦牟鐵口牟氏在金有官評事者在元則將軍牟全開通海運功業爛然名宦牟楚產也始祖諱敬祖明洪武時以歲貢任棲霞主簿兼攝縣篆解組後家焉歿而崇祀名宦祠此名宦兩字之所從來也清白吏子孫中經式微幾難與鐵口牟爭烇赫然祖德以鬱久而重光自十世修譜以來續修已至於再至於三譜之中游庠者食餼者貢成均者歌鹿鳴者捷南宮者踵相接行修入鄉賢祠者仕優而入名宦祠者深於經術者長於詞章者精於八法者莫不燦然大備鐵口牟之武功視此轉瞠乎後矣今煥齋公復續修之其族再姪蔚菴璽之譜成各自爲序並屬余爲之以冠部首吾于氏與牟氏累世姻親取其譜詳攬之殊覺光遠而自他有耀也遂不辭譾陋援筆而爲之序

庚子辛丑併科舉人海陽于廉基拜撰

叙二

吾家譜牒肇自八世鳳伯公繼修者十三世冬陽公皆手書稿本傳鈔者亦復寥寥十五世雲圃公始將繼修稿本捐廉付梓於三水縣署印裝若干部分賜族人自此始家有其書人人瞭然於支分派別之相統而發其敦睦之思譜牒之攸關如斯其大也閱八年十五世懷樸公以梓譜不免有失檢之處謂非信

《栖霞名宦公牟氏谱稿》八卷，八册，民国印本。框高20.6厘米，宽24.8厘米，四周双边，单鱼尾。书衣：栖霞名宦公牟氏谱稿。

卷一前有：海阳于廉基“栖霞县名宦公牟氏谱稿序”；民国三十二年（1943）十六世孙云和“叙”；癸未十八世孙殿邦“叙”；凡例十二则；祖茔平面图。

每卷后有：里居村名，户数，入谱人数。

卷一至卷七为谱系，卷八为艺文志。

《凡例》最后一条记：“谱分八册，自始祖长房八世至长房为一册，卷一；长房八世二房、三房为一册，卷二；长房八世四房为一册，卷三；长房八世五房为一册，卷四；长房八世六房为一册，卷五；长房八世七房、八世八房为一册，卷六；五世二房为一册，卷七；艺文及其他附载为一册，卷八。”

山东省烟台市栖霞县（今为栖霞市）有两大牟氏家族，一为铁口牟，分布于栖霞县铁口镇十余村庄中。二为名宦牟，分布于栖霞县多个乡镇，以及莱阳、招远、龙口、烟台市区等。

于廉基在其《序》中介绍两牟曰：“栖霞有两牟，一为铁口牟，一为名宦牟。铁口牟氏，在金有官评事者，在元则将军牟全，开通海运，功业烂然。名宦牟，楚产也，始祖讳敬祖，明洪武时以岁贡任栖霞主簿，兼摄县篆，解组后家焉。殁而崇祀名宦祠，此名宦两字之所从来也。”

《凡例》第一条即做说明：“栖霞之有牟氏，以居铁口者为最先。吾始祖名宦公，以楚产籍栖，逮后世，虽与居铁口者论有行辈，而各自为宗。前谱题首曰《栖霞县名宦公牟氏世谱》，所以别之也。重修本但题《重修牟氏世谱》。兹遵前谱题《栖霞名宦公牟氏谱稿》。”

名宦公牟氏先祖姓李，湖北省公安县人氏，在元代时遭难，后随其母改姓牟。

其《前谱叙传》记叙名宦公牟氏之起源：“昔吾远祖为元主铁将军，姓李氏，名黼，时人称曰‘铁李将军’，楚之建宁人也。后以‘黄杨之变’避坠于公安，依外家姓牟氏。迁公安者曰原诚，凡弟四人，当是时分散，留石首者曰原谅，其（他）二人奉其母入蜀，蜀派始祖曰回祖、么祖者是也。原诚生长庚，字永年，官平事，卒葬杨爵山。有二子，长曰福祖，居公安。次曰敬祖，即吾始祖名宦公也。始祖岁贡生，洪武三年任栖霞主簿，时县治毁于兵燹，制多未备，大令相继以事去，公建察院，创布政司行省，设社稷山川诸坛，通省志称公独历诸难，才优政勤，百废修举，后崇祠名宦。当罢官时不能归楚，遂籍焉。”

名宦公牟氏四世名庆生二子，长名谦，次名让，由此五世分二支。即长房与二房，其长房七世名时俊，字子千，敕赠文林郎，任河南宜阳县知县，生八子，由此长房自八世起又分支为八房。

名宦公牟氏家族在近代出现了两位较有名望的人物。

一位是大地主牟墨林，字松野，清太学生，名宦牟氏六房十四世孙，栖霞县古镇都村（今属栖霞市庄园街道）人。生于乾隆五十四年（1789），卒于同治九年（1870）。他平生俭朴，精于经营，开启了牟氏家族的辉煌时代，并开始建造我国北方最大的地主庄园——“牟氏庄园”，到清末民初其孙辈时，已形成占地二万多平方米、房屋四百八十多间的规模。

一位是文人学者牟宗三（1909—1995），字离中，中国近现代著名学者、哲学家。名宦牟氏四房十九世孙，栖霞市蛇窝泊镇牟家疃人。1928 年考入国立北京大学预科，1933 年北京大学哲学系毕业，先后任教于中央大学、金陵大学、浙江大学、香港大学、香港中文大学、台湾大学等高等学府。他是近现代新儒家的代表人物，通过一系列著作，完成了对中国儒学的创造性重建，建立了庞大的、缜密的哲学体系，是新儒家中最富原创性和影响力的哲学家。

主簿，古代文职官名，大概起于汉朝，各官署均有此职。明清时期之县主簿为正九品，在县丞之下，主要掌管粮马、税收、户籍、文书、典史等事项。

太学生，即在太学读书的生员，也称监生或贡生，前者系由省、府、州、县学中生员选拔而来，后者系捐纳而来，在明清时期，太学是国子监的俗称。太学生只有秀才的功名，入仕只能做县丞、教谕或训导类学官。若想再进一步发展，就要参加乡试、会试、殿试，取得贡士、进士身份。太学生唯一优势在于，无论籍贯何处，都可在京城（顺天府）参加乡试，这是一项荣耀之事。

《（即墨）蓝氏族谱》不分卷（一）

光緒甲辰重刊

藍氏族譜

繼述堂藏板

《(即墨)蓝氏族谱》不分卷(二)

原序

藍氏之居百里也遷自昇山徙於黃埠遂於盟旺山石門爲各支焉聞我本支分爲三支宏係二支所有舊藏影圖年遠殘蝕止存一世祖諱二世三世祖諱俱缺至我四世祖以下始釐然可考也若長支則僅詳於六世以上二世又無可考三支四世祖諱譜內雖詳而下迨七世復不可識八世以後始昭然可據宏嘗思我黃埠故居與百里接壤數百年來墟墓村落猶茫乎莫考况我百里土脊人繁餬口四方者甚

藍氏族譜 原序 二

《（即墨）蓝氏族谱》不分卷，一册，清光绪刻本。框高18.5厘米，宽28.6厘米，四周双边，单鱼尾。书名页：蓝氏族谱，光绪甲辰重刊，继述堂藏板。

前有：蓝氏世谱总目；乾隆二十四年己卯（1759）十四世孙仕宏“原序”；凡例；蓝氏世谱（百里支）；旧宗谱图；元代世谱；同治十年（1871）十六世孙升“蓝氏黄埠祖茔碑文”；光绪三十年甲辰（1904）十七世孙恒棠“蓝氏东村祖茔志”；光绪三十年甲辰十八世孙志棻“公产志”；光绪三十年甲辰十八世孙志朴“序”；谱例；命名定式；修谱记名。

后有：乾隆三十年乙酉（1765）十二世孙淑伦“跋”；光绪三十年甲辰十七世孙恒懋“跋”。

辈分命名定式：“仕用裕恒志，仁（敬）心孝恭传。光明兆世泽，家声继成宪。”是定式为即墨蓝氏百里支派辈分排序。

是谱为即墨蓝氏世族之盟旺山支、百里支、石门支三支之百里支（继述堂）世谱。

盟旺山，今即墨东之盟旺山公园所在地。

石门，今即墨龙泉镇石门村。

百里，今即墨丰城镇南百里村。

即墨蓝氏自南宋咸淳年间，从昌阳（今山东莱阳）昇山迁至即墨黄埠（今即墨田横镇黄龙庄村一带），后迁徙到盟旺山、石门、百里，分为上述三支。后繁衍昌旺，散居于即墨、青岛市区各地。

光绪三十年十八世孙志朴《序》：“蓝氏故居昇山，自南宋咸淳年间迁居即墨之黄埠。”

同治十年十六世孙升《蓝氏黄埠祖茔碑文》：“蓝氏之居即墨也，由来久矣，盟旺山、百里、石门，虽分三大支，然世谱皆云迁于昌阳昇山，徙自黄埠，是黄埠之为故居也。”

乾隆二十四年己卯十四世孙仕宏《序》：“蓝氏之居百里也，迁自昇山，徙于黄埠，遂于盟旺山、石门为各支焉。”

百里支之一世祖名讳文喜，是谱载：“文喜，配无考，合葬百里南原。自此以上黄埠、昇山祖俱经失系，茫无所据，故我宏祖纂修谱牒，尊为一世云尔。”

是谱于清雍正十一年癸丑（1733）初修，乾隆二十四年己卯至乾隆三十年乙酉续修，此本为光绪三十年甲辰三修本。

蓝氏十二世孙淑伦于乾隆三十年乙酉秋天，在完成续修谱《跋》曰：“百里族谱自雍正癸丑修有成本，未及刊刻。乾隆己卯我东厓大兄修本支之谱，推念旁支，命侄中玮、中高来百里，集族姓而增修之。将付剞劂，而大兄又复弃世，此事遂致中止。今中珪（玮？）、中高两侄致书于予，而以刻谱之举相谋，因念人事迁延，及时不修，后将谁诿？遂同侄廷琬、侄孙仕宏、仕元细为校雠，爰以付诸枣梨也。故纪其事于后。”

是谱总目：原序，凡例，蓝氏世谱，旧宗谱图，元代世谱，黄埠祖茔碑文，东村祖茔志，公产志，序，谱例，命名定式，修谱记名，三支世谱，续谱，各支附谱，跋。

《即墨蓝氏族谱》不分卷（一）

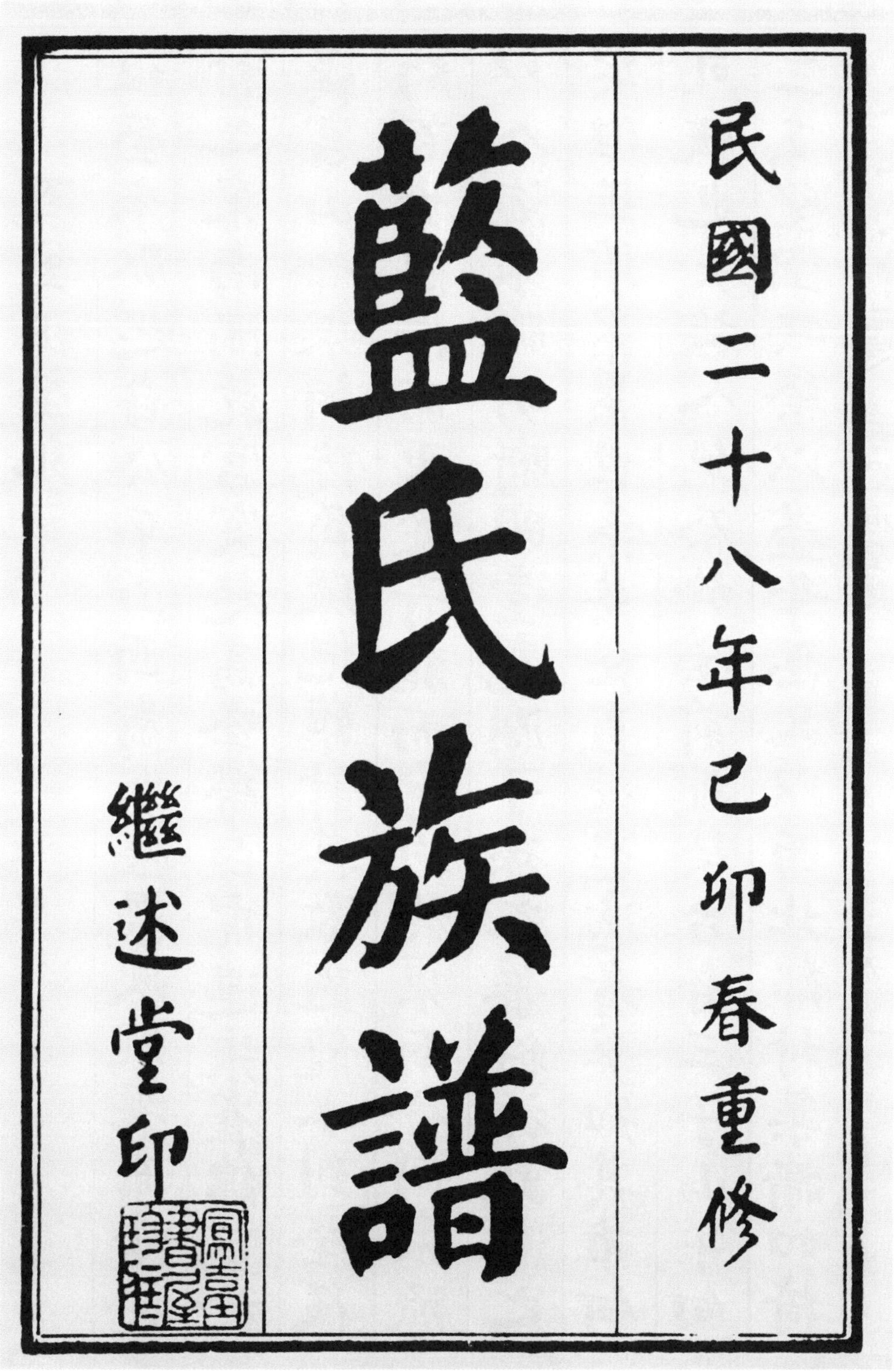
民國二十八年己卯春重修

藍氏族譜

繼述堂印

《即墨蓝氏族谱》不分卷（二）

百里祖塋記

祖塋來脈起自公平山西崗穿帳過峽蜿蜒而結於
村之東南隅乾宮突起高峰帶白虎連朱雀綿亘於
巽宮山峰來朝陵角環抱難計其數隨龍水到塋後
約百步忽折而東從青龍而彎抱於東南會同衆流
以入海來脈明晰明堂寬濶子孫之蕃衍於此卜之
矣但坵墳累累世系茫茫直使追遠者莫知其誰何
可慨也夫族人無奈於塋前設祭台者三子山午向
三支望空共祭以盡孝思又以西北鄰村築牆如椅

藍氏族譜　百里祖塋記　十六

《即墨蓝氏族谱》不分卷，五册，民国印本。框高 20.2 厘米，宽 27.8 厘米，四周双边，单鱼尾。书衣：即墨蓝氏族谱。书名页：蓝氏族谱，民国二十八年己卯春重修，继述堂印。

册一前有：黄埠祖林图；东村蓝氏祖茔图；百里村蓝氏祖茔图；蓝氏世谱总目。

此为即墨蓝氏之百里支派（继述堂），于民国二十八年（1939）之四修族谱，共五册：册一为谱序；册二为长支谱；册三为东二支谱；册四为西二支谱；册五为三支谱。

蓝氏世谱总目：原序，凡例，蓝氏世谱，旧宗谱图，元代世谱，黄埠祖茔碑文，东村祖茔志，百里祖茔记，公产志，序，谱例，义田志，世恩堂施地入祠帖记，命名定式，修谱记名，三支世谱，跋。

命名定式："仕用裕恒志，敬（仁、毓）宗（心）孝恭传。光明兆世泽，家声继成宪。"

其十九世孙敬臣在民国二十七年（1938）冬修谱《序》中曰："蓝氏之在即墨黄埠与盟旺山、石门分为三支，本支又徙居公平山之麓，因该地距城约百里，而村遂以百里名。黄埠、东村二处均有先人茔墓，至其名讳世系，并无碑志可考。自徙居百里后，有志宏祖始慨先人世系紊乱，以谓无以承先，遑论启后，遂有修谱之举。但数百年后，所据者仅旧藏谱影，岁月既久，其中不无残蚀。"云云。

百里支蓝氏九世祖纵本及妻王氏，在明崇祯十三年（1640）为族人捐有公共墓地，名曰"蚁冢"。民国二十八年己卯，十八世孙志冠撰《义田志》以记之，志曰："义田之建，为死无瘗所者设也，或殇寿夭亡，贫无墓地，或乞丐流亡，殁无所归，皆得瘗于其中。盖不忍委其形骸于沟壑，暴其尸骨于荒野，且慰其魂魄于地下，使其身后有所依赖。狐狸不得食，蝇蚋不得嘬。掩之岂不诚是耶！此村中必需之处，而仁人君子之所急务也。余村义田坐落村之东南，其地税亩七分零五毫正，四至俱有界石，内有碑文曰：蚁冢。系大明崇祯十三年，余九世祖纵本公、妻王祖妣之所施也。余恐年所久远，碑仆文残，没其乐善之诚，好施之德，趁修谱述其颠末，撰志简端以示不忘，云尔。"

光绪三十年甲辰（1904）十八世孙志棻撰《公产志》，以记族产之性质，志曰："先世所遗田地，公产也，公产者，所以公用也。我族户口繁衍，分为三大支，大支又分小支，庙祀粮约按支轮流。各支有各支公事，即各支有各支公费，若夫事关阖族公费，从公产出。公产之蓄积为公事计，不得分公产以自肥也。"

《即墨蓝氏族谱》六卷（一）

中華民國歲次庚午續修

藍氏族譜

惇睦堂印

《即墨蓝氏族谱》六卷（二）

石門族譜創修於邦欽外祖及余之身已越兩世鮮有起而續之者乾隆己卯我長支念宗大弟命中瑋中高告我支以刻譜之舉乃遍集族姓諮詢而纂修之越辛巳訂有成本未及刊刻而弟旋謝世令忽忽五載矣昨中珪中高兩姪以前事未竣再謀於余余愴然久之遂令恆炆中祥董其事即浼兩姪重加校正付之剞劂以示永久云

乾隆三十年歲次乙酉孟秋十二世煥照謹跋

《即墨蓝氏族谱》六卷（族谱五卷，茔图一卷），六册，民国印本。框高 18.6 厘米，宽 29.0 厘米，四周双边，单鱼尾。书衣：即墨蓝氏族谱。书名页：蓝氏族谱，中华民国岁次庚午续修，惇睦堂印。

卷一前有：明万历四十二年甲寅（1614）九世孙再茂“序”；康熙二十一年壬戌（1682）十世孙溥“序”；康熙二十六年丁卯（1687）十世孙邦钦“序”；乾隆三十年乙酉（1765）十二世孙焕照“序”；道光二十五年乙巳（1845）十三世孙周禄“序”；道光二十五年乙巳十四世孙兴“序”；道光二十五年乙巳十五世孙用惠、用贵“序”；道光二十五年乙巳十五世孙用本“序”；光绪三十年甲辰十八世孙志茀“序”；光绪三十年甲辰（1904）十八世孙升旭“序”；中华民国十九年庚午（1930）十九世孙先悳“序”；中华民国十九年二十世孙心正、心广“序”；中华民国十九年庚午十九世孙仁涌、仁僩“序”；修谱记名；蓝氏世谱总目；谱例；命名定式；胶州学正邢世英元泰定元年甲子撰“盟旺山祖林世系碑记”。

辈分命名定式：“维（仕）用辉翕志（从），先（仁）心孝恭传。光明兆世辉，家声继成宪。”是定式为即墨蓝氏石门支派辈分排序。

是谱为即墨蓝氏世族之盟旺山支、百里支、石门支三支之石门支（惇睦堂）世谱。

十世孙邦钦康熙二十六年丁卯《序》曰：“我先世系出昌阳之昇山，始迁黄埠，再迁盟旺山，三迁石门。由宋历元，迄今四百余年矣。明天顺间，我四世祖秀水公上溯世系，仅及曾祖，我本支遂尊为一世焉。一世祖讳文忠，与盟旺山、百里一世相传伯仲兄弟也。”

十九世先悳《序》曰：石门支派之族谱“创修于十世祖介宾公，时康熙丁卯也。迨乾隆乙酉焕照祖、嘉庆辛酉中祥祖、道光乙巳世兴祖、光绪甲辰我父晓峰公与诸伯仲昆弟，相继增修于前。我后之人不可不续修也”。至民国十九年庚午，已六修也。

是谱总目：元代世系碑记，元代世谱，世谱总图，各支世谱，各支附谱，命名定式，茔域志，公产志。

《（即墨）孙氏族谱》二卷（一）

中華民國六年鐫

孫氏族譜

板藏敦本堂

《(即墨)孙氏族谱》二卷(二)

孫氏族譜序

余孫氏之隸籍卽墨也由來久矣相傳自漢以還卽居城南官莊自官莊徙居瓦哥莊是吾本與官莊爲同宗也然代遠年湮統系莫尋意欲共修一譜不惟支派不明亦且行輩舛錯故不得如願以償焉於戲播遷而後兵燹屢經宗支旣繁世次誰定而欲卽委以溯其原不綦難哉然非及此時以纂修之後越數百年人衍戶蕃猶有知爲同宗者乎況譜之當修尤

孫氏族譜 序 七

《（即墨）孙氏族谱》二卷，二册，十七世孙承瑶主修，民国印本。框高 20.8 厘米，宽 21.4 厘米，四周双边，单鱼尾。书名页：孙氏族谱，中华民国六年镌，板藏敦本堂。

卷一前有：中华民国六年（1917）邑人周正岐撰、邑人谭德温书“孙氏族谱序”；丁巳黄象辕撰“叙”；民国六年十六世、十七世、十八世孙“孙氏族谱序”；中华民国六年岁次丁巳十六世孙可师“孙氏族谱序”；中华民国六年楼子疃十七世孙丕纪“孙氏族谱序”；孙氏族谱之凡例；命名定式；中华民国六年楼子疃十七世孙丕翰“录孙氏旧影分支序”；影图；墓志。

卷二后有：中华民国十七世孙承瑶“跋”；引古。

孙氏辈分命名定式（自十九世自三十四世）：“嗣伟允式，咸念开基。光成嘉统，敬保其书。”

是谱为即墨瓦哥庄孙氏之族谱，该孙氏一族，自汉朝始居即墨城南官庄，又自官庄徙居瓦哥庄、程哥庄、杨头以及即墨城西南之楼子疃。在明朝天启年间，有官庄孙氏（敦本堂）九世祖监纪与其子十世祖孝义创修“孙氏族谱”。而瓦哥庄孙氏之前并无族谱，只有一“旧影图”，记载一世至十二世世系，但八世分支之前记载模糊不明，而自八世分支后至十二世不明者也甚多。

于是，瓦哥庄孙氏在清道光壬辰年（1832），以“旧影图”之支派已明者，议为分支之始，共有六支派。以此“创修谱略，始汇成草册，然亦照‘旧影图’录之，若断若续，犹待厘订”（承瑶《跋》）。光绪壬午年（1882）又一次“纂辑成编，然亦手录，未尝刊布”（承瑶《跋》）。直至民国六年（1917），“协数人之力，越数月之功，而始得。自此付诸枣梨，勒为成书”（承瑶《跋》）。

为使族谱不致中断无考，在是谱《凡例》中特规定一条：“修谱宜及时，今定为例，十年一编辑，三十年一刊刻，即或遇时变，亦不得过于延缓。”时至当下已百年矣，不知已有几修也？

十六世孙可师《序》曰：“余瓦哥庄孙氏来自官庄，谱之修亦倡自官庄。当其时监纪公创之于前，孝义公继之于后，父作之子继之，上以明先世之统系，下以列后嗣之支派。观谱序谱例，所载其仁孝敦睦之情，蔼然流露于纸上。迄今三百余年，一为展阅，犹令人缅怀不置也。瓦哥庄与官庄同宗，即当与官庄同谱，惟时代绵远，世系莫稽，难为考征耳。据瓦哥庄‘旧影图’载景源、景岩祖与官庄‘旧影图’载景全、景方祖实系同世命名，然世次参差，不敢妄为附合。惟是自‘毓’字世，彼此相同，行辈相等，则尊卑定，而称谓不讹，即共知为一家人矣。”

《即墨孙氏族谱》四卷（一）

民國壬戌增修

孫氏族譜

文華石印局印

《即墨孙氏族谱》四卷（二）

孫氏族譜序

余族人皆居於縣迤西四十里許地名王元莊始祖無能記者不知何處人亦不知何時居此傳聞原係膠州人先世爲起小民實縣携家遷此未審然否抵今不知凡幾世族繁枝廣漫無所稽但各人僅能自記行輩而已七世以上名字亦無所考七世祖諱彥祥猶能識之七世以上俱葬於王元莊自六世祖諱文徙居城郭後卒遂葬於城西十里鋪小河之北自

《即墨孙氏族谱》《即墨孙氏亦成编》四卷，四册，民国石印本。框高 19.4 厘米，宽 28.0 厘米，四周双边，单鱼尾。书衣：即墨孙氏族谱。书名页：孙氏族谱，民国壬戌增修，文华石印局印。

卷一前有：七世孙丕猷“孙氏族谱序”；顺治十五年戊戌（1658）九世孙贻谋“重修族谱序”；顺治十一年甲午（1654）九世孙忭“族谱跋言”；康熙三十年辛未（1691）九世孙廷瑞“刻族谱序”、十世孙道盛“订修族谱说”；雍正六年戊申（1728）十世孙若彝“增修族谱附言”；茔地图志；命名定式；公产约十条；各派里居详录。

卷三后有：嘉庆六年辛酉（1801）十四世孙崇进“增修族谱序”；道光二十四年甲辰（1844）十三世孙作芝“增修族谱序”；光绪十二年丙戌（1886）十四世孙崇诏“增修族谱附言”；民国十一年壬戌（1922）十六世孙秉基“增修族谱附言”；历次修谱年代；正误表。

此即墨孙氏一族始居住于即墨南泉镇王元庄村（也称王演庄），据传，自胶州迁来，其七世祖彦祥以上名讳失考，故以彦祥为一世。

命名定式（自十一世至四十世）：“士希作崇永，秉象克嘉公。仁广宗孝成，本立裕法洪。绍延传（底）明业（底），述继显先（底）廷。”

《公产约》十条：一，族之公产：用以供祭事、建祠堂、树碑记、修坟茔、栽树木、立学堂、捐公益、赈灾荒；二，备考：族之茔域、地亩、祠堂、供器等公物财产应丈量、盘点、立册；三，选举：选公正者任族司事人员；四，祭品：春秋年终祭祀用品，务宜丰盛、整洁，不得搀杂用贱品，先祖祭品算计俭省者，多不昌盛；五，馂馀：祭祀之食物，族人共享之；六，祀先：祭扫秩序整齐严肃不紊，不可携抱幼子，令其啼哭；七，佃户：族之公田交由佃户耕种，族人不许插手；八，祠堂：宜扫除清洁，不得堆积杂物与外借；九，茔域：远代老茔不应添新坟，茔地内宜栽树，不许开垦，树木长成伐之作公益之事，须先添植小树；十，保护：族之公产只宜添置、修理、保护，不能偷卖、损坏、侵占，违者轻则罚，重则送官。

卷四为《即墨孙氏亦成编》，民国壬戌（1918）石印，孙氏家藏。由十世孙若彝（1676—1758，字仲抚，庠生）于清雍正元年癸卯（1723）著。他在《跋》中曰：“编名亦成，原是训戒子孙之意，言能如此，亦可以为成人。”十七世孙象浚《跋》曰：“《亦成编》其言简赅，其义精微，宗孔孟，尊六经，巍然千古。以之觉世，可寿世，可后之人，果能身守力行，守成训，以成成人，以符斯编命题之义，庶祖训不至空存。”

《即墨（如在堂）孙氏族谱》不分卷（一）

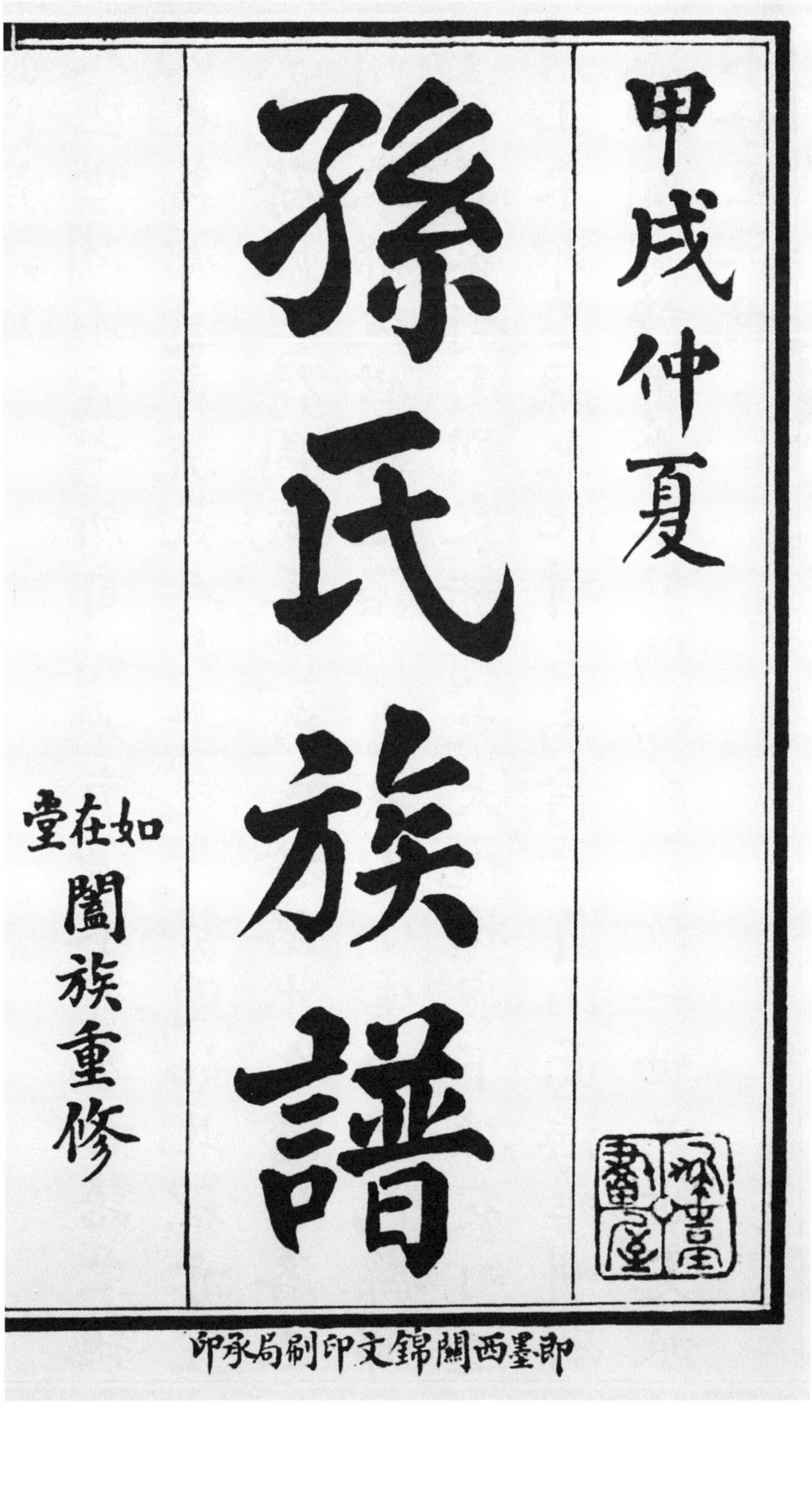

甲戌仲夏

孫氏族譜

如在堂

闔族重修

即墨西關錦文印刷局承印

《即墨（如在堂）孙氏族谱》不分卷（二）

孫氏族譜序

人生世間不宜忘所自始水有源木有本古語至親切也葢源遠者流長本大者枝茂勢固如此理亦宜然我孫氏世傳周武王遷殷民於洛水之濱作洛邑謂之東都後世謂之洛陽自明由小雲南洛邑縣鄉黨村馬家街南劉家衚衕東大槐樹底下孫家町遷居山東即墨縣東北村名南栲栳負山面海非畊則漁即間有讀書者未能顯揚先祖故一世二世支派不分至三世

《即墨（如在堂）孙氏族谱》不分卷，二册，民国印本。框高 22.2 厘米，宽 29.4 厘米，四周双边，单鱼尾。书衣：即墨孙氏族谱。书名页：孙氏族谱，甲戌仲夏，如在堂阖族重修，即墨西关锦文印刷局承印。

册一前有：咸丰丁巳（1857）十三世孙鸿图“孙氏族谱序”；光绪十年甲申（1884）十三世孙鸿图“孙氏族谱重修序”；十五世孙耀璋“孙氏族谱重修序”；中华民国二十二年（1933）十五世孙肇玉“孙氏族谱重修序”、“修谱说”；王锡极“孙氏族谱序”、“甘泉记”；十五世孙肇玉“如在堂祭田纪事本末”、“舍馆记”；孙氏谱例；命名定式；附茔图九幅。

二册后有：王锡极“学殷孙公诔辞并序”；耀璋“鸿图祖生平之志有感”；筹款户主名录；修谱记名。

是孙氏族谱为即墨南榜栳村之孙姓家谱，该孙姓一族相传于明永乐初年，由“小云南”迁来。一世、二世支派不分，至三世有仁、智二兄弟。仁生四子，三子科赴大同未回失传，其余三子始分东三支。智生二子，次子幼亡，长子为西一支。“如在堂”是其家族宗祠堂号。

即墨南榜栳村，就是现在即墨丰城镇之丁字湾畔的榜栳村，由杨氏立村，后来有内榜栳村建立，又改叫外榜栳村，现在简称为里疃、外疃。

命名定式：东三支：“鸿箴肇文，敬修家业。作善守仁，崇德成林。”西一支：“中世耀田，伟彦若初。绍祖泽宣，孝道万全。”

在其后又列出了一命名定式（单数用在中、双数用在下）：东三支：“震升孚谦，豫师临济，丰有咸泰。”西一支：“之宗祝吕，克容乃立，化生英基。”

此二命名定式，均没有给出起用自何世。从谱系中看，前一命名定式，是从十三世开始使用，也是单数用在中，双数用在下。

榜栳村所处之榜栳岛，系一陆连岛，濒临浅海滩涂，多盐碱地。历代孙氏族人锲而不舍，修堤、填海、栽树、种草、打井、起舍馆，改造自然环境，改善居住条件，安置转徙流离之族人。

王锡极特写《甘泉记》一文，记述孙氏打井之事：“濒海之地其水多咸，盖润下之所作也。而内榜栳村之南有泉焉，其水独甘，固地脉之异，亦人力有以致之也。吾友孙生琢章，世居海滨之内榜栳村，井水无不咸者，癸酉之秋，琢章相其村南之地势，其下或有水泉。于是邀村人掘之，至数丈之深，未见润湿，众志渐弛，而琢章以为地中有水，大《易》之言，岂不足信哉？于是督之愈力，忽掘得天然石泉，水甘而冽，且水势汹涌，虽附近村落日夜汲之，亦不涸不竭。于是甃之成井。《易》曰‘井养不穷’，洵一方之幸福也。古语云有志者事竟成，又曰精诚所感，力可以穿金石。昔耿恭拜井，疏勒佩刀出飞泉，皆精诚坚志，有以致之耳。

后之人饮水思源，其勿忘琢章之一片婆心可尔。”

王锡极（1867—1937），字卓泉，号蛰庵，昔即墨县里仁乡城阳社紫芗村（今青岛市城阳区流亭镇南城阳村）人。清末民国时期即墨著名儒师，自幼业儒，乡试不举，以开馆课徒三十余年，所授弟子，可谓桃李芬芳。宣统三年（1911）入册“明经进士”。他通经书、精诗赋、擅书法，为即墨仕官豪门弟子之首选塾师，留有《卓泉诗集》二卷等手抄本著作传世。逝世出殡之日，有即墨、青岛、潍坊、烟台、北京、南京、上海等地之后学贤达前来吊唁、扶柩、持帐。

《（莱阳）孙氏族谱》四卷（一）

《(莱阳)孙氏族谱》四卷(二)

續修孫氏族譜序

吾萊孫氏邑之望族也聞其先世明洪武初即居邑內旌旗街今幾五百餘年矣明鼎雖移而華宗尚熾洵故家也自明迄清世業耕讀代有聞人而其登仕版而振家聲者實自少樗公始然其稱顯宦而大門閭者則不第少樗公止也其後或官京卿或膺外任或登科第或列成均或入鄉賢之祀或載邑乘之中以逮夫身置膠庠品重閭里濟濟繩繩指不勝屈至若閨闈內行之修尤視家風之肅若者貞烈而蒙旌若者節孝而入祠凡此皆孫氏之昭昭在人耳目者也日者成齋公攜譜牒一册屬余弁言余才慚繡虎學等井蛙謭陋無文懼負所託乃再三遜謝辭不獲已受而讀之見其煞費苦心不參臆見繪圖立格率由舊章別派分支不離宗

《（莱阳）孙氏族谱》四卷，四册，民国印本。框高 19.6 厘米，宽 26.8 厘米，四周双边，单鱼尾。书衣：孙氏族谱。

卷一前有：嘉靖癸丑（1553）表弟臧学古“孙氏族谱序”；康熙戊辰（1688）学古五世孙臧临“续孙氏族谱序”；雍正十一年（1733）十三世孙德悫“重修谱志序”；光绪十四年戊子（1888）后学曹文峰“续修孙氏族谱序”；民国乙亥（1935）二十世孙承先“后叙”；目次；凡例十五则。

此孙氏一族，始居于莱阳城北门里宣化坊旌旗街，于明洪武年初由云南迁来，其先世无考，自六世祖讳四（或作仕、士）始迁莱阳，遂尊四为始迁一世。传至五世，有亲、堂兄弟十二人，其中只有孙辉、孙让、孙景、孙通四人有后人传世，分为四支派。明崇祯十六年（1644），清兵攻莱阳城，孙氏据守北门，城破，孙氏族人死伤无数，四处逃难，此后于多地村庄散居。其二十世孙承先在谱中记：“按孙氏世系，失传者以八、九二世最多，计其年代，正值清兵破城，死亡俘虏，莫可究诘。”

据《里居志》记载各族支散布于莱阳、掖县、海阳、栖霞、平度、蓬莱等地。另外，还有流落于关东、口外、烟台、福山等失传者，也不在少数。

是谱载：“孙氏先代无谱，有明嘉靖间七世祖奇秀，字世英，始修族谱。十三世祖德悫，字长仁，又字宣九，雍正十一年二次修谱。十五世祖克振，字统声，三次修谱，无序文记载年月。十五世祖敏，字慧心，第四次修谱，亦无序文记载年月。二祖虽系同世，修谱必非同时也。十八世祖均，字成齐，光绪戊子十四年第五次修谱。迄民国乙亥四十有七年矣，二十世承先第六次修谱。”

卷四后有文二篇。

一篇名为《拆坊记》，由孙承先于民国丙子年（1936）撰。讲述内容大意为：明清时期的莱阳城里，建有为数不少的石木牌坊，有功德牌坊、贞节牌坊等，都是各不同姓氏家族依皇帝圣旨，为自己家族之前辈歌功颂德、昭示后人而建。进入民国时期，一切封建时代的遗留物都受到了冲击，树在大街上的牌坊首当其冲。民国辛未年（1931）秋，新任莱阳县县长孙乐山与县建设局局长张炳建，以城内石坊既有碍交通，且又是封建遗迹为由，谕令各姓后裔自行迁拆，否则没收入官。莱阳张氏、左氏家族自拆自迁，而孙氏家族有二座雕工精巧的明监察御史孙浒西石坊，因孙氏后裔无力迁移，无奈只能由他人拆毁。

另一篇名为《新编杂字类联》，由孙承先祖父孙德嘉（一名玉嘉，字润甫，号龙西）撰，孙承先校订。此文为儿童启蒙读物，七字一句，读起来朗朗上口。内容为旧时农村居家生产、生活用具、用品名称，包括有庄农类、家器类、嫁妆类、首饰类、衣服类、嫁娶类、肉肴类、海产类、菜蔬类、饭食类、盖造类、杂货类、手艺类、五谷类、树木类、身体类等。其中有很多物品，现在是只闻其名，不见其物了。

《(荣成)杏林孙氏族谱》十四卷(一)

杏林孫氏族譜

民國甲戌年孟夏

《（荣成）杏林孙氏族谱》十四卷（二）

杏林孫氏族譜目錄

壽公后

卷九

璔橽 思敬 佑義 世崇之祥 成富 公后 住黄家莊

璔 思敬 化義 世敏鼒之 公后 住鳳凰崖 燕兒泊

璔 思敬 化義 世敏鼎之 公后 住杏林北台 燕兒泊

璔 思敬 化義 世敏鼐之 公后 住燕兒泊

璔棣 思平 義進 公后 住草島寨

卷十

瑢 漢公后 住杏林北台 東利刹埠 陳家疃 林村集

瑢 澤公后 住陳家疃 小泊子 石棚子 榮城内 古樓高家

卷十一

目錄

《（荣成）杏林孙氏族谱》十四卷，四册，民国手写油印本。存九至十四卷，二册。

每册前有：书衣：杏林孙氏族谱，民国甲戌年（1934）孟夏。次有题词："同源分派，人易世疏；慨然寤叹，念兹厥初。"本册目录。

两册目录显示，是孙氏主要居住于山东荣成各村庄内，个别族支居住于文登城里。如杏林北台、杏林南台、小泊子、小桥、燕尔泊、东利刹（查）埠、西利刹（查）埠、凤凰涯等村，这些村庄都属于荣成市马道镇管辖，2001 年马道镇撤销后，并入俚岛镇。

杏林孙氏为山东省胶东地区人数众多的孙氏一支族群，主要分布于威海的荣成市、文登区和环翠区，其始迁祖名为孙山，于南宋晚期从即墨迁入荣成的杏林沟一带（今属威海荣成市俚岛镇），此后，逐渐分布于威海市和烟台市的近百个村庄。

四册后有版权页，记修谱时间：民国二十三年（甲戌）。册数：四册。印数：四十部。单价：3.95 元大洋。以及印刷杂费表、印刷者、誊稿者、校阅者人员名单等信息。

《（即墨）李氏族谱》不分卷（一）

民國甲戌五增修

李氏族譜

舊木板存追遠堂

《（即墨）李氏族谱》不分卷（二）

李氏族譜序

吾家世代相傳原籍天津衛人不知何時徙居即墨初至大村再至鼇角石再至客旅店厥後族數蕃衍布散各處有住演堤莊頭社生卧龍八哥莊河頭西店子石橋泊子東皋埠青山前橋子頭者居不一地而歲時伏臘往來無間長幼尊卑秩如也近代以來敦本睦族漸不如舊

《（即墨）李氏族谱》不分卷，二册，民国印本。框高21.0厘米，宽29.2厘米，四周双边，单鱼尾。书名页：李氏族谱，民国甲戌五增修，旧木板存追远堂。

册一前有：乾隆十八年癸酉（1733）十四世孙毓璋、普“李氏族谱序”；十四世孙一瓛“修族谱志”；光绪七年辛巳（1881）十六世孙瑞麟“后序”；十七世孙希瀛“再增修族谱序”；宣统三年辛亥（1911）十七世孙希灿“增修族谱序”；十九世孙正侨“增修族谱后序”；民国二十三年（1934）十八世孙中诜“五修族谱志”；族谱条例；光绪七年“条记”；宣统三年辛亥“增修族谱条例”；命名定式。

册二后有：道光二十年庚子（1840）十六代孙兆艮“李氏族谱跋”；光绪七年辛巳十七世孙希棠“再增修族谱跋”；宣统三年辛亥十八世孙中诜“增修族谱跋”；民国廿五年丙子（1936）二十世孙臻、谟、頣“五修跋”。

是李氏族群属即墨“追远堂”李氏，原籍天津卫，迁居即墨时间不详，初居大村（即墨留村镇），后至鳌角石村（即墨岙山卫镇）。一世祖成至五世俱失考，六世祖刚有子六人，分为六支，其长子逵（七世）生五兄弟并传承有序，为长支。其余五支八世、九世失考，自十世起始详。谱中载：“以上五世俱失考，六世祖讳刚亦未详所自出。”“二支、三支、四支、五支、六支，八世祖、九世祖俱未详所自出，九世祖以下派始详。”

其族人主要居住于即墨东北部的店集、华山等乡镇的东西演堤、庄头，南、北八哥庄，东西河头、泊子，东西石桥、东皋埠、青山前、东西桥头等村庄。

命名定式（自十五世至三十四世）：“宗兆希中正，斯全瑞贵嘉。尚德泽乃永，为仁道可常。”乾隆十八年十四世孙毓璋定前十字，宣统三年合族议定后十字。

在宣统三年《增修族谱条例》中有一条说明如下：“吾十四世祖士宜公于十五世以下排定十字，后世按辈定名，罔不率从。奈近今同姓不同宗者，于‘延、丕、振’三字皆取为辈行定式，吾族共义，将此三字改为‘全、瑞、贵’。非敢妄易前人旧例，原以避不宗者之蒙混也。”

《(栖霞)李氏谱书》四卷(一)

上元歲次癸丑榴月重修

李氏譜書

書藏漁稼溝

《（栖霞）李氏谱书》四卷（二）

棲霞名宦文毅夫子李氏族譜序

金山郡為登州十屬之名區也地居翠屏之北比屋而錯處者多望族李氏尤其表表焉者世遠系湮莫考所自其自明洪武初由東昌高唐州宏門村而占籍於棲霞之東隅社則自　儒士東國公始四傳而後有元孫大宇行治家勤儉產業賴以開拓再世而東津

《（栖霞）李氏谱书》四卷，四册，《（栖霞）李氏支谱》一卷，一册，清抄本。框高22.6厘米，宽30.8厘米，四周双边，单鱼尾。书衣：谱书卷壹、贰、叁、肆，西三分长分之长支，二、三、四支。谱书支谱卷壹，西三分长分长支，居渔稼沟村长分之长支。书名页：李氏谱书，上元岁次癸丑榴月重修，书藏渔稼沟。李氏支谱，上元岁次癸丑榴月重修，尚义堂谨录。

谱书卷一前有：雍正七年己酉（1729）眷弟王沛恂“栖霞名宦文毅夫子李氏族谱序”；乾隆五十一年丙午（1786）邹之幹“李氏祖谱叙”；康熙十七年（1678）十世孙沛霖“谱书四字弁言”，栖霞县李氏世系提纲。

支谱卷一前有：十六世孙春熙“李氏支谱叙”；大清癸丑十八世孙树屏“李氏支谱叙”。

渔稼沟村，现为烟台栖霞杨础镇上、下渔稼沟村。该村李氏在明洪武初年，由山东东昌府高唐州宏门村迁来栖霞县，最初落户仙广乡东隅社，即现在栖霞市区翠屏、庄园街道和西城镇一带。自五世后迁居于渔稼沟村，并分为三支，长支至八世无后嗣，二支、三支分别有三子，分为西三分支与东三分支。而居渔稼沟村者，为西三分长分支之后裔。

《李氏谱书》为西三分长分支之长、二、三、四支派族谱。

《李氏支谱》为西三分长分支之长支派之长支族谱。

其十六世孙春熙在《李氏支谱叙》中叙李姓由来，曰：“按李氏系出于陇西郡，为皋陶之后。世传为虞、夏、殷理官，子孙以官为氏。有理利贞者避纣于苦县，居李树下，遂改姓李。至周代，晋有里克，卫有里至，里、理皆与李同源。”

接下来，他又介绍栖霞渔稼沟李氏之由来，曰：“吾李前世莫稽，自明太祖定鼎之后，降旨散大族。始祖由东昌府高唐州宏门村占籍于栖霞仙广乡东隅社，为七甲人氏，至三世祖独拨八甲。至五世分三大支，长支延及八世遂绝。今所遗者，皆二支、三支之子孙。二支生三男，为今之西三分；三支生男，为今之东三分。居渔稼沟者，为西三分长分支之所出。由渔稼沟村而他适者，皆以渔稼沟村统之也，杨础等村均类此。”

渔稼沟李氏至五世有三男，长子大源生男成桧，至八世绝嗣；次子大江生三男，成文、成乔、成高，后世为西三分支；三子大海生三男，成栋、成芝、成阳，后世为东三分支。

谱书卷壹《世系分派》中载：“始祖至五世分三大支，惜长支至八世无嗣。以下皆二支、三支支派。所幸者二支生三男为今西三分，三支生三男为今之东三分。前之续谱者，照此六分分修，按谱查阅，一望了然。今录此本，唯西三分长分居多，余则不及备载，非有私意也。余西三分长分之长支派也，他支多有不识者，不敢妄为添加。后之有心于此者，向全谱而查之，可全识矣。”

《莱阳李氏族谱》不分卷（一）

族譜序

帷我李氏先代渤籍遐不可考得於祖振碑記元末革命時十九代祖由渤航海來貫昌陽嵯峨之荊山里卜居梁子口遂家焉至祖道成始有譜牒道成生宣宣生善甫善甫生子忠子恭而派分焉至祖振以輸粟授散官祖威由明經任臨川判簿授將仕郎嗣後耕讀相承世有恒業迨仲吉輩是道成祖十一代元孫有子若孫方未艾也仲吉少習博士業弗售然既讀書識字忍不遡水木本源修我宗譜茲取其世系行輩繪而書之首厥木主代成行列自為一譜俾

《莱阳李氏族谱》不分卷（二）

李氏源流

昔管幼安嘗著姓氏論姓氏之重也久矣我李氏則系出於黃帝蓋聞黃帝次子為少昊少昊之後有皋陶皋陶李子曰恩成世為理官遂姓理商紂時理徵以直忤紂死其子避難於伊虛食木子得全因改理為李故李耳聃為周柱下吏入秦有李斯為相入漢有李廣為將至唐而淵與世民遂有天下金枝玉葉繁衍愈盛由是言之李氏徧天下何非黃帝少昊之子孫哉然而年湮代遠不及致詳爰肇始我道成公間嘗考之父老道成公先世居莊子園其時村居稀

《莱阳李氏族谱》不分卷，六册，民国石印本。框高 20.6 厘米，宽 28.0 厘米，四周双边，单鱼尾。书衣与书名页已失，函套题签：莱阳李氏族谱。

册一前有：十一世孙仲吉“族谱序”；十九世孙凤藻“李氏源流”十九世孙华国“序”；十九世孙凤藻“序、命名定式”；二十世孙鸿声“序”；二十世孙鸿诰“序”；十九世孙士林，二十世孙抡元、梦松，二十一世孙任临，二十二世孙经文、安石“序”；李氏族谱凡例十四条。

是李氏族谱由于书名页的缺失，其纂修年代不详，应该是在清末或民国早期。谱书编成后因财力不足，没有刻版印行，于十余年后石印而出。是谱由李氏第十八世孙李如麒（字仁斋，乡饮耆宾）倡议，由其孙李鸿声（字韵斋，乡饮耆宾）、侄孙李鸿诰（字述周）主修完成，由鸿诰之父李检（字省庵，号景范，邑庠生）定辈分命名定式二十八字。

十九世孙华国（字朴斋，邑廪生）在其《序》中介绍李氏先祖迁徙莱阳之经过：“余李氏始浙省人也，隶籍于金华府金华县，世居花园村。因避兵而北，见昌阳嵯峨之东有梁子口村，四面皆山，兼有大河之环绕，曰此真可以避难处也，因家焉。”“后历元历明，户口日增，由梁子口而迁居别村者，指不胜屈然，皆不出乎昌阳。其迁居之最远者，则有居于文登邑之泽头集者，有居于口外建昌县五埠顶营子者。”

李华国之先祖是在南宋末元兵南下时，由浙江金华乘船渡海北上的。其十一世孙仲吉（字德一，邑庠生）《族谱序》写道：“惟我李氏先代淛（浙）籍遐不可考，得于祖振《碑记》云：宋革命时，十九代祖由淛（浙）航海来贯昌阳嵯峨之荆山里，卜居梁子口，遂家焉。至祖道成始有谱牒。”

昌阳梁子口村，系今烟台莱阳市姜疃镇小梁子口村。

李道成以上无考，故以道成为莱阳李氏家族之一世祖，至其孙善甫生三子，长子子忠、次子子恭、三子子友，分为三支，三支子友迁往文登泽头集（今文登泽头镇泽头村）居住。

据是谱载：“子友，相传公兄弟三人，操作田间，因言语不合，公忿然而去，并持其田器，遂流寓文登泽头集居住，自是永无音信。”另据考，文登泽头李氏之一世祖果元，也系莱阳李道成之孙，李善甫为长孙，李果元为次孙。子友应该是投奔他叔父去了。子友在临终前嘱其子曰：“余家本系莱阳，嗣后有发达者，必须回家。”并且，对其子详述其里居故地。

命名定式（自二十一世起）：“从古名贤在重伦，克敦孝弟乃为人。行修德立惟端本，保尔天年福禄身。”

邑庠生，古代学校称为庠，庠生即为学生，明清时期，府、州、县学也被称为邑庠，考取入学者即为“邑庠生”，也被称为“秀才”。秀才中的一等生，即为“廪生”。廪，粮仓之意。廪生由官府每月发给廪膳粮，所以又称为“廪膳生”。

《（即墨）廉氏族谱》不分卷（一）

廉氏族譜序

吾族廉氏自古迄今門祚衰微人丁寥落周朝以前無聞焉當春秋時吾杰祖居魯國從學孔子世肄儒業七國分争之會吾頗祖為趙國大將軍爾時習文習武者尚有人焉一自秦始皇焚聖賢之書籍坑儒生於咸陽吾頗祖之裔遂避山西江西諸省數傳以來淪落不偶遲至東漢明帝吾範祖又為雲中太守藝以火拒匈奴時稱名將繼還蜀郡太守治民有法民作吾袴之歌孝平末年樊崇作亂號赤眉賊遣將軍吾丹祖擊之吾丹祖遂殁於陣中建興

廉氏族譜

《（即墨）廉氏族谱》不分卷（二）

世系圖

壹世

友

原籍江西饒州府餘千县元末洪武初兵興元師何是能督領軍伍以軍功誥授昭勇將軍卒於南方故不知配氏與葬処子一

二世

高

襲父職至明癸未年分撥山东莱州府即墨县东鰲魚山衛去城四十里海防防倭至洪武十一年奉旨同徐兴祖築鰲山衛城襲指揮僉事誥授昭勇將軍配辛氏係貢生耀公之女葬於太平山前癸山丁向有支门為記子一

三世

清

明襲指揮僉事誥授昭勇將軍配梁氏誥封恭人係辛人傳公之女葬於父墓左子四

四世

忠

襲指揮僉事誥授昭勇將軍配朱氏任蘭溪县璞公之女坐父墓右子一

恕

配　氏葬於父墓右

志

配杜氏係辛人希堯公之女葬於父墓前子一

懋

任後亦后赴口外

《（即墨）廉氏族谱》不分卷，一册，民国抄本。

谱前有：乾隆三十年乙酉（1765）十三世孙玠“廉氏族谱序”、“三支谱序”；乾隆三十二年（1767）十三世孙玠“三支公祠志”；嘉庆十九年（1814）十五世孙世德“三支又序”；道光二十八年（1848）十六世孙可昉“三支又序”；咸丰三年（1853）十七世孙承尧“三支又序”；同治元年壬戌（1862）十五世孙裕仁“长支谱序”；光绪十六年（1890）十八世孙化南“三支又序”；民国二十年（1931）十九世孙行敏“三支又序”；民国二十七年（1938）十七世孙凤极、凤集“长支又序”；廉氏先茔图志；族谱例。

谱后有：民国二十七年修谱记名。

即墨廉氏是建立和守卫鳌山卫的第一代人，明洪武二十一年（1388），明朝开国功勋中山王、魏国公徐达长子徐敬祖带领昭勇将军、廉氏二世祖廉高在即墨沿海建鳌山卫城抗击倭寇，并担任指挥使，其后代至九世袭承此职，并在卫城东南近处建廉氏庄园，即现在之岙山镇廉家（庄）村。自四世有兄弟四人，分为四支。清雍正十二年（1734）裁撤鳌山卫归即墨县，廉氏族人散居四方。

是廉氏一世祖廉友，系江西饶州府余干县（今江西省上饶市余干县）人，元末参加朱元璋农民起义军，转战南北，战功卓著，被明太祖授予“昭勇将军”。其先祖自称是春秋时期赵国名将廉颇之后，至北宋初，由山西平阳府太平县（今山西省临汾市襄汾县）徙居江苏淮安府清河县（今江苏省淮安市清江浦区），元初又迁居江西饶州府余干县。

廉氏十三世孙廉玠在《廉氏族谱序》中，记述了其二世祖廉高在袭承其父、一世祖廉友之“昭勇将军”职位后，来山东抗倭及建鳌山卫之事：“吾友祖戊申年病故，吾高祖遂继袭职，癸未年，分拨山东莱州府即墨县城东四十里海隅防倭。至洪武二十一年，魏国公徐兴（敬）祖与吾高祖奉旨筑鳌山卫城，以备倭。卫城周五里，高三丈，厚五尺，四门有楼，东曰‘镇海’，南曰‘安远’，西曰‘迎恩’，北曰‘维山’。”“额设指挥使三员，指挥同知五员，指挥佥事八员，经理一员，儒学教授一员，镇抚司镇抚二员，右、前、后三所千户六员，百户十五员，边操军、守城军、京操军、屯田军一千一百另八名。”“国朝官军俱裁，惟存教授一员。新设守备一员，管辖卫屯丁。地钱粮收解，由都司奏销。雍正三年，裁去都司，归莱州府都。至雍正十二年，总督王士俊题准裁鳌山卫，归并即墨县。其原辖十八屯亦皆分并，即墨县三屯，平度州八屯，胶州六屯，莱州一屯。凡地丁、钱粮、课税、谷石俱属州县管理。生员亦归本县儒学管理，惟廪贡及入学名数仍照旧原额，但书一‘卫’字别之。教授、守备俱裁。”

命名定式（自十八世至三十七世）：“化行维正法，鸿功在继宗。德修遵祖训，义方振家声。”其中功、宗、训、声用在名末。前十字于清咸丰三年定，后十字于民国二十年定。

《（福山）柳氏谱书》六卷（一）

柳氏譜書

中華民國十一年歲次壬戌

《(福山)柳氏谱书》六卷(二)

柳氏家譜序

聞之木有本水有源人之有祖宗亦猶是也百代子孫祖宗視之如一人本源出於一脈支分切近者固有聯屬之情即支分疏遠者亦不得以五世親盡而起乖離爭鬥之心周之宗盟異姓爲後雖有小忿不廢懿親此言何謂乎相傳余先人來自河南或又云自浙江來至棲邑大莊頭村不知爲何時約在宋元以前嗣後族姓繁衆散居多村遷至高疃亦不能考稽其始惟邑治崮岦山之陽一名鳳見頂前西羅家莊村北有祖塋百餘畝古墓碑碣多歷年所而此祖塋之所以載在縣志者則自封安遠侯始事跡詳於縣志無須贅述所可異者古墓生侯之地有大樹二株藤蘿盤覆其上歷二百餘年蓬勃長新至明崇禎甲申歲忽自槁嗚呼國存俱存國

柳氏家譜 卷壹 一

《（福山）柳氏谱书》六卷，六册，民国印本。框高 22.7 厘米，宽 36.0 厘米，四周双边，单鱼尾。书名页：柳氏谱书，中华民国十一年岁次壬戌。

卷一前有：大清道光元年（1821）十二代孙廷瑞“柳氏家谱序”；大清咸丰七年（1857）十二代孙甲瑞“家谱序”；清同治十二年（1873）福邑门楼寿昌更名清晏“柳氏家谱序”；中华民国十一年（1922）十四年代孙绪和“柳氏家谱序”；凡例。

十二代孙廷瑞《序》曰：“相传余先人来自河南，或又云自浙江来至栖邑大庄头村，不知为何时。约在宋元以前，嗣后族姓繁众散居多村，迁至高疃。”

十四代孙绪和《序》曰：“柳氏之徙居高疃历有年所矣，前辈相传有云，自河南来至栖邑大庄头，再迁高疃者，有云自浙江钱塘县来至栖邑大庄头，再迁高疃者。”

高疃，今烟台市福山区高疃镇。

福山柳氏宗谱由柳氏十二代孙廷瑞于清道光元年初修，后由十二代孙甲瑞于咸丰七年续修，而福山门楼柳氏寿昌（后更名为清晏）在同治十年（1872）至同治十二年（1874），拟修“柳氏全谱”，但此次修谱历时三年也未告竣，可能是无果而终。是谱为《高疃柳氏家谱》，由柳氏十四代孙绪和于民国十一年修编完成，前一年柳绪和由“福山劝学所”归乡，与祖亲召集阖族于先祠订《凡例》十余则，依例于次年修订完成是谱。

据是谱载：高疃柳氏一族分为四支，以东南北西为记，其东为长支，南、北、西为二、三、四支。是谱卷一、二为东长支，卷三为南二支，卷四为北三支，卷五为西四支，卷六为失考者。

咸丰七年十二代孙甲瑞在序中拟定了十六字的命名序：“学逊时敏，谦益慎修。积善余庆，保世克昌。”这是在先祖提出的八字命名序“树德务滋，存心忠厚”用毕之后，续用之序。而在时隔十六年之后的同治十二年，福山门楼柳氏寿昌（后更名为清晏），在其序中又提出二十字的命名序：“成培清建运，钟毓耀光华。明泽常昭己，生辉永克家。”但不知为何，他们都没有规定自何世何代启用这些辈分排序，令人感到有些疑惑。

《（莱阳）耿氏族谱》不分卷（一）

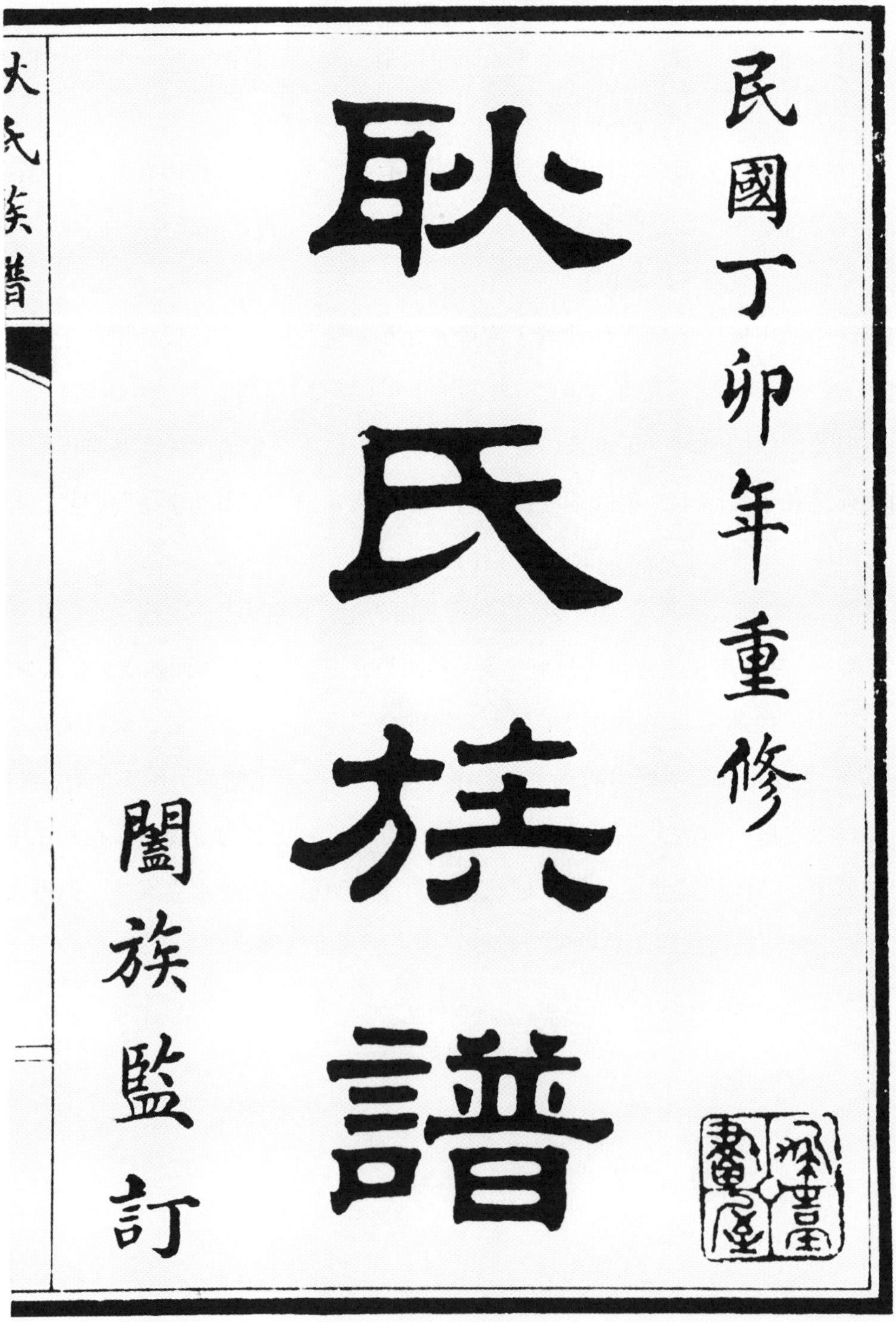

民國丁卯年重修

耿氏族譜

闔族監訂

《（莱阳）耿氏族谱》不分卷（二）

耿氏族譜序

余堂祖諱嵩年於康熙三十二年序譜云耿殷人也祖乙都耿因氏其地相傳明永樂二年自黑山徙於山左亦不知黑山係何地有東昌同宗者云同來時兄弟三人一兖州一東昌東徙者即余居萊陽之祖言之歷歷如在目前聞余家之居萊也始於泊南莽於梁家莊近村北墓五六坵有錄科名者二人今亦無考後遷桃花鄉小里社張格莊長支文興祖居焉遷夏格莊之三祖失諱遷黃汶頭則余始祖武功也數傳而家漸大族益繁東西兩疃曁西

《（莱阳）耿氏族谱》不分卷，二册，民国印本。框高 21.7 厘米，宽 29.6 厘米，四周双边，单鱼尾。书名页：耿氏族谱，民国丁卯年重修，阖族监订。

册一前有：嘉庆十九年甲戌（1814）十四世孙麟书“耿氏族谱序”；民国十五年丙寅（1926）十八世孙立堂（仁安堂）“耿氏重修族谱序”；中华民国十六年丁卯（1927）十八世孙建家“耿氏重修族谱序”；中华民国十五年丙寅（1926）十九世孙植修“耿氏重修族谱序”；耿氏族谱谱例；命名定式；耿氏祠堂祭田记；耿氏祠堂祭规；嘉庆十九年甲戌仲诩“逃户地记”。

册二后有：中华民国十八年己巳（1929）十九世孙梅修“跋”。

相传耿氏起源于殷商时期的古耿国，国都位于现在山西省河津市的山王村。十四世孙麟书《序》曰：“余堂祖讳嵩年于康熙三十二年序谱云：耿，殷人也。祖乙都耿，因氏其地。”那么是谱所记载的耿氏呢。他继续介绍道：“相传明永乐二年自黑山徙于山左，亦不知黑山系何地。有东昌同宗者云：同来时兄弟三人，一兖州，一东昌，东徙者即余居莱阳之祖，言之历历，如在目前。闻余家之居莱也，始于泊南……后迁桃花乡小里社张格庄，长支文兴祖居焉。迁夏格庄之三祖失讳，迁黄汶头则余始祖武功也。数传而家渐大，族益繁，东西两疃暨西之耿家庄，东之大河头，皆武功祖后裔。”

黄汶头，旧属莱阳县，今属青岛莱西市姜山镇管辖。相传，因此地有两个水湾，水呈金黄色，故名“黄湾头”，后演变为“黄汶头”。明永乐年间，耿姓由云南迁此建村。

耿家庄与大河头两村，均为莱西市姜山镇、夏格庄镇下辖村庄，距黄汶头村不远。

“山左”者，古时山东省的别称，“山”指太行山，在古代，坐北朝南，山左为山东，山右为山西。

《序》又载：“余耿氏谱书，前清康熙三十二年，嵩年祖创有成稿，至嘉庆十九年，仲诩祖又增修之。越数十年，余献俞、献球两伯再以修谱为己任，乃稿甫或，而献俞族伯遽归道山。至咸丰十一年秋九月，‘捻匪’入境，献球族伯殉邑难，谱稿亦半焚于兵火，而谱书之修，从此废矣。”民国十五年丙寅，十八世孙立堂记于仁安堂。而就在此丙寅年正月，十九世耿植修、十八世耿奎家主持增修是谱（自一世至二十一世）。

耿氏辈分命名定式为：“廷（在中）献（在中）家（在下）修（在下），式（在中）守（在中）祖（在下）德（在下）。立（在中）本（在中）中（在下）正（在下），乃（在中）承（在中）丕（在中）基（在下）。”据是族谱载，“廷”字辈当为第十六世。

在是谱中，阖族共议，特定出了《耿氏祠堂祭规》十八条，颇为严厉，而且面面俱到，细致入微。兹录于下：

一　祭器除破而锔起者照旧供用，其余囫囵器皿，一有破损，谁摆祭谁得照样包赔，决不宽恕。

一　祠内供器除冬年祭祀使用，平时不得擅自借出，恐致污损，即无以盛祭品也。

一　蒸面十圆，以大而白者为尚，每个至轻须得二斤重，不可过小，尤不可不熟。

一　鼎牲三事，莫要于洁净，若任其污秽，不使水洗即以供献，殊非奉先致孝之道。

一　鱼肉等品摆于供盘之中，须内外一样，足以壮观，不得以他物衬垫，欺慢先祖。

一　供献干果，须将核桃去壳与皮，栗子、白果禁供生的，皆须煮熟，红枣得加糖煮熟，取必熟而荐之义。

一　供献橘子，大则一碟二枚，小则一碟五枚。若一碟摆一小橘子，众人属目之地，太不雅观。

一　供献茶食，须多备几样，取其华彩可观，每碟摆五个即是，正规不宜过多，不可太少。

一　供献 ，须不大不小，一盘盛五个，若每盘仅盛上两个，先祖必有每食不饱之叹。

一　供饭须用上等白糯米，方显敬意，若使高粱米捞饭，必惹祖宗生气，族众笑话。

一　年节所焚香楮、金箔，须有定数，八一笺纸，两匹大箔，两块加料好香，两封大料，香一束，宁使有余，勿令不足。

一　除日、元日内外灯笼自夕至朝俱要点烛，以光宗耀祖，供献者须候烧香剪烛，不得熄烛安寝，使祠内昏暗，先祖皆摩索而食。

一　除日焚香，自悬谱上供时起，首香尽即烧至初二日送年则止，正月初三日至正月十五日，每日须三时烧香，剩者留于祠内，以备平时之需。

一　叩奠之时，先茶后酒，自昔已然，嗣后仍遵旧规，不得因酒价昂贵，希图省钱，仅以白水灌地。

一　赴祠叩首，谁到谁叩，不必等齐，叩毕或走或坐，任其自便，免得失教儿童在祠内喧哗，互相打骂。

一　年节谒祖，家长率领子孙自纳香纸焚化，按次跪拜，方显孝敬之心。若家长懒惰嫌冷，逼其子孙代劳，是谓不孝不敬。

一　祠内椅凳，平时无论何人不许搬用，原为年节给族中长者所设，儿童不得僭坐，即尊而不长者，亦无其座位。

一　子弟为父母上名，须求笔姿清秀，为合族所许可者，先请后添，当面拜谢，然后焚化香纸，叩首撤供，是为正礼，不得毫无敬心，托人代添，以图省费。

《即墨张氏族谱》四卷（一）

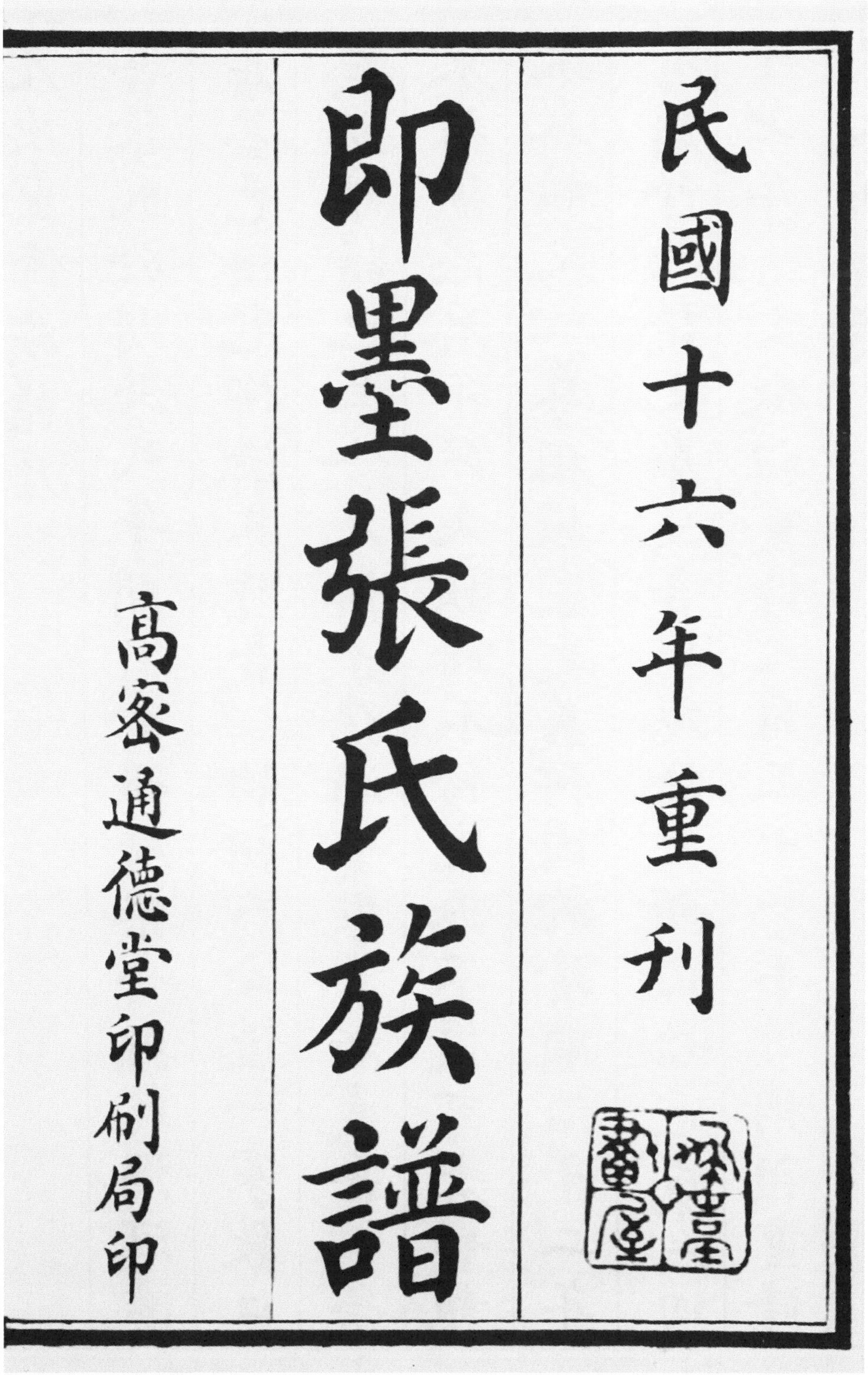
民國十六年重刊

即墨張氏族譜

高密通德堂印刷局印

《即墨张氏族谱》四卷（二）

九次重修族譜序

吾張氏於明洪武年間自青州府樂安縣乾淄河遷
居墨邑相宅柳溝其時吾　始祖六公僅一家數口
無所謂譜也至八九傳子孫漸繁家業漸盛吾　瑩
東祖誠恐歷年既久族譜不修支派不復可考如報
本反始之心尊祖敬宗之義何因於清順治十二年
有創修族譜之舉此吾族族譜之所由始也康熙四
十七年　文徵祖重修之雍正十一年　枘祖重修

《即墨张氏族谱》四卷，四册，民国印本。框高19.8厘米，宽27.0厘米，四周双边，单鱼尾。书名页：即墨张氏族谱，民国十六年重刊，高密通德堂印刷局印。

卷一前有：大清顺治十二年（1655）孙莹东“族谱引”；康熙四十七年戊子（1708）孙文征撰“重修族谱小引”；雍正十一年癸丑（1733）孙柟“重订族谱序”；乾隆九年甲子（1744）孙铨撰“重修族谱小跋”；乾隆三十二年丁亥（1767）十二世孙棣撰“重修族谱序”；乾隆五十七年壬子（1792）十四世孙履斯“重修族谱序”；同治十二年癸酉（1873）十七世孙明远“重修族谱小引”；光绪十八年壬辰（1893）十四世孙仕元“重修族谱序”；光绪十八年壬辰十四世孙彤云“重修族谱”；光绪十八年壬辰十八世孙吉麟“刊修族谱序”；民国十六年（1927）十九世孙义崇撰“九次重修族谱序”；民国十六年丁卯十七世孙明善撰“第九次纂修族谱序”；族谱凡例；命名定式。

卷一：序、凡例、命名定式。卷二：俊祖派支。卷三：仪祖派支。卷四：仁祖派支。

命名定式（自十四世至三十三世）：“履曰光明吉，义方允万全。宗之成正士，沛德复中天。”

十九世孙义崇对是谱之张氏一族迁居即墨之由来与修谱之传承，在《序》中有明确叙述。《序》曰：“吾张氏于明洪武年间，自青州府乐安县乾淄河迁居墨邑，相宅柳沟。其时，吾始祖六公仅一家数口，无所谓谱也。至八、九传，子孙渐繁，家业渐盛，吾莹东祖诚恐历年既久，族谱不修，支派不复可考，如报本反始之心尊祖敬宗之义何。因于清顺治十二年，有创修族谱之举，此吾族族谱之所由始也。康熙四十七年文征祖重修之；雍正十一年柟祖重修之；乾隆九年铨祖重修之；三十二年棣祖重修之；五十七年履斯祖重修之；同治十二年、光绪十八年之二次重修，今次重修，系第九次，距前次已三十余年矣。”

此即墨张氏“自乾淄河来墨邑，始居柳沟，以后散处不一，有居流河庄者，有居王圈岛里者，俱系同族”（十八世孙吉麟《序》）。四世彪配王氏生子三，长子俊、次子仁、三子仪，由此分为三支。分别为俊祖、仁祖、仪祖支派。

柳沟、流河庄（现分为东、西流河庄），现均为青岛即墨华山镇与店集镇所辖村庄，王圈岛里村现被王圈水库所淹没。

《族谱凡例》有三条族规言简意赅，现摘录于下：

一 所配某氏，已娶者入谱，而未娶者不载，以未成妇也。且后或有变易，恐多错误。

一 元配、继配悉列谱中，侧室有子入谱，无子不载。

一 出嗣者一名两见，生父名下注出嗣，继父名下注嗣子，示不忘本也。

《(莱阳双山)张氏世谱》六卷(一)

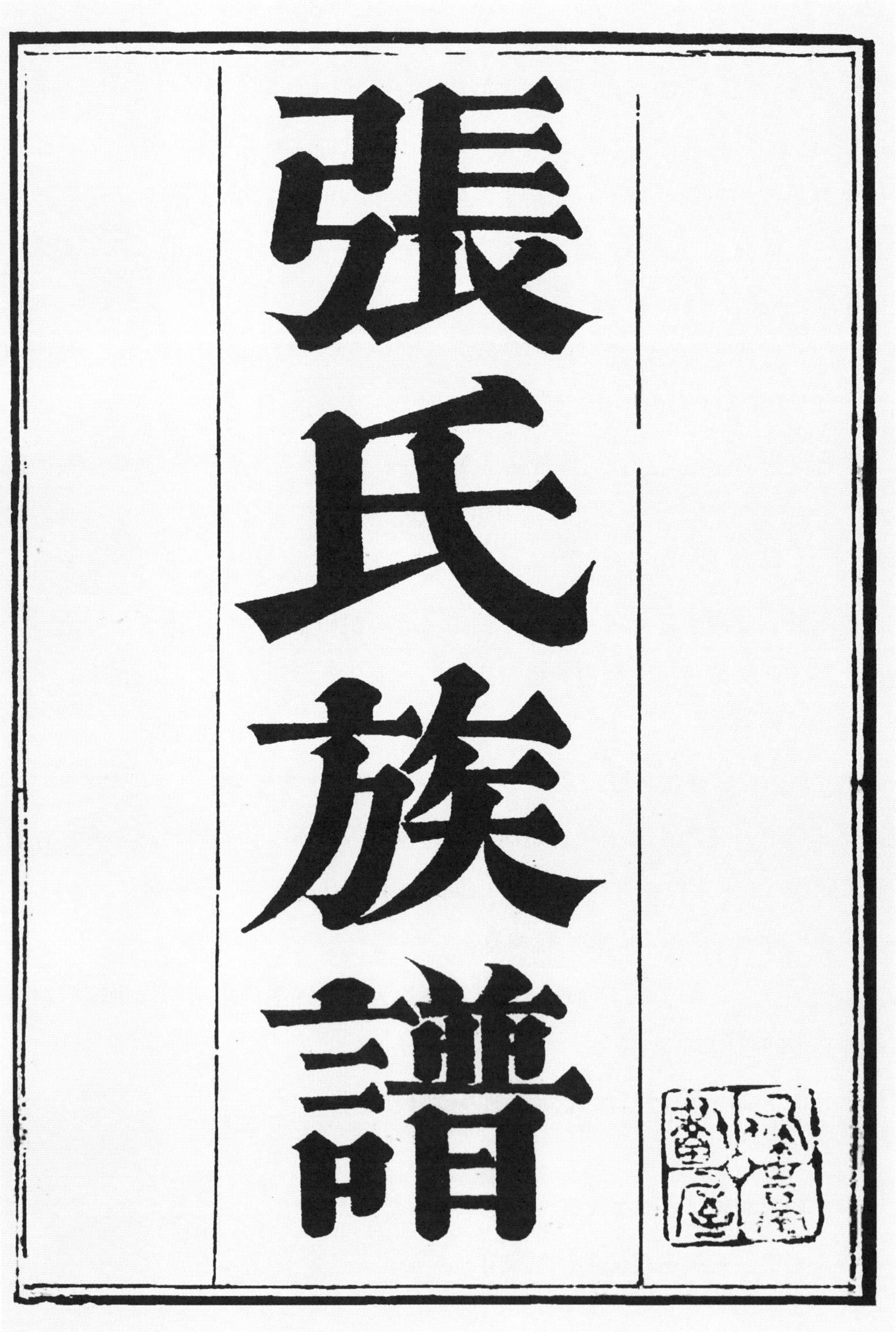
張氏族譜

《（莱阳双山）张氏世谱》六卷（二）

雙山張氏世譜序

蓋聞木有苞蘖水有流渟浸之乎碩朋國有世表家有世籍均之乎率埤腐史去古未遠本紀世家雖貫珠纍纍而簡約是裁小宗弗繫焉若路史去古彌遠何從而開闢帝系如指諸掌即未敢盡誣之焉敢盡信之以傳信以傳疑譜之作可無慎與綮

《（莱阳双山）张氏世谱》六卷，六册，清刻本。框高19.5厘米，宽29.6厘米，左右双边，单鱼尾。书名页：张氏族谱。

卷一前有：康熙壬戌（1682）十二世孙重润“双山张氏世谱序”；嘉庆二十二年丁丑（1817）十五世孙心至“重修张氏族谱序”；嘉庆戊寅（1818）十六世孙汝愚“谱叙”；谱例。

卷六后有：十六世孙书贤与十三世孙齐玉“跋”两篇；同治甲戌（1874）十六世孙汝桢等与十七世孙是彬等“五修族谱序”一篇。

是谱载：双山张氏系元末明初，由青州府乐安县碑次口村迁来，其祖先世居燕赵，即今河北省枣强县。据史料记载：青州府乐安县碑次口村就是今山东省广饶陈官镇的碑寺口村，碑次口系口误。相传，当初村庄建在一古寺旁边，寺内有高碑，且不远处还有一古渡口，故村名称作“碑寺口”，民国时改称碑寺村。

双山张氏在明清时期是莱阳数大望族之首，其发源地就是莱阳县双山村（今属莱西夏格庄镇），历经六百余年之繁衍，双山张氏族人已遍布青岛、烟台以及东北三省等地。五世孙有名张雄者，为莱阳巨富，明弘治年间山东大旱，张雄倾仓赈灾，受到弘治帝圣旨表彰，清雍正年间族人又在村中为张雄修建“忠义祠”。

至九世，双山张氏又出现了一位名臣——张梦鲤（1533—1597），字汝化，号从龙，他于明嘉靖三十五年（1556）中进士，先后历任开封府知府、江西按察使、山西布政使、河北省巡抚，最后至大理寺卿。位居九卿，从一品，去世后万历帝加赐祭葬，为其修建“御祭陵园”，谥号“节愍”。

双山张氏之命名序为清康熙二十一年壬戌十二世孙重润（字沧溟，曾任河南陈留县知县，张梦鲤之嫡重孙）拟定，共二十字，自十六世起用：“汝是人中俊，咸为代所宗。习成公辅业，永远振家声。”

是谱于明天启六年丙寅（1626）创修，清康熙二十一年壬戌再修，乾隆二十九年甲申（1764）三修，又于嘉庆二十二年丁丑四修，后于同治十三年甲戌第五次修订。

此部谱书应是居住于今莱阳市龙旺庄街道溪聚村的双山张氏族人所珍藏之物，函套内侧有题记：“同治甲戌续刊，分给溪聚一支珍藏。”

《（莱阳）张氏谱册》长支二册（一）

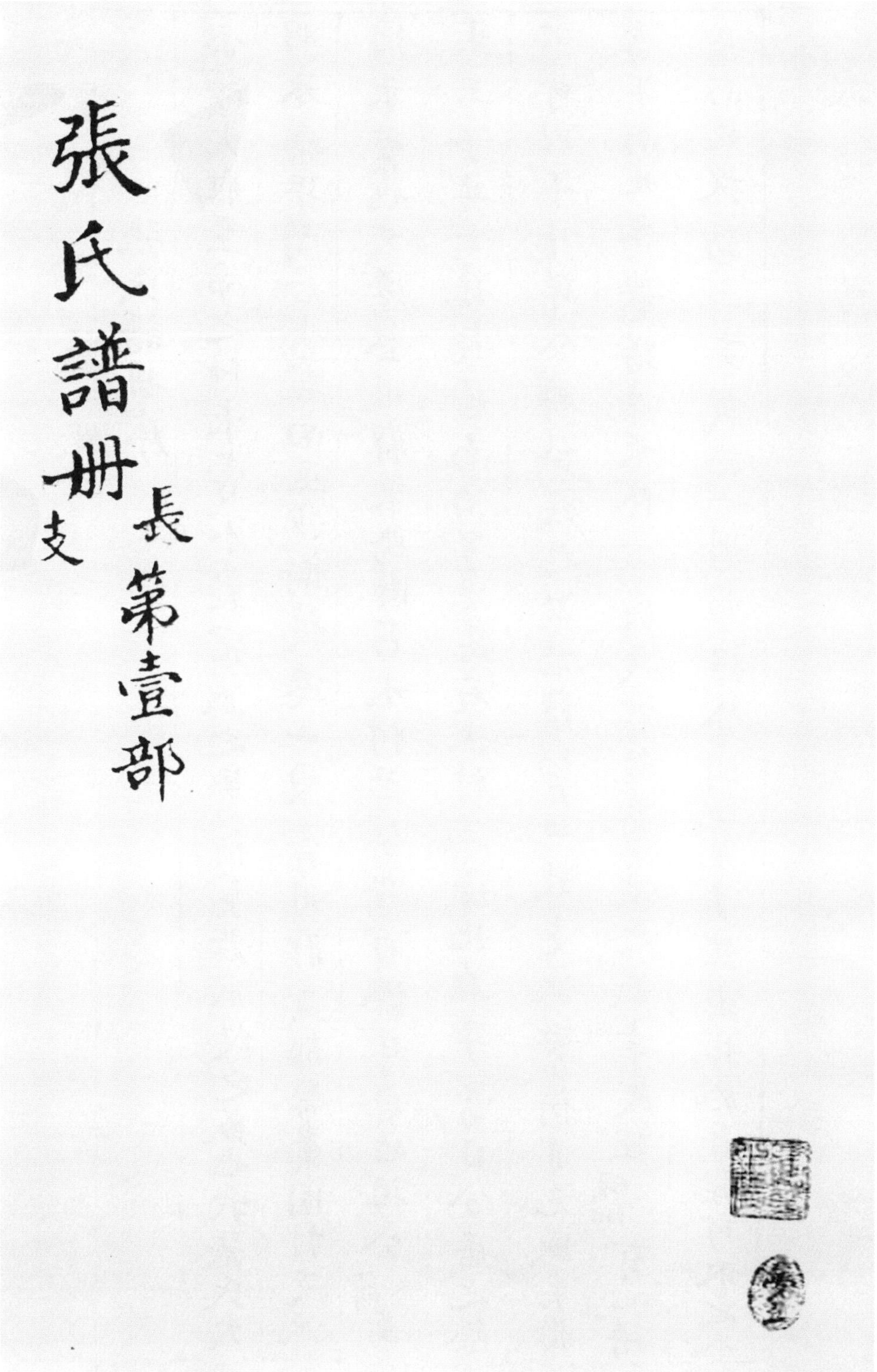
張氏譜册
長支
第壹部

《（莱阳）张氏谱册》长支二册（二）

張氏譜册序

余讀大雅至綿之什未嘗不歎宗派之繁衍莫若瓜瓞之盛也我張氏大明永樂年間居小雲南丕沙衛後遷山東青州府益都縣棗園村支派猶未繁也又遷登州府萊陽縣石水村至今四百餘年矣始祖公諱萬生三子共十孫長居南泊子次居石水村三居北泊子當日分居之際不可以年月詳今時合族之眾尤難以户口數支派繁衍亦允盛矣惜當年南北各釁譜牒未修一處幾有親疏莫識之憾幸族姪桐仙有心譜系南北採訪三支載於一册昭穆分明一見了然詎非於吾族可取之人

《（莱阳）张氏谱册》长支二册，二支二册，民国抄本。

长支谱前有：道光二十九年己酉（1849）十四世孙新庆“张氏谱册序”；咸丰二年壬子（1852）十四世孙新茂“序”；同治十一年（1872）十七世孙耀宗“序”；光绪十六年庚寅（1890）十五世孙文枢“序”；光绪三十四年戊申（1908）十五世孙恒实、曰松“序”；中华民国九年庚申十七世外孙董云桂“重修张氏族谱序”；以及十七世孙洪思、十八世孙仁堂“重修张氏族谱序”；民国二十四年乙亥（1935）十七世孙梦五“序”。

二支谱前有：道光二十九年己酉十四世孙新庆“张氏谱册序”与“忠厚论”；咸丰二年壬子十四世孙新茂“张氏总牒叙”。

是谱记载的是今莱阳市姜疃镇东、西、北（后）石水头村和沐浴店镇南、北泊子村之张氏一族，其十四世孙新庆清道光二十九年《序》曰：“我张氏大明永乐年间，居小云南巫沙卫，后迁山东青州府益都县枣园村，支派犹未繁也，又迁登州府莱阳县石水村，至今四百余年矣。始祖讳万，生三子共十孙，长居南泊子，次居石水村，三居北泊子。”

其十四世孙新茂清咸丰二年《序》曰：“吾宗张氏于大明永乐二年，自小云南巫沙卫乐古屯迁居山东青州府益都县枣园村，又迁居登州府石水头村，遂家焉。始祖公讳万，有子三人，长讳自宽，次讳自玉，三讳自贵，三子十孙，长支一孙讳绅又迁居南泊子。二支共五孙，其长孙进世居石水头东疃，次孙伯仪居石水头后疃，三、四、五孙居石水头。三支共四孙，又迁居北泊子。幸十五世孙桐仙者，笃水源木本之义，合南北为一册，悉本旧牒，潜心询考，分支别派，不使淆乱。男必记娶于某族，女必书适于何人，里居姓氏前代莫考而难纪，自今以后定为成例，洵有心人也。但合三大支，同辈者并列一等，本有亲睦之意味，殊觉续纷费详。以愚揣之，不如三支各开，以便稽察，展册洞然，心口了了，无烦瞻前顾后之虑矣。”

由上二序文可考：石水村即为石水头村，前者系抄书时遗漏一“头”字。且，是谱应为三部，长支、二支、三支各一部，三支谱已散失。

其长支命名定式由新茂、新庆拟定二十字，单数字用在名中，双数字用在名底：“立宗允德学，善继祖先贤。凤阁怀恩荣，曾元绪万年。”

二支命名定式由桐仙拟定十字，用在名中：“鸿迎丕正通，学庆梦兆登。”

《（蓬莱）张氏族谱》不分卷（一）

嘉慶乙亥年重脩
張氏族譜
百忍堂藏版

《（蓬莱）张氏族谱》不分卷（二）

蓬萊張氏族譜

一世

袁原籍河南汝寧府息縣白亭社土邱村人配陳
氏子一良弼

二世

良弼明初從洪武征有軍功後撥登州衛世軍遂
家於登配夏氏柳氏子二長友仁次友德

三世

友仁不樂仕進以應襲世職讓弟友德子五長文

《（蓬莱）张氏族谱》不分卷，四册，清刻本。框高22.6厘米，宽31.6厘米，左右双边，单鱼尾。书名页：张氏族谱，嘉庆乙亥年重修，百忍堂藏版。

册一前有：嘉庆乙亥年（1815）十三世孙康泉“张氏族谱序”；凡例；二世祖事迹考；命名定式（另印一纸）。

是谱一册、二册为序及世谱（一世至十八世），三册为世系图（一世至二十一世），四册为茔图。

谱载，其一世祖袁，为河南汝宁府息县白亭社土邱（即今河南省信阳市淮滨县境内）人士，二世祖张良弼，于明初跟随朱元璋征战，后调登州卫（今烟台蓬莱市）驻防，良弼生有二子，长子友仁，次子友德。友德袭其父职，升任百户。友德长子忠承袭百户职，长孙杰又袭之，并因立有军功，又升任千户。杰之长子贯承袭千户职，贯长子鉴因病未能袭职，而由鉴的长子琮承袭，但琮在一次作战中阵亡，琮之弟珣接任千户一职。珣无子，改由杰之二子资之长孙泰承袭，泰之长子启光承袭千户职，启光于明万历己卯（1579）、壬午（1582）、戊子（1588）年中三科武举人。启光长子宏骠是张家最后一位千户军官，他袭职后就回了河南老家，没有留下子嗣。至此，张氏族人已走过了十代，有八代子孙世袭登州卫千户，大明王朝到此也走到了尽头，登州卫作为一级军事组织，也完成了它的历史使命。

此张氏一族自三世友仁、友德兄弟二人分为二支，自明天启壬戌年（1622）修合谱后，又各有其本支家谱，至清嘉庆乙亥年又重修合谱（即是谱）。

十三世孙康泉《序》曰：“适癸酉春，杰侄自湖北归而省墓，且以修谱之事，请命于余，余曰：此吾等分内事也，宜极成之。乃督子侄辈取长支天启壬戌年谱、乾隆己未年谱、嘉庆己巳年谱，二支雍正癸丑年谱，细加核对，并将长支己巳年谱未列各名，暨二支十二世至十七世各名，遍加查访，一并续入，合为一谱，镌之梨枣，庶后世子孙咸知笃一本之谊。”

另有一纸命名定式，由十四世、十五世、十六世几位族人共同拟定：“我蓬莱张氏自元末至今几五百年，近五世排‘金木水火土’为名，逮十六世排毕。兹公拟二十字，凡族谱已见之字俱避，自十七世按拟字取名。庶本支百世，虽异时异地，即定字可识系次焉。”“笃（腰）恕（脚）贻（腰）孙（脚）祜（脚），贞（腰）孚（脚）念（腰）职（腰）勷（脚）。高（脚）门（脚）循（腰）矩（脚）肃（脚），乔（腰）甸（脚）衍（腰）时（脚）长（脚）。”

是谱《二世祖事迹考》所载张良弼者，又名张思道，《元史》《明史》俱有传，元顺帝年间任宣慰使、湖广参政、陕西参政等职。元末，各地军阀群雄并起，张良弼也拥兵自重，与各军阀互相争斗，并在潼关抗拒明军，兵败后不知所终，史书有缺。由此看来，此张良弼与明初登州卫之张良弼，似乎不是同一人。

“百忍堂”，张姓堂号之一，其遗址在河南省濮阳市台前县桥北张村。《旧唐书》有传：郓州寿张县（今河南台前县）人张公艺，九代同堂，和和睦睦，相安无事。唐高宗李治甚是好奇，于是在麟德二年（665），唐高宗与皇后武则天泰山封禅后，特绕道寿张访贤，年已八十八岁的张公艺写了一百个“忍”字，并解释了“百忍”的含意，高宗听后大加赞赏，颇为感动，遂赐缣帛，赐修“百忍义门”。张公艺去世后，其后代建“百忍堂”以示纪念。

《(莱阳)续修张氏谱书》十卷(一)

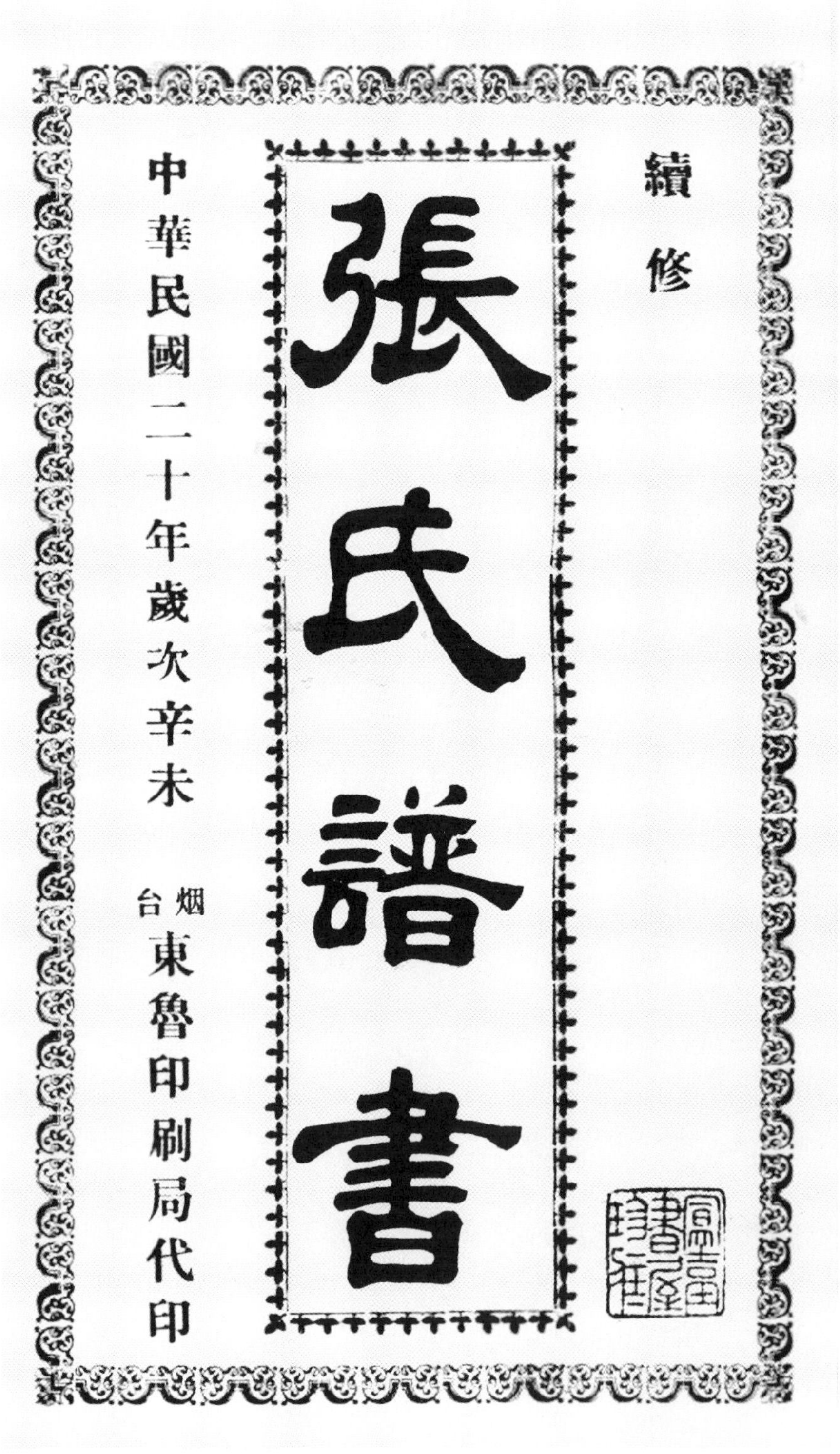
續修
張氏譜書
中華民國二十年歲次辛未
烟台東魯印刷局代印

《（莱阳）续修张氏谱书》十卷（二）

張氏族譜叙

宗譜之立所以本世系別親支勸惇叙重倫理也張氏世永而族大衣冠繩繩接武科第頗稱盛於昌陽譜之修自　從曾祖諱岡鳳公始再修於　從祖諱仕者世系益彰焉迄今垂四十餘年枝葉之盛什百當時不可不大其傳以示於後而吾弟允齡與予同心乃按舊譜而綴之支分派衍十世之間秩然明備按舊譜叙云張氏源派原係濟南府武定州塔兒埠乃其故土也　國初萊陽土曠人稀撥補靜海衛軍籍始居鮑村社汪家莊後遷大夼社杜家泊我之始祖一代諱　仲卿　仲義後　仲卿生　文斌又移居任家莊以作贅於任氏遂居焉後張氏頗日繁盛而任氏絕矣斯先世從來之大略云宗譜以　仲卿公爲始

《(莱阳)续修张氏谱书》十卷，十册，民国印本。框高20.8厘米，宽25.6厘米，四周双边，单鱼尾。书衣：张氏谱书。书名页：续修张氏谱书，中华民国二十年岁次辛未，烟台东鲁印刷局代印。

卷一前有：顺治十八年（1661）十世孙允抡“张氏族谱叙”、十世孙允龄“叙”；康熙五十六年（1717）十一世孙鉴“重修族谱叙”；乾隆十九年（1754）十二世孙如嵤“重修族谱叙”；乾隆二十一年（1756）十二世孙涧“世谱后叙”；乾隆五十年（1785）十四世孙成勋“重修族谱叙”；道光七年（1827）十五世孙崇壂“叙”；光绪二十四年（1898）十八世孙椿荫“续修族谱叙”；光绪二十五年（1899）二十世孙丙嘉“续修族谱后叙”；民国八年（1919）十五世孙为墀“张氏续修族谱序”；凡例；增添凡例；酌易凡例；酌添凡例；推广凡例；附刻石记祭田；中华民国八年二十一世孙洪熙“张氏族谱续修记”；续增凡例；中华民国二十年（1931）十七世孙承乾“续修族谱叙”；十七世孙隆德“续修族谱叙”。中华民国二十年二十一世孙溥熙“续修族谱后叙”；续拟凡例；张氏世系统计表；分发各村各支谱书数目表。

卷十前有：康熙五十七年（1718）鉴“张氏武定州原籍宗谱序”；民国二十年溥熙“附张氏迁居蓬莱、平度世系叙”。

张氏十七世孙隆德在民国二十年《续修族谱叙》中，介绍其始祖由来与迁居状况，曰：

> 吾族原籍肇自云南，胞堂兄弟十一人，明初叶拨于山东者四人，讳中法者，移口外宣化府万全县；讳仲仁者，居济南武定府惠民县塔尔埠；讳仲卿、仲义者，迁莱邑凤山乡，始寓汪家庄，即移杜家泊，吾始祖也。
>
> 迨二世，讳文斌，复自杜家泊移居任家庄，遂世居焉。嗣后，族大户繁，或北移张家灌、张格庄、五处渡、赭埠，或南移姜疃、宋格庄、宝村，至寓蓬莱、福山、栖霞、平度、济南，并关外异县者，尤难悉数。

凤山乡，明清时期莱阳县南部一乡镇，今大夼、姜疃、羊郡一带。

汪家庄，今属莱阳大夼镇，明末改为王家庄，1982年又更名南王家庄。

杜家泊，今属莱阳大夼镇，明初由张姓建村，相传，为督促后人继承祖志，取名督家泊，后演变为杜家泊。

任家庄，今属莱西孙受镇，二世“文斌又移居任家庄，以作赘于任氏，遂居焉。后张氏颇日繁盛，而任氏绝矣”。

张家灌村，今属莱阳市照旺庄镇，明初由孙姓建村，取名小灌村，孙姓无后人继承，由张氏九世张宏德购买其村舍土地，遂改名为张家灌。

张宏德为明天启五年乙丑（1625）进士，曾任直隶肃宁县知县、浙江嘉兴府通判。崇祯十六年癸未（1643），清军攻打莱阳，张宏德率族人与莱阳军民一起奋起抵抗，城破殉难。自张宏德及其子张允龄起，张家灌村有了张氏私塾和学田，张姓子弟可免费入学，有清以来，“张家灌张”先后出了五名进士、五名举人、贡生和太学生数十人。张家灌村成为莱阳闻名的“秀才村”。

书中记载，张允龄在清顺治十八年，始修张氏族谱：

> 龄尝游江南，见世家巨族，问其宗系，虽百世可稽。而吾邑世家巨族，问其世系，则十世之外多有失其传者。吾宗称巨族，亦复如是，何南北之不同欤？缘邑俗，阖族止一宗谱轴，即间有分支宗谱，每不甚详，一遭兵火，或致毁灭。若南人则有宗谱刊本，户藏一册，虽经变乱，无害也。龄深思水木本源不胜泯没之惧焉。今岁之夏，谨按伯兄讳允揆者所修宗谱轴，细加考订，叙之为册，凡三阅月始成，将以镌木，龄乃出资鸠匠用竣。

现在我们看到的《续修张氏谱书》，已是上述张氏族谱之八修本了。在册总计十分支派，二十三世，共一万三千五百余人。是谱共印一百五十五部。

在民国八年七修谱时，增加四条《续增凡例》，其内容让我们感受到了时代的气息：

> 一　家法视国法为转移，前代有科名可记，而民国无之。今拟，凡在中学校以上及各种专门学校毕业者，一律皆书。但记其学校毕业，不必记其毕业年月也。
>
> 一　民国有官员与公益员之别，今日文明，各国视公益员为尤重。今拟，凡办理地方公益者，如议员、教员、学董、校长及农商各会会长等，一律皆书。但以国家定有常制者为限，而临时短期之社会员，概不得书。
>
> 一　民国男女平重，故特设女子学校，以为家庭教育之基础。今拟，无论妇女凡在女子高等小学校以上各种学校毕业者，一律书之，所以提倡女学也。妇仍书于其夫系下，女仍书于其父系下，以符旧例。
>
> 一　民国以国家为重，凡为国民，人人宜有卫国思想，故军人特重。嗣后拟，凡充当陆、海军人者，一律书之，亦所以提倡卫国也。

《莱阳于氏族谱》四卷（一）

萊陽于氏族譜 壹

《莱阳于氏族谱》四卷（二）

修譜叙

族之有譜所以别昭穆崇敦睦也余于氏自明永樂初由文登之斥山遷居萊陽　二世祖澤公卽以能文篤行顯而於修譜事無所表見非先人疎也彼時距兵燹之害甚近前之譜已蕪没不可窺尋一堂之上父子祖孫而已固無庸譜卽我六世以上丁尚不滿百人筆之亦易乃自　始祖後三百年餘生齒日繁又以地異鄉井居常不一晤面稍遠者或至不相

氏譜

《莱阳于氏族谱》四卷，四册，民国抄本。框高21.6厘米，宽28.6厘米，四周双边，单鱼尾，蓝丝栏。书衣：莱阳于氏族谱。

卷一前有：乾隆四十三年戊戌（1778）刘𬭎撰“序”；乾隆四十三年戊戌十二世孙作佺“修谱叙”；乾隆四十六年辛丑（1781）十二世孙作佺“重订谱叙”；谱志；十二世孙作佺识“谱例”；附载命名式。

命名定式（自十四世至二十五世）：“中（中）修（底）克（中）一（底），永（中）成（底）乃（中）宪（底），敦（中）宗（底）怀（中）远（底）。”

明永乐初年，于氏“从”由文登斥山（今荣成斥山镇）迁居莱阳状头村（今莱西店埠乡庄头村，该村位于大沽河东岸），被尊为一世祖。

是于氏族谱于清乾隆四十三年首修，四年后又重订，但最后一次修谱时间无从知晓，是谱没有记载。根据辈分命名式排序考证，是谱最后记载至十八世“永”字辈，其生活年代应该是在清光绪末年前后，故是谱应是在清末民国初年修成。

十二世孙作佺所定《谱例》十五条，作为修谱之纲，有其特点，录下与大家分享：

一　父母卒年至除日日午，为率具香纸祭馔赴祠堂告主祠者，将名氏书于祭谱，此旧规也，今仍之，倘于字迹恍惚，则必考诸续谱。

一　谱系直排世次，横列支派，同父兄弟以伯仲为次序，同世兄弟以支派为先后，此作俅兄定式亦仍之。

一　前谱不书配，故自一世至六世配俱无考，即后书者亦不甚详，今于不能详者仍旧。后有娶者，至元旦必报祠堂，取续谱于其名下书配某氏，再娶者书继，妾有子者书庶，扶正者亦书继，无子者不载，妇他适者两谱俱不载。

一　注行于谱，昭劝勉也，吾族多朴俗，焉能有异行？但立身近于诚笃者，即微长必录，以示后人。

一　节烈前未及载，予恐不事采辑，终于泯灭，今于可征者备录之，贞节现年五旬，方可予载。孀居时，时逾三十者终不载。

一　今后命名不许私授，必逢元旦议于祠堂，主祠者阅谱而审定之，勿犯先世讳，勿同本世名，即名又审为某人几子，即录于续谱，如有违者，不许入谱，至流寓等不拘此例。

一　命名以十二为期，前期用乳名代之，及有名后不没于谱，未娶夭亡者书殇，已娶无子者书无嗣，若继子则书以某人几子为嗣，为嗣者本支书出嗣，某人继孙者书法同此，终身未娶者书终身未娶而已。

一　命名前无定式，故多重复之弊，奈传呼日久，难以遽改，第稍更于修谱登名时，令字音同而义不同焉。今与族人约每世必取一字相同为式，无论亲疏远近照此定式命名，以免重复。

一　流寓之族人，有实业者书居某处，无定所者书流落某处，永无踪者书不知所之，为僧道者并书其寄所，卖出者书卖于某处人氏。此数者荣枯莫测，断不可以无嗣妄书。

一　祭谱不载诸殇，惟已娶者不以殇论，二十后终无室者虽生不偶，而年属成人，义所必载。

一　孤绝残疾者难期循例，凡其告卒、义命名、报娶等事，居亲从者务必引为己任，否则，违例之咎非异人任也。

一　谱之修也宜及时，盖事未经笔载，闻者多误，见者恒实。今从此事予与作霖兄开列谱支，循系详察，约族人各竭心力，竟岁而集成焉。然非前遗稿欲从无，由族人勉之。

一　与异族之同姓不可妄为伙祀共谱，盖非礼之祭，神所不享。如原出一本者，苟能核实归一，是存殁两全矣，谋事者慎之。

一　义子本属异姓，不宜入谱，但吾族历世醇朴，令承正派序列谨书义子为别，及其子正义无别，终为不妥，今于每名首俱添义字，勿使混淆已尔。

一　修谱书字号、名行、居配等必据实直录，令子孙读之晓然，如见方为阖族公谱，若以爱憎为取舍，获罪于宗族人也，大矣！继事者勖诸。

《莱阳于氏族谱》四卷（一）

萊陽于氏族譜 卷壹

《莱阳于氏族谱》四卷（二）

書于氏族譜後

自來恩誼篤者其澤必長功德深者其後必昌天之報施善人蓋不爽也吾邑于氏舊居莊頭村敦睦有素禮讓成風十餘世後瓜綿椒衍散居沽濵者數百餘家今歲春續訂族譜與重脩祠堂同時告成非其宗誼之克篤而能然與抑聞敦宗睦族斯能恤難禦侮相傳明季莊頭嘗設砦避兵里黨多賴以安然年湮代遠其詳不可得聞咸豐辛酉春南捻告警晚嵐國卿二先生首倡築圩之議中斿公寔主持之族中

書後　二

《莱阳于氏族谱》四卷，四册，民国印本。框高21.8厘米，宽28.6厘米，四周双边，单鱼尾。书衣：莱阳于氏族谱。

卷一前有：乾隆四十三年戊戌（1778）同乡姻亲刘嵘“序”；乾隆四十三年戊戌十二世孙作佺“修谱序”；乾隆四十六年辛丑（1781）十二世孙作佺“重订谱叙”与“谱志”、“谱例”、命名定式；道光五年（1825）十四世孙中鹤“续订谱叙”；同治五年丙寅（1866）十四世孙中黄“重修族谱记”；同治五年丙寅邑人蔡经芳“书于氏族谱后”。

是于氏族谱与前一手抄本《于氏族谱》为同一氏族之同一版本族谱，具同一命名定式，只是手抄本缺清道光与同治年之《序》，二谱的印刷与手抄年代均不详，但从谱中都能找到“私立师范毕业”与“县立师范毕业”、“县立师范讲习所正科毕业”等记载，故二谱都应诞生于清末或民国时期。

刘嵘为于作佺（字尧仙，号瀛滨，清太学生，于氏十二世孙）所修于氏家谱写《序》，介绍是于氏家族曰：“吾邑于氏旧居姑河之东，今十五世矣，其九世庠生会东公，吾之曾祖姑丈也。余以先后连姻，知其家世颇悉。今岁，余表弟尧仙以所修族谱示余，曰：‘吾家谱修于吾伯与吾伯兄，两世有志未竟而没，今与族人踵其事而成，愿借兄言以为序。’”“尧仙家世耕读，其高祖鹏之公（九世，于化鲲），以明经举岁进士，选临朐县训导。祖中庵公（十世，于枢），为邑名士，屡领乡荐不第，后举康熙壬寅恩科进士，选长山县教谕。嗣后，一族书香不绝，今传世十五。人尚醇朴而安耕凿，家衍诗书而务科弟（第），载之谱牒亦足以垂示后世，而启佑其子孙矣。”

《即墨于氏族谱》上、下卷（一）

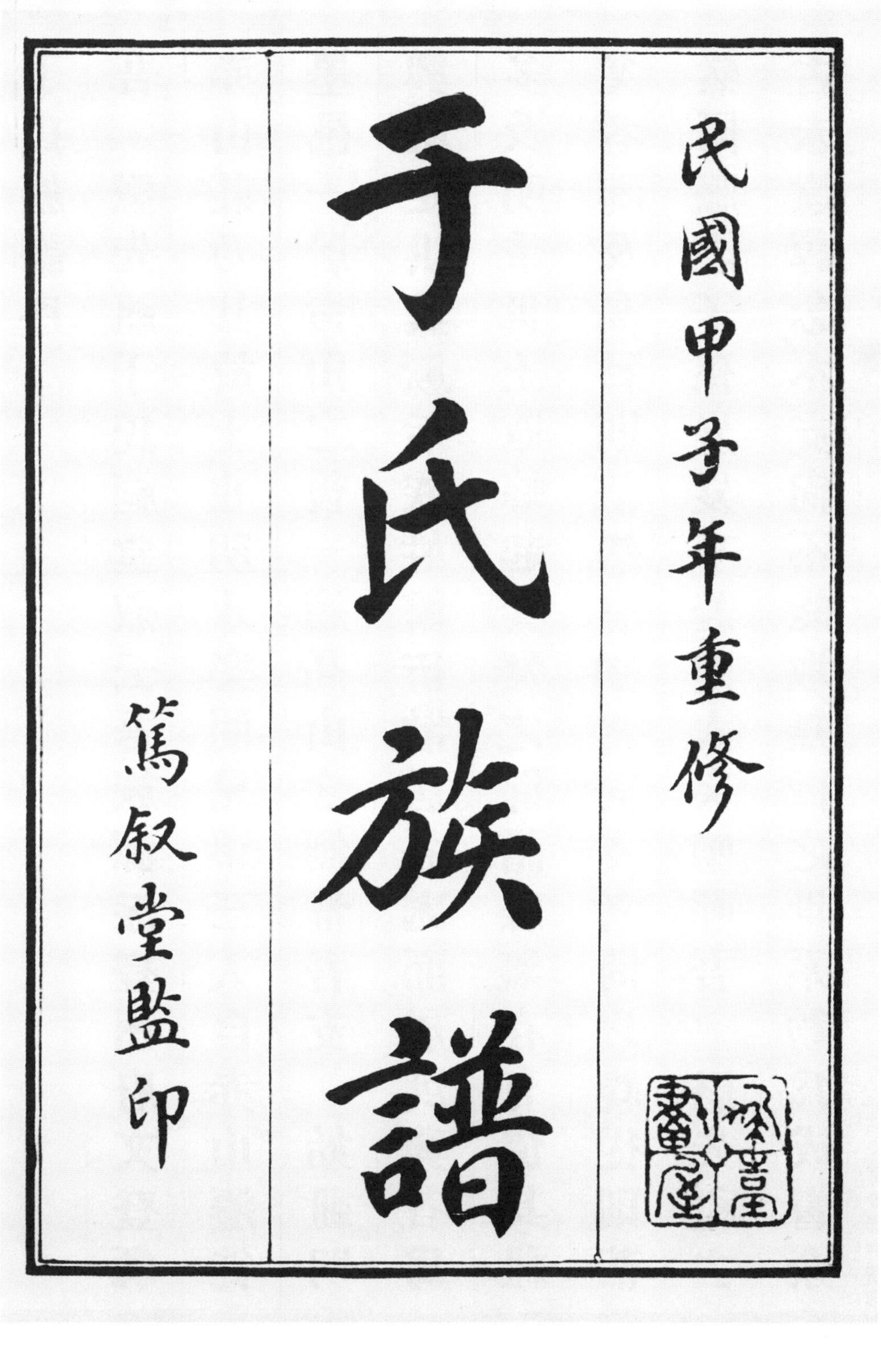
民國甲子年重修

于氏族譜

篤叙堂監印

《即墨于氏族谱》上、下卷（二）

于氏族譜序

吾　懋先祖于氏祠堂叙云吾族源派登州府文登縣赤山莊乃其故土也明永樂間兄弟三人自赤山遷徙墨邑一居青山之後一適高山之側惟吾支　始祖明興駐足洪興厥后族姓繁衍散居各處而居洪興者爲多及明季世土寇蜂起兵燹之餘譜牒無存有憶其祖父者詢及高曾則茫然有知爲同支者問以親從則茫然同脈之子孫岌岌乎若路人矣嗚呼吾　懋先祖去古未遠諄念本支尚不能取無徵之世系勒爲成書余

濟南資新印刷所印

《即墨于氏族谱》上、下卷，二册，民国印本。框高20.3厘米，宽28.8厘米，四周双边，单鱼尾。书衣：即墨于氏族谱。书名页：于氏族谱，民国甲子年重修，笃叙堂监印。版心：济南实源印刷所印。

卷上前有：乾隆二十九年甲申（1764）十三世孙瑶“于氏族谱序”；乾隆四十三年戊戌（1778）十三世孙瑶“于氏族谱序”；嘉庆十五年庚午（1810）十三世孙明功“序”；道光二十一年辛丑（1841）十三世孙明功“修族谱序”；道光十一年辛卯（1831）十五世孙廷思“修始祖墓叙”；道光二十一年辛丑十五世孙廷思“十祭序”、“会祭叙”、“修祠堂叙”、“刻族谱叙”；瑶“谱例”；明功“增添谱例”；涵方“增添谱例”；中华民国六年（1917）十七世孙延梦“续修族谱序”、“义祭叙”；民国十三年（1924）二十世孙涵方“续修族谱叙”；十七世孙楷“续修族谱叙”；命名定式。

谱载于氏一世祖于明兴于明永乐年间，自文登县赤山迁居即墨东北乡洪兴村（今青岛即墨店集镇前、后洪兴二村）。其后迁于西河头（店集镇前、后西河头村）、庄子头（店集镇庄头村）、台子头（今烟台海阳市辛安镇台子头村）、南宫疃、店集疃、王家庄（今即墨官庄镇王家庄村）等处。

乾隆二十九年，于氏十三世孙瑶在《于氏族谱序》中记述本族起源：“吾懋先祖《于氏祠堂叙》云：吾族源派登州府文登县，赤山庄乃其故土也，明永乐间，兄弟三人自赤山迁徙墨邑，一居青山之后，一适高山之侧，惟吾支始祖明兴驻足洪兴。厥后，族姓繁衍，散居各处，而居洪兴者为多。”

瑶又在《谱例》中介绍始祖后世：“吾族始祖以后分为四支，（其）三支无后，四支适胶邑，现在者系长支、二支。”其长支得水，子一；二支得海，子五；三支无后，四支迁居胶州失传。

二十世孙涵方在《增添谱例》中对族人取名做了特别规定：

吾族户大丁多，瓜瓞绵绵，日盛一日。命名多取吉祥之字，不准犯讳，已有先训。吉祥之字有限，命名至有穷时。故此次列谱籍，一世同名者甚属不少，易之不胜其易。今拟定十四字如：水、木、金、土、火、玉、山、草、言、竹、手、口、人、心。二十一世已前子之命名者，应查照谱书，有否免其同名。自二十一世起：

（前、后）洪兴取用“水”、“木”二字旁字；

西河头取用“金”字旁字；

庄子疃取用“土”字旁字；

海阳台子头取用“火”字旁字；

南宫取用“玉”字旁字；

店集取用“山”字旁字；

王家庄取用“草”字旁字；

自二十二世（前、后）洪兴取用“言”、“竹”二字旁字，以次递推，循环不已。要之祖、父、子三世，字不同旁，庶无同名犯讳之弊矣。

其辈分命名定式自十五世起至三十四世止（单数在中，双数在底）：“廷中延世可，方永善家声。肇初承文统，基培绪克熙。”

《于氏族谱》四卷（一）

民國八年重修
于氏族譜
敦睦堂藏板

《于氏族谱》四卷（二）

吾于氏之來自雲南也自鳳祖始鳳祖於明時暨兄弟六七八散居萊陽卽墨間在萊者爲于家泊釣魚臺東于家莊各村落在墨者則瓦哥莊王疃三甲淡蒲嵐卭于莊等處是也洎乎世湮年遠譜牒失修宗

屬之近未免路人視之向吾族孟尙公曾纉族譜一册然僅瓦哥莊一支而已他處闕如也嗣後文珪作緒作雲諸公復纉族譜兩册亦僅瓦哥莊三甲兩支他處仍付闕如己未春文璽作緒作瀚作棟守渤繼

于氏族譜 序 一

《于氏族谱》四卷，四册，民国印本。框高 20.2 厘米，宽 28.8 厘米，四周双边，单鱼尾。书衣：于氏族谱。书名页：于氏族谱，民国八年重修，敦睦堂藏板。

卷一前有：中华民国八年（1919）邑人周正岐“序”；己未仲夏黄象镶“叙”；民国八年族人合“序”；凡例；命名定式；先世贞节碑志；于氏公祠堂图志与老茔图四十七幅。

是于氏居住于山东莱阳与即墨两地，相传一世祖凤六七个兄弟，一同于明朝迁自云南。谱载：“吾于氏之来自云南也，自凤祖始。凤祖于明时暨兄弟六七人，散居莱阳、即墨间。在莱者为于家泊、钓鱼台、东于家庄各村落。在墨者则瓦哥庄、王疃、三甲、淡蒲岚、甲于庄等处是也。”

是《于氏族谱》仅记载有于凤等四支于氏世族，长支一世讳凤：居莱阳桃花乡于家泊村；二支一世名失考：居莱阳桃花乡于家泊村，二世讳道明，宣德年间居即墨灵山乡东瓦哥庄村；三支一世名失考：居即墨灵山乡王疃；四支一世讳公：居即墨灵山乡三甲村。

这些村庄都相距不远，当时莱阳所属之于家泊、钓鱼台、东于家庄等村，现在已划归莱西夏格庄镇，而即墨之各村庄则分别属现即墨之瓦哥庄镇、段蒲岚镇与灵山镇，都在莱西与即墨交界地区。

命名定式（自十四世至三十三世）：“作永承初法，敦和伦乃正。立心实经书，克修世衍庆。”

在修谱《凡例》中有一条关于同姓婚姻之规定：“同姓为婚非礼也，我先世诗书传家，从无此失。设有无知而犯者，定必削其姓氏，有子者，只书其子。”

《（福山）于氏家谱》不分卷（一）

《（福山）于氏家谱》不分卷（二）

于氏家譜序

吾氏自周封邘後省文為于因以為氏漢代于公父子其最著者也後魏時有隨拓拔徙代為萬紐（一作勿忸）于者孝文去萬紐字爾時望族氏列八姓之一及唐學士之選志寗與馬實皆其苗裔也顧隋唐以前最尚家世家之世系登於官之簿狀而選舉因之隋唐以後取士不問家世譜書濫者官弗糾察加以遷徙散佚更多查齊乘所載東齊于氏出自斥山溯此而上史記文王伐邘書大傳作于蓋古諸侯之國非始邘叔又夏時于夷來賓于欲居九夷于夷其一斥山之于或即嵎夷之轉或于國之裔有奔海濱而君長東夷者故繁衍至此

《（福山）于氏家谱》不分卷，一册，民国印本。框高 22.2 厘米，宽 34.6 厘米，左右双边，单鱼尾。书衣：于氏家谱。

册前有：民国二十四年（1935）十八世孙宗洵“于氏家谱序”；“续序”；“谱考”。

册后有：于氏谱名派字表说；印刷经费捐目。

是谱所载之于氏乃烟台市福山县（今福山区）高疃镇湘河村之于氏家族。谱中记载：“旧传吾族原籍文登（今威海文登区），其迁于福山者未知何代。第闻南北于家、东西湘河，均自湘里村再迁，李子沟合茔有乾隆碑在焉。吾族居湘河者，有栖邑孙家庄茔在焉。转徙流离不知凡几。咸（丰）同（治）而后仅于兵烬之余搜得残本，而欲其详且难矣。先君子守缺抱残，无其人者存其世，无其系者著其人，疑以传疑，即信以传信。十世而后有可以征信者，悉遵旧录，以东、中、西分三支焉。”

是于氏一族当在元明之际迁来福山，在清康熙时期初修族谱，但在同治年间毁于兵乱，仅剩残谱，九世以前世系尽失，故各支派世系图均从十世起。

命名定式（自十七世起，四十八世止）：“恪遵世业，永继书香。务敦孝友，卓立端方。丕施普及，积厚有光。承谟步武，来许祚长。”

谱中并作注解如下：“吾族自十七世至二十四世业已派字，尔来取名有分歧者，乃续派二十四字，从二十五世推行至四十八世，嗣后取名应归一致。如欲取他字者，须照所派之字取一谱名，分注一名某焉，似此任便取名，而谱名不紊。”

清末民初，福山湘河于氏出了一位较有名气的族人，即东支世次一支第十八世孙于宗潼。他出生于咸丰十年（1860），卒于民国二十三年（1934），字梓生，一字紫笙，号西园，诰授资政大大，钦加二品衔，赏顶戴花翎，御赐福寿字，光绪十五年（1889）进士，官至四川夔州知府、成都知府、四川劝业道台。曾编修《山东通志》，主纂《福山县志稿》。

宣统三年辛亥（1911），四川成都暴发了声势浩大的“保路运动”，遭到清廷的残酷镇压，四川总督赵尔丰下令军警向游行队伍开枪，打死 30 多人，后又架起大炮准备向群众开炮，在这紧要关头，劝业道台于宗潼挺身而出，用胸膛堵住炮口，誓死用生命保护无辜的百姓，因此而被罢官回乡。

《即墨杨氏族谱》不分卷（一）

道光戊申續修

楊氏族譜

承桂堂藏板

《即墨杨氏族谱》不分卷（二）

即墨楊氏族譜序

嘗聞之祖誨云余先世今浙江秀水人也積善累行以詩禮傳家所從來遠矣而尤盛於唐之世然年代寥遠不能悉紀其祖諱行

《即墨杨氏族谱》不分卷，四册，清刻本。框高18.4厘米，宽29.6厘米，左右双边，单鱼尾。书衣：即墨杨氏族谱。书名页：杨氏族谱，道光戊申续修，承桂堂藏板。

册一前有：万历十九年辛卯（1591）九世孙兆鲲“即墨杨氏族谱序”；康熙四十七年戊子（1708）十一世孙铭鼎“续修族谱序”；康熙五十一年壬辰（1712）十二世孙玠“增定族谱叙言”；乾隆三十九年甲午（1774）十三世孙士韶“续修族谱序”；道光二十八年戊申（1848）十五世孙方枆“续修族谱序”；命名定式；即墨杨氏族谱受姓。

辈分命名定式：“士中方可贵，孝友乃为贤（底）。敬德图（底）行道（底），克昌（底）绪丕全（底）。存仁思继述，敦本（底）永承先（底）。”

是谱之《即墨杨氏族谱受姓》曰：“按：杨氏系出有周唐叔虞之后伯乔氏，食采于晋之杨，因氏焉。周末称侯，号曰杨侯，其后散处河汾、吴越之间。”又曰：“谨按：始祖，浙江秀水人，宋神宗时为胶水教授。胶水，今平度也。遭乱，未南归。因卜居即墨灵山之阳，子孙忘失名讳，称胶水公。”

然而“始祖以下无可考，至我武邑祖有亲笔书宗派一纸，称元时经历祖讳官者，为高祖。自是而世次可考，昭穆无紊，当以经历公为一世祖云”。一世祖官有二子：长子明善，次子均道。以下分为两支，自乾隆三十九年续修族谱始，两支“合为一谱”，繁衍至今。

其九世孙兆鲲曰：“尝闻之祖诲云：余先世今浙江秀水人也，积善累行，以诗礼传家，所从来远矣，而尤盛于唐之世。然年代寥远，不能悉纪其祖讳行实。云宋初余始祖筮仕胶水，以兵变不能南归，因徙居即墨入籍焉。”

灵山之阳，指坐落于即墨城北十五公里灵山镇一处小山之南麓，初因其形似灵芝而得名灵芝山，后因香火旺盛，又被称为灵山。山上供有“灵山老母”。庙宇宏大，名声远扬。相传庙宇始建于周元王五年（公元前471年），后历代均有扩建，是即墨杨氏一族久居即墨，但谱书中无记载所居村庄，只是说“卜居即墨灵山之阳”。

是谱第四册有《族谱存疑》一文，乃十二世孙玠所著，文中提到有两支杨氏族人疑为本家宗亲。他说：其一“玠戊子在京师，有平湖庶常名标者言：嘉兴诸杨多自近日徙居，其族传，自有唐以来世居府治，先世有松、竹、梅、桂四房繁衍昌茂，子孙散处嘉兴与秀水、平湖、嘉善等处，为大族。其为一本，似可信。遂与玠叙兄弟行，而书其高祖以下支派，亦将即墨支派持去，约他日修谱时并载入”。其二“康熙癸卯有名忠心者，随提督祖公巡海至即墨，称系即墨城北垣儿杨家，云得诸其母。城北垣者即吾祖居灵山之阳是也。于家庙焚香，卜阄得九世，盖自玉祖计之，即呼孝义公兄弟为叔父，流涕拜跪，真挚蔼然，其为同族益可信”。

第四册还载有："铁岭族今居直隶保定府完县世表"与"浙江原族今居平湖县世表"、"东光存疑"，三世系表。

即墨杨氏在修族谱时，为族中养子建立了一单独谱系，以记其繁衍世系。《族谱附余》云："族谱终矣，而附余者何？盖吾族中有乞养他姓子者，本非同姓，不可乱家谱，然恩情既久，义不忍绝。故附于后，以示吾亲爱之意，彼为之后者，亦宜知所报本云。"

《即墨杨氏族谱》不分卷（一）

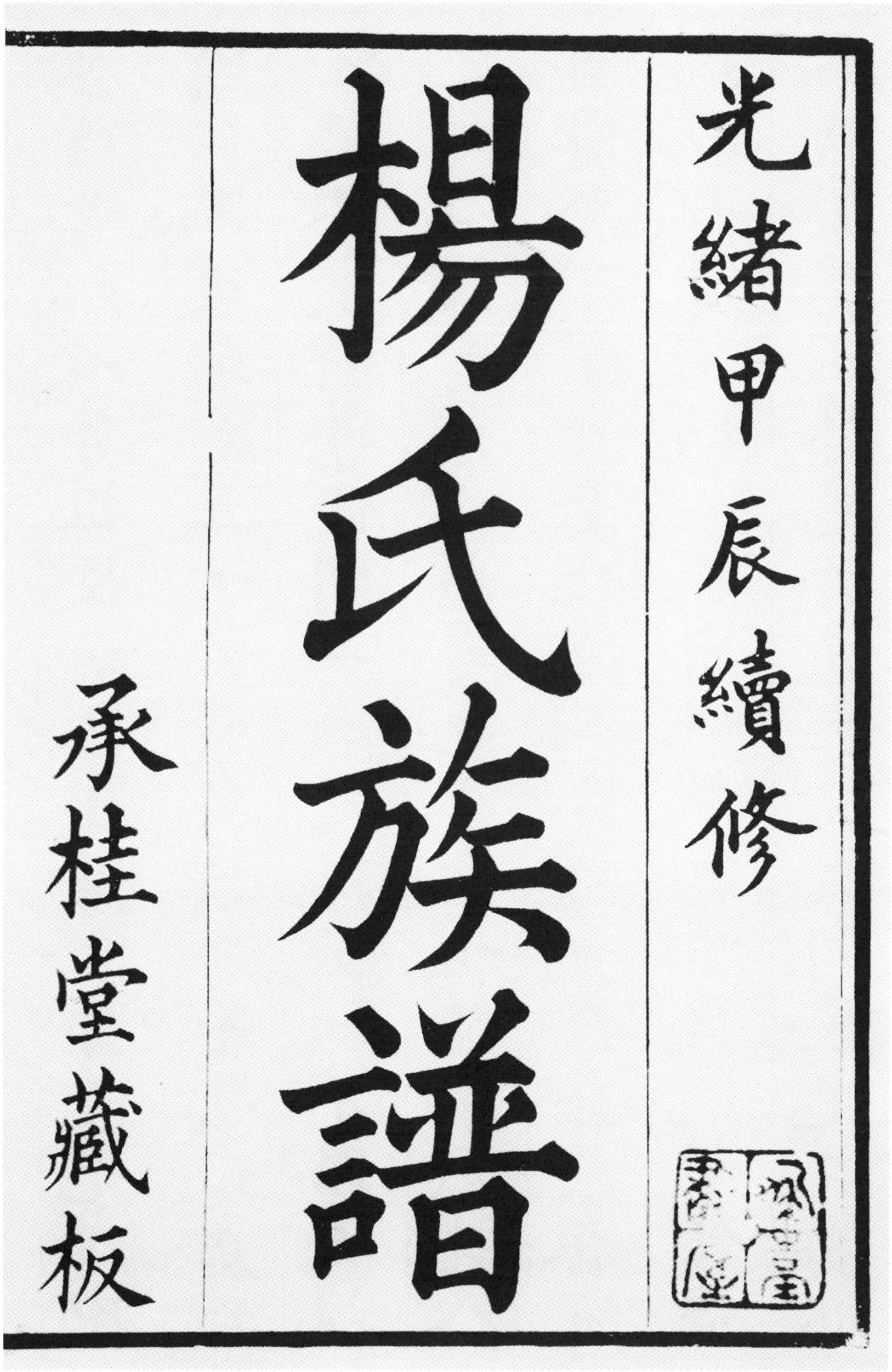
光緒甲辰續修

楊氏族譜

承桂堂藏板

《即墨杨氏族谱》不分卷（二）

續修族譜序

族譜者所以尊祖收族也吾楊氏自道光戊申續修而後迄今五十餘載矣族姓蕃衍散處四方使不及時纂修則一本之親安知不路人視之哉有識者深以為憂也今幸祖德未泯先人有靈癸卯夏日南北族人合謀重修吾族祖可瑞族叔貴壂同心並出慨然為首提綱挈領倡率族衆莫不響應於是長支更到東光二支亦

楊氏族譜 一

《即墨杨氏族谱》不分卷，六册，清刻本。框高 18.4 厘米，宽 29.6 厘米，左右双边，单鱼尾。书衣：即墨杨氏族谱。书名页：杨氏族谱，光绪甲辰续修，承桂堂藏板。

是谱为《杨氏族谱》道光二十八年戊申（1848）本，与光绪三十年甲辰（1904）之续修本。册一前增加有：光绪三十年甲辰十八世孙孝愲“续修族谱序”；光绪三十年甲辰十八世孙孝录“续修族谱序”。

孝录《序》曰：“族谱者，所以尊祖收族也。吾杨氏自道光戊申续修而后，迄今五十余载矣，族姓蕃衍散处四方，使不及时纂修，则一本之亲安知不路人视之哉？有识者深以为忧也。今幸祖德未泯，先人有灵，癸卯夏日，南北族人合谋重修。吾族祖可瑞、族叔贵堡同心并出，慨然为首，提纲絜领，倡率族众，莫不响应。于是，长支更到东光，二支亦至盖平。探访者支派，立就资助，竭力输将。”

又曰：“且吾九世有继芳祖宗派一支，自有明出居景州，前之未获登谱者，今则按其世次昭然可考，亦汇集而联为一谱矣。噫！此数百年之宗亲离而复合，天也！亦祖宗之灵也！孝弟之心有不油然而生者乎？”“谱既成，付之梓人，自二月兴工，六月告竣。从此昭昭穆穆，谱牒庶觉重新，子子孙孙家声可期再振。由疏思亲，咸知族中千万人之身皆出自始祖一人之身也。上承祖统，下启后昆，愿吾同宗共世守焉。”

谱载：“继芳，汝璧八子，配王氏，葬张岱庄东南，子守宗。明正德间继芳祖出居直隶景州城南杨家寺。旧谱载外出。道光二十七年，公九世孙文锦曾以东光族人谱稿拟以合谱，持稿来墨，谱已修成，未得遂合，稿存清斋公书箧。光绪甲辰续修谱书，孝模、乃鼎携前稿至景州收族，考其世系前后相符，其为同宗无疑，两地始得合谱。”

直隶景州，今为河北省衡水市景县。

杨家寺村，今为河北省沧州市吴桥县杨家寺乡杨家寺村。

《（莱阳）盖氏族谱》不分卷（一）

同治庚午新鐫
蓋氏族譜
追遠堂藏板

《（莱阳）盖氏族谱》不分卷（二）

蓋氏宗譜叙

木有本水有源祖宗其本源也子孫其支流也詎得曰世遠勢異而可塗人視之乎吾家始祖諱　演者初居鳳翥山陰迨後所生日繁而左右村落率多蓋氏于姓詎非同源共流根固枝茂者與但所居異里稅皆各輸蓋氏一族散處十甲者多經年不接矣我

父賓階公每引爲己憾至順治甲午舉鄉魁乙未捷南宮而敦宗睦族之志不禁勃然先務矣商確合

《（莱阳）盖氏族谱》不分卷，三册，清同治刻本。框高 20.2 厘米，宽 26.8 厘米，左右双边，单鱼尾。书衣：盖氏族谱。书名页：盖氏族谱，同治庚午新镌，追远堂藏板。

册一前有：十五世孙兆生“盖氏族谱叙”；十六世孙濂“纂修盖氏族谱叙”；二十一世孙绍曾“盖氏族谱叙”；十八世孙琢章“盖氏宗谱叙”；修谱者名单；十六世孙濂“凡例”。

盖作为姓氏，根据各地方言发音不同，可读 gě、guō、gài。盖姓在历史上来源众多，其主要起源于姜姓，封于齐国盖（gě）邑（今山东省沂水县东北）者，以邑为氏。

莱阳盖姓多集中于姜疃镇的凤头村，该村位于凤翥山（凤凰山）北侧，五龙河畔，现有七百余户人家，是胶东乃至东北三省的盖姓源头村。相传，盖姓始祖演于明洪武年间迁来此地建村，因山势酷似凤凰头，因而得名凤头。

至五世有二子，长子腾季，次子腾飞，分为长子老长支（六世）、次子老二支（六世）。长子老长支有二子（七世），各有五子，分为老长支北五支（北五支）与老长支南五支（南五支）。而次子老二支之后世（七世）仍称为老二支。

是谱为清同治庚午年（1870），由盖琢章等人初修之刻本，在此之前只有手抄本。

《（莱阳）盖氏族谱》十二卷（一）

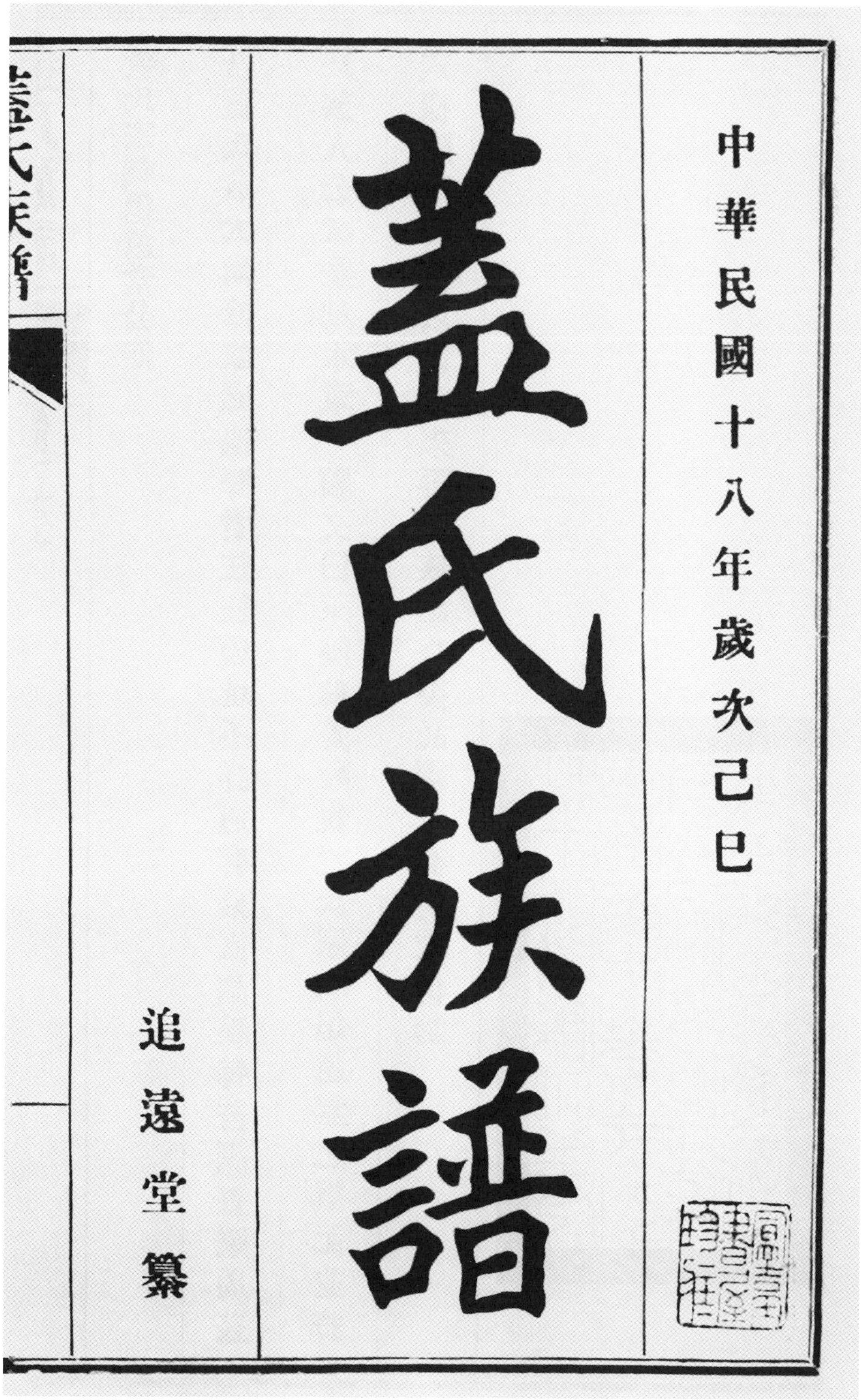
中華民國十八年歲次己巳

盖氏族譜

追遠堂纂

《（莱阳）盖氏族谱》十二卷（二）

蓋氏宗祠追遠堂公佈

吾蓋氏族大齒繁散處他鄉者往往居址不詳迺有纂修譜牒每苦調查難周玆經族人公議篆刻木章一顆文曰萊陽縣姜疃集蓋氏宗祠追遠堂之戳記並將式樣附印於後以備後來再修族譜時委託調查有所取信焉

《（莱阳）盖氏族谱》十二卷，十二册，民国印本。框高21.0厘米，宽27.0厘米，四周双边，单鱼尾。书衣：盖氏族谱。书名页：盖氏族谱，中华民国十八年岁次己巳，追远堂纂。

卷一前有：十五世孙兆生“盖氏族谱叙”；十六世孙濂“纂修盖氏族谱叙”；同治庚午（1870）十八世孙琢章“镌修盖氏宗谱叙”；同治庚午二十一世孙绍曾“镌修盖氏族谱叙”；光绪二十六年庚子（1900）十九世孙献廷“续修盖氏族谱叙”；光绪二十六年二十一世孙桂馨“续修盖氏宗谱叙”；民国十八年己巳（1929）二十世孙义林“再续盖氏族谱序”；中华民国十八年己巳二十二世孙树桂“再续盖氏族谱叙”；民国十八年己巳二十二世孙乃斌“再续盖氏族谱序”、二十三世孙芳第“再续盖氏族谱序”；十六世孙濂“盖氏族谱凡例”；续修盖氏族谱增补凡例；再续盖氏族谱增订凡例；同治庚午镌修盖氏族谱襄事人；光绪庚子续修盖氏族谱襄事人；民国十八年再续盖氏族谱襄事人；再续盖氏族谱借款表。

卷十二后：盖氏族谱修正表；盖氏宗祠追远堂公布；补遗；勘误表。

此谱本是前一同治盖氏族谱之三修本，前同治庚午年之初修本记自始祖至十七世；光绪庚子年之二修本记自十七世至二十一世；民国十八年己巳年之三修本记自二十一世至二十五世。

自二十四世起命名定式：“如永其德，乃克作成。有为若是，允汝之能。”

盖氏宗祠“追远堂”为了后世再修族谱时能够减少波折，特刻制印章一枚，届时以此为凭，以期得到族人的信任与支持。特发公布曰：

> 吾盖氏族大齿繁，散处他乡者往往居址不详，遇有纂修谱牒，每苦调查难周。兹经族人公议，篆刻木章一颗，文曰：“莱阳县姜疃集盖氏宗祠追远堂之戳记。”并将式样附印于后，以备后来再修族谱时，委托调查有所取信焉。

《(莱阳)史氏族谱》五卷(一)

《（莱阳）史氏族谱》五卷（二）

原序

始祖諱濟字添齊宋進士嘉興縣筮仕未久遇國難棄家辭職隱姓名偕丹陽馬眞人歷遊名山仙觀後至萊陽遊仙宮僑寓欲與眞人同肄辟穀術眞人勸以不可乃止因爲之相陰陽度地勢築室於義譚鄉姑河社之左遂家焉名其村曰史家疃娶譚氏生二子不數歲遂卒眞人精堪輿墓地亦其所擇也終身不談朝政不溯桑梓有問者輒欷歔感泣蓋有不忍言者焉故後人不問其詳猶得悉其崖略者乃得之眞人所傳云

七世孫欽修譜書族册

八世孫輝藹同修譜書

嘉靖丁酉十世孫文仲重修

康熙三十八年十六世孫芳重修

《(莱阳)史氏族谱》五卷，五册，单行本一册，民国印本。框高21.0厘米，宽29.2厘米，四周双边，单鱼尾。书衣：史氏族谱。

卷一前有：史氏老茔图；中华民国二十四年(1935)二十一世孙启利“序”；“增补谱序”；“原序”；谱例；增补谱例。

莱阳史姓始祖济，于南宋孝宗淳熙十年（1183）自河南渑池县迁居莱阳。史启利在《序》中介绍说：“吾始祖济，字添齐公，豫州渑池县人也，南宋淳熙年成进士，宰嘉兴县，有循声，未几遇国难，弃职隐莱阳，筑室于义谭乡姑河社之佐（左）史家疃，遂家焉。”如今，史“济，字添齐之后（人）居住莱阳县、平度州、昌邑县、掖县、黄县、福山县、栖霞县、蓬莱县、荣成县、宁海县、文登县、即墨县”。

莱阳义谭乡姑河社史家疃村，今为青岛莱西水集街道史家疃村。

宁海县，今为烟台市牟平区。

是谱《原序》介绍史济在南宋淳熙十年，遇上时局动荡，故辞去官职，隐姓埋名离家出走，与丹阳马真人一起游历名山仙观。后到莱阳游仙宫，史济欲随马真人学道，但没有如愿。马真人为他相风水，看地势，筑室于义谭乡姑河之畔，史济在此地娶妻生子，成家立业，而且，马真人还为他堪舆墓地。史济从不与人谈及世事，也不问桑梓，生前之事，皆是马真人所传。

马真人，原名从义，字宜甫，学道后改名钰，道号丹阳子，山东牟平县（今牟平区）人，生于北宋宣和五年（1123），卒于南宋淳熙十一年（1184）。乾道十一年（1167），四十五岁的马钰休妻离子，师从道教全真派祖师王重阳学道，几年后，马钰继王重阳之后成为全真教派第二位掌门人，并在王重阳的家乡陕西户县终南山建立了全真教祖庭，发扬光大了全真教的教义，使道教全真教派得到了金代与元代统治者的认可，成为国教。

相传，史氏得姓于西周初年的太史尹佚。尹佚为人正直，忠于职守，辅佐周武王克商，他受命观察天文，制订历法，记录周王言行和天下大事，极受周天子赏识，与周公、召公、姜太公并称“四圣”。他终身为周朝太史，称为史佚，其子孙也世袭其职，故其后代以史为氏。

还有传说，史姓出自黄帝时创造文字的史官仓颉，也称作史皇氏，仓颉创立了象形文字，结束了远古时期的结绳记事、刻痕为史的荒蛮时代。很多史氏族人尊奉史皇仓颉为得姓始祖。

《豫齐戴氏家乘》不分卷（一）

《豫齐戴氏家乘》不分卷（二）

始字号自朱毛所出自此

戴氏譜書 始 一

一世

當道 字弘引由諸生授縣丞配姜氏生子二由州城北關遷居朱毛為吾族一世祖焉

二世

時元 字碩翁業諸生配郭氏無子

時中 字精一配陳氏生子一

三世

仔全 字備萬配于氏生子五

四世

大公 字心鏡配郭氏子姪共八人

任美

廣

福

五世

宗

玉

贇

紀

領

《豫齐戴氏家乘》不分卷，四册，清刻本。框高19.9厘米，宽28.8厘米，四周双边，单鱼尾。书衣：豫齐戴氏家乘，丙申丁酉镂成。

册一前有：光绪二十三年（1897）十七世清诰“序”；昌阳望甫刘尚“序”。

此戴氏一族世居河南汝宁府，其二十六世孙必显，字德滋。任河北钜鹿县训导，后转仕山东，生二子，长子当仁，次子当道，为是谱所载戴氏一世族。是谱载：“以上二十六世之末，由河南仕直隶转仕山东，因避兵，逾胶水，其是州城为胶水县，因家焉。今州城西北隅戴氏老宗祠犹存，长支住五亩岚及古营厓、上关三村。奉祀事焉。”

清诰《序》曰：“当道，字弘引，由诸生授县丞，配姜氏，生子二。由州城北关迁居朱毛，为吾族一世祖焉。弘引公再迁尤滨，卜居古即墨城中，斯为称朱毛戴之始焉。迄今五百有余岁，二十有余世，本里四百余户。其散处州境，徙居即墨、莱、海间者，统计不下千户。”

胶水县，古属即墨县，隋朝置胶水县，明称平度州，民国改州为县，1989年改县为市。

朱毛，旧胶水县一村庄，今为平度古岘镇大朱毛村，与莱西交界。古即墨故城就在该村西不远处。

相传戴姓起源之一是以谥号为氏，据史料记载，西周初年，周公旦在平定武庚之乱后，封商朝末代国君帝辛（殷纣王）之庶兄微子启于商的旧都（今河南商丘），建宋国，第十一代君（公元前779年—前766年）死后被赐谥号“戴公”。其子扐以“戴”为氏，称为戴扐。其后世尊戴扐是戴姓始祖。

在西汉汉宣帝（公元前73年—前49年）和汉元帝（公元前48年—前33年）时，有戴扐二十二世孙戴德、戴圣叔侄二人，师从经学大师后苍潜心钻研礼学，成就卓著，被后人称作“大戴、小戴”，所撰著述即为《大戴礼记》《小戴礼记》。

《黄县王氏族谱》不分卷（一）

《黄县王氏族谱》不分卷（二）

附錄重繪宗圖叙

嘉慶十二年歲在丁卯我王家族屬為譜牒殘虧議欲重修所以敦一本綿百世也而族人咸徵余言以紀實欲不掩乎衆美亦兼以為後嗣勸嘻余雖小子亦望承先曷敢以不敏辭謹按前明　始祖係直隸倉州故籍一徙於青州亂柳樹再徙於黃之邑西萊山廟左右暨　漣泗兩祖兄弟二人始卜此土而居爲總初終計之大約四百餘歲於兹矣自汝章祖於雍正癸亥歲重繪一次迄今復有八十餘年年來蟲

《黄县王氏族谱》不分卷，一册，民国红格纸抄本。书衣：黄县王氏族谱。

谱前有：族谱条规二条；嘉庆十二年丁卯（1807）十一世孙梦魁“附录重绘宗图叙”；十三世孙国翰“修订族谱体例序”；修谱凡例四条；宗祠图；南、北树场图。

是黄县王氏祖籍直隶（河北）沧州，不知何时徙于山东青州乱（懒）柳树村（今青州市经济技术开发区懒柳树村），至涟、泗兄弟二人又迁至黄县县西之王寿家村（今龙口市大陈家镇王寿村），为黄县王氏之一世祖。分为南、北两支，北支涟祖居长支，南支泗居次支。但三世以前失考，至五世分为四支。其中可久、可远二人为长支，可忠、可德、可志三人为次支，可仁、可化、可信三人为三支，可兴、可才二人为四支。

《修谱凡例》第一条曰：“因三世以前昭穆失考，第四世惟相、松、权、榆四祖有嗣可稽，棋、槐、棂、朴四祖子嗣亦均失考。故先世自五世‘可’字分为四大支，可久、可远两祖为长支；可忠、可德、可志三祖为次支；可孝、可恕两祖无传；六世汝虎、汝彪两祖附于次支；可仁、可化、可信三祖为三支；可兴、可才两祖为四支。此次修谱昭穆失考者仍依旧，谨序其世。自五世以下始立支派以别之，辨支派别亲疏也。”

王寿家村，于明洪武年间，由王涟、王泗兄弟俩建村，永乐年间取名王树村，民国十九年（1930），取吉祥意，改名王寿村。

命名定式（自十七世起）：“承绍应宗绪，善世立景传。”

《即墨王氏族谱》不分卷（一）

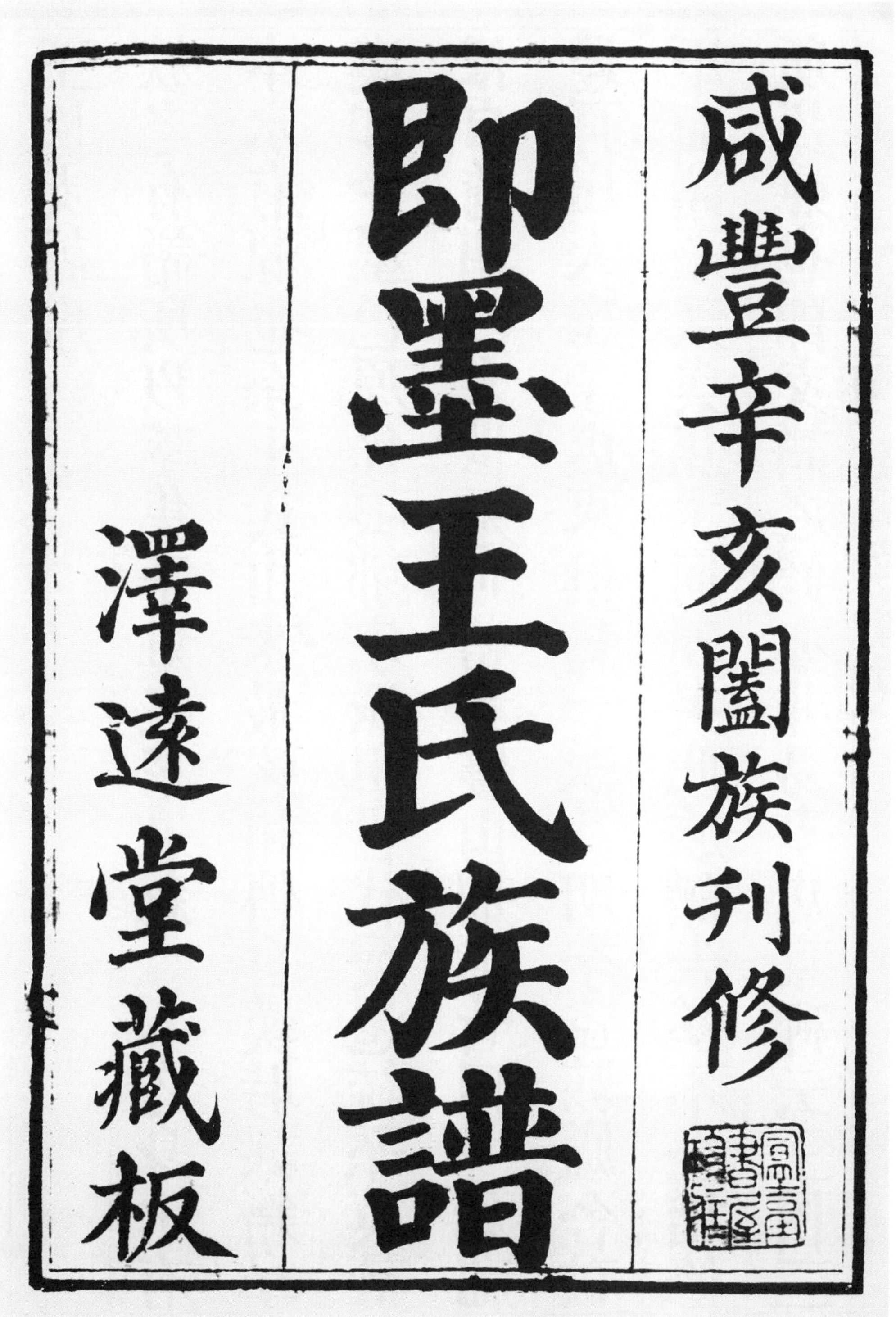
咸豐辛亥闔族刊修

即墨王氏族譜

澤遠堂藏板

《即墨王氏族谱》不分卷（二）

王圈支譜序

族之有譜所以萃集子姓之衆追念一人之身木有本水有源也余王氏由來最遠相傳自漢時隸籍皐虞即今墨邑原係琅琊宗派但世代變遷統系莫尋惟自前明以來世系可稽者鼇山荆溝皆同　始祖遷哥庄大庄子店東俱爲一派及明季盜駭廬舍被炬而譜系又與焦士同湮矣此族譜失墜不全增修所以難也即支譜之修亦非易事店東碑云王圈三

王氏族譜　王圈支譜序　一

《即墨王氏族谱》不分卷（三）

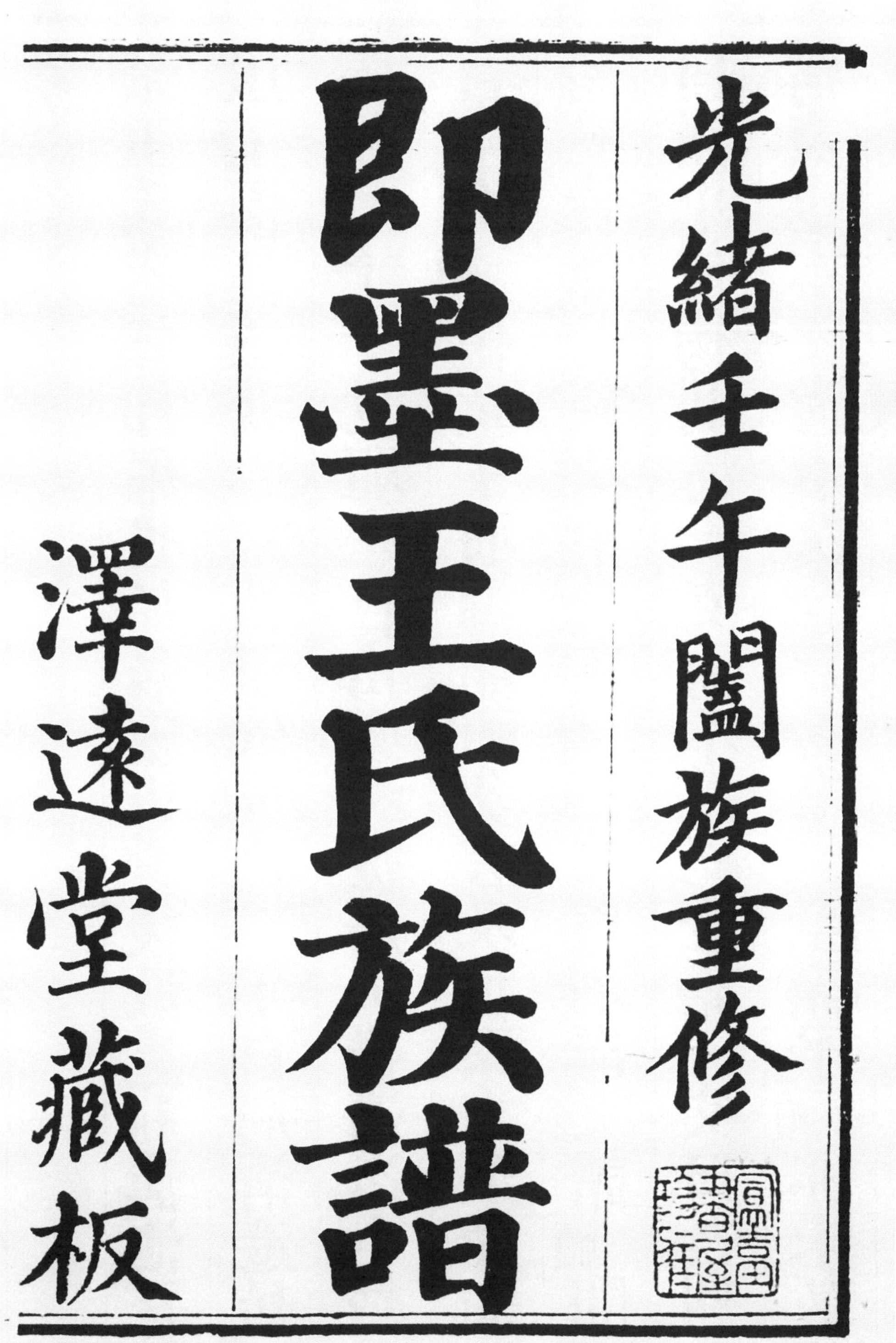
光緒壬午閤族重修

即墨王氏族譜

澤遠堂藏板

《即墨王氏族谱》不分卷（四）

序

余王氏之隸即墨也始居靈山厥後散處荆溝池哥庄王圏諸疃我 六世祖欽成化二年自荆溝遷居張村 十一世祖宗吉由張村徙居夾嶺溝迄今數百年矣禎 憶童子時聞諸祖父言及世系支派始知諸疃皆係一族及稍長見我 父覽荆溝支譜禎問曰譜中何獨荆溝一支而不遍修全譜 父曰吾荆溝支也本支尚未及合豈易言修全譜乎禎 亦未敢

王氏族譜 序 一

《即墨王氏族谱》不分卷，四册，清刻本。框高19.8厘米，宽28.8厘米，四周双边，单鱼尾。书衣：即墨王氏族谱。书名页：即墨王氏族谱，咸丰辛亥阖族刊修，泽远堂藏板。

册一前有：咸丰元年辛亥（1851）江恭先“即墨王氏族谱序”；康熙四十二年（1703）十三世孙世征“王圈支谱序”；十四世孙方荌“王圈支谱序”；乾隆二十九年乙酉（1764）十五世孙璋“荆沟支谱序”；嘉庆六年辛酉（1801）璋“再序”；十六世孙士锷“荆沟支谱序”；嘉庆二十四年己卯（1819）十六世孙士锷“重修荆沟支谱序”；咸丰元年辛亥十六世孙士莘“族谱序”；十七世孙肇坊“序”；十七世孙维礼、维学“序”；十八世孙以祯“序”；十八世孙思美“序”；二十世孙凤清“序”；凡例；荆沟支祠堂约；命名定式。

册四后有：族人居住地名，咸丰元年辛亥十五世孙锽、济“跋”。

是即墨王氏在清咸丰元年以前，只有支派分族谱，而没有合族谱。清咸丰元年，由王氏十六世孙士莘主持修订王氏族合谱。即墨举人江恭先在其《即墨王氏族谱序》中说：“（王）其先世自有明以前，失其传。有明以来，全谱虽未修辑，然灵山、荆沟、池格庄、王圈支谱各存耳。”

但其始迁祖原籍失考，有来自琅邪王氏、青州府枣行、天津卫、河北枣强诸说。自五世有侑才、侑德、无名氏（失讳）、孜、导启、显仲六堂兄弟分六支派，称为“老六支”。始占籍灵山，后居荆沟、池哥庄、王圈、店东等即墨东北部村庄。至咸丰年间，已散布于即墨数十村庄，以及关东金州、平度州、淮安府等地。

命名定式（自二十世起）：“凤（逢、丰）集（济、积）熙（翕、希）宇（裕、毓用于底），麟（临、邻）书（述、恕）祯（政、烝）祥（翔、相）。”

谱中《凡例》规定谱书编载之原则，现摘录数条：

一　自宗子之法不讲，而伯叔昆季至有媟亵戏谑毫无禁忌者，殊失尊卑体统，夫宗子未必皆贤，支庶亦且日纷计无。如择族中贤者一二人，推为家长，凡大事一禀命焉，其不率者责无贷，庶家法修而宗风亦日盛乎?

一　嫡长子不应出嗣，惟以支子长子出嗣，大宗则听之。

一　家礼，十六岁至十九岁为长殇，长殇设位入谱。已娶，不论中殇、下殇均宜设位入谱。

一　年书几何，葬某地，为其后人得详所自出。未娶者书早卒，娶无后者书乏。有善行（者）高年虽乏，亦详书之。年至六十为中寿，书享寿，未至六十书享年。

一　命名有异世同名，有一世尊年同名，皆由无谱之故。而其名相传已不能遽更，后凡生子，命名宜请族长，族长不能，委族中文人，必慎必详，勿重犯名讳。

一　如新娶妇，三日必见庙，必往族长领钥匙，宜告之曰某氏，族长即告曰文人添入族谱，恐有遗漏。

一　且命名宜每世统定一字，无分支派远近，庶顾名思义知为同宗，永笃一本之亲。

一　谱以统子性别世系，女虽不载，以身殉夫者必书，重节烈也。

一　谱例：匪类者不载，吾族耕读为业，幸无其人，而必戒及者，示劝惩也。

谱中还刊有《荆沟支祠堂约》，有关族祠、义田之规定如下：

一　礼营宫室，先立祠堂。或水火风而警急，先救祠堂。

一　祠堂，先祖妥灵之处，或祭祀，或族会。毋欢呼，毋非言，毋酗酒，毋聚赌。有一于斯，即为不孝，何以自安于心？慎之戒之。

一　祠堂供席：元旦果品二十器，菜肴二十器，俱随时所有，馍馍十碟，山插五路。正月十五、七月十五、冬至简去果品、菜肴各五器，山插五路。始祖茔果品、菜肴各十器，馍馍五碟。

一　义因之设为祀先赈族之用也，合兑粮、祭祀、修祠堂、修茔诸事而计之，随年支用若干，存留若干。

一　义田籽粒不宜加重，不重则易于招人，庶不荒芜。籽粒须要成实干净，以便存贮，以便出手。糠秕则搅成实，湿则发热，生虫俱不可收。

一　年终族长暨办事之人，当查入粮若干，出粮若干，入钱若干，出钱若干。先整若干为次年兑粮摆供，其余方可别项支用。

一　赈族先于备荒，备荒莫先于储积。若随年所入支用无余，万一遇荒，竟无一济，亦何益哉？必须撙节有余，积之多年足恃无虞。

一　凡族中与异姓籴粮，俱要减价，不可赊出，庶免催收致怨，拖欠莫给也。粜粮之时，先定一日期，过期虽换钱不与，盖存钥粜粮者，不能日日居家也。

江恭先（1806—1861），字敬斋，号莲峰，清道光十四年（1834）举人，即墨仲村（今青岛城阳区城阳街道仲村社区）人。道光年间，于崂山青峪创办“青峪书院”，咸丰三年（1853）

以“大挑一等”入职直隶保定府，咸丰四年（1854）任临城县县令，七年（1857）升河北安州知州，后辞官返乡，十一年（1861）受即墨知县胡延耀推荐组织乡兵团练，在抗击捻军袭击即墨的战斗中阵亡，被恤赠中宪大夫，敕建昭忠专祠，乡谥“忠烈”。

“大挑”是在清乾隆十七年（1752）创立的一种科举制度，意在充分挖掘人才，即已是举人，但会试三次未中进士者，由吏部据其形貌进行挑选，一等者，以知县用，二等者，以教职用。每六年举行一次，名曰大挑。挑中者，须体貌端正，言语明朗，应对敏捷。标准可用八字概括：“同田贯日气甲由申”，符前四字即为合格，如脸形长方为“同”，四方为“田”，身材高大为“贯”，身体均称为“日”。

是谱在清光绪八年壬午（1882），由十九世孙敏之组织族人重修，于光绪十年甲申（1884）完成，并作序，又与十八世孙世瑛共同题跋。

《（福山官庄）陈氏家谱》三卷（一）

官莊陳氏家譜序

古者小史掌邦國之誌而比閭族黨皆附屬焉此宗法所自出而後世之譜牒所由作也譜學莫詳於唐至宋而蘇氏之譜獨著我陳氏自明末由雲南僑居福山爾時代遠年湮兵火相尋故自始祖而下二世三世家乘無考清初從居八角之官莊至八世祖郎中公讀書起家登進士第陳氏門庭遂以光大嗣後科第相繼代不乏人爾時一脈相傳不過數支非高曾伯叔即從堂兄弟屈指以計朗若列眉故無煩譜係焉後經順康雍乾休養生息户口日繁或由此邑

陳氏家譜

《（福山官庄）陈氏家谱》三卷（二）

官莊陳氏族譜

始祖原籍江南徙登郡卜居福邑官莊村暨再傳以此世家焉

第二世祖

第三世祖

恩

懋

第四世祖

良佐

良佑

良輔居棲霞縣釜甑河北村

陳氏家譜

一

《(福山官庄)陈氏家谱》存一、二、三卷，三册，民国印本。框高22.5厘米，宽33.4厘米，四周双边，单鱼尾。书衣：陈氏家谱。

册一前有：中华民国二十年辛未（1931）十五世孙星汉“官庄陈氏家谱序”。

官庄之陈氏始祖无考，“原籍江南，徙登郡，卜居福邑官庄村，暨再传，以此世家焉”。

《序》曰:“我陈氏自明末由云南侨居福山，尔时代远年湮，兵火相寻，故自始祖而下二世、三世家乘无考，清初徙居八角之官庄。至八世祖郎中公读书起家，登进士第，陈氏门庭遂以光大，嗣后，科第相继，代不乏人。”

《序》中所提“郎中公”，即福山县八角乡官庄村（今烟台市经济技术开发区八角街道官庄村）陈氏八世陈汝弼。

陈汝弼（1646—1707），字媿辅，号踽庵。家中兄弟五人，汝弼系长子。他自幼体貌颀长，天资聪颖，看书过目成诵，县试、府试、院试均为第一，康熙五年丙午(1666)，弱冠之年(二十岁)中举人，康熙十八年己未（1679）登三甲进士，授河南省光山县知县。后历任刑部山西司主事、河南司员外郎、礼部祠祭司郎中、刑部江南司郎中、吏部文选司郎中等职。他秉性耿直，铁面无私，故遭人诬陷下狱，又被革职回乡。后经康熙帝过问，平反昭雪，康熙帝还题诗赐予汝弼。逝后，朝廷追赠他为奉政大夫，正五品封典。

《东莱宫氏族谱》四卷（一）

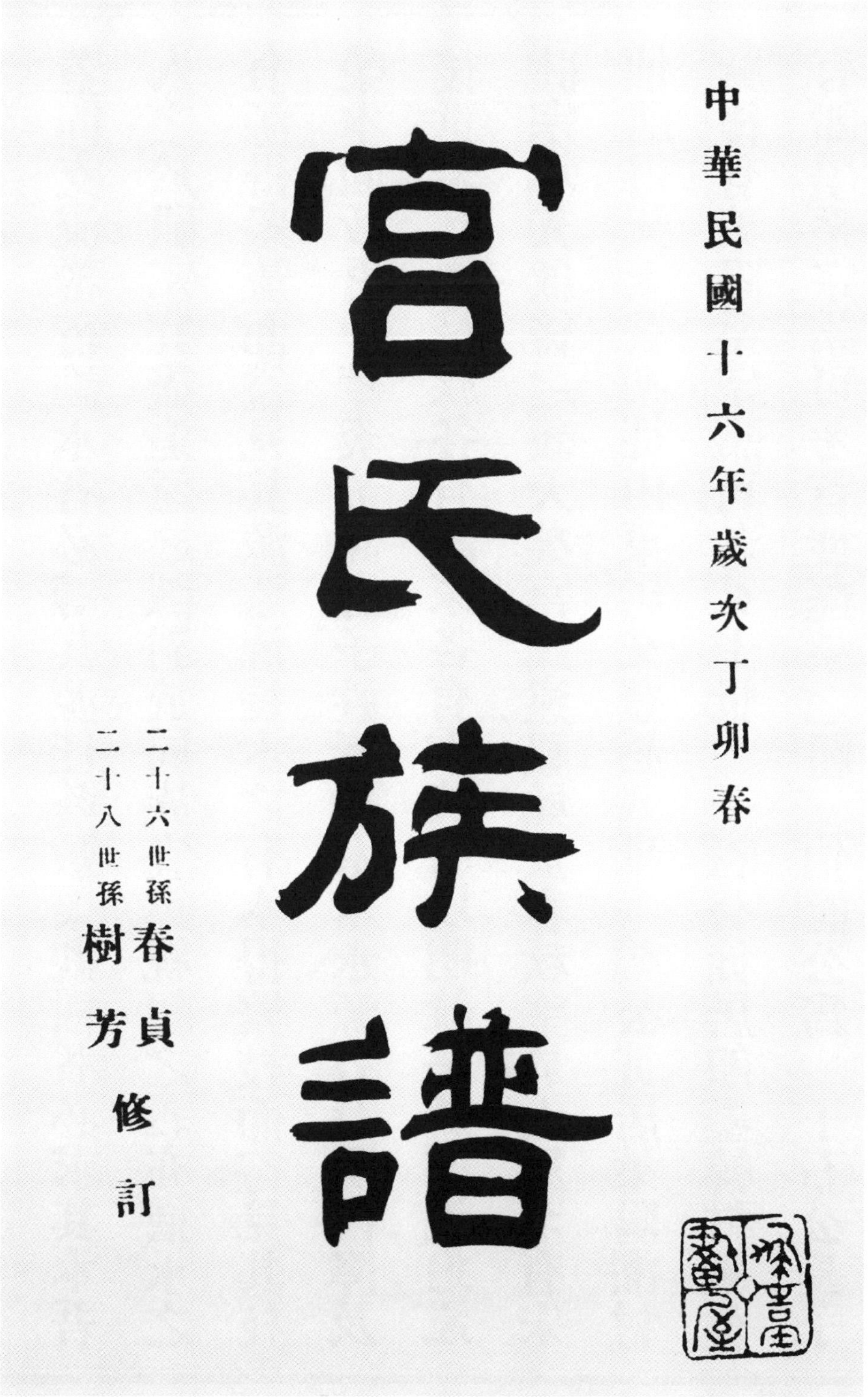
中華民國十六年歲次丁卯春

宮氏族譜

二十六世孫春貞
二十八世孫樹芳
修訂

《东莱宫氏族谱》四卷（二）

重修宫氏全族家譜序

蓋聞支流蕃衍論水者必尋其源佳蔭敷榮觀樹者必求其本吾人之於祖宗宜盡追遠之誠對於同族宜篤親親之義亦猶水之有源得衆流而益見其源遠流長木之有本得繁枝而益見其枝榮本固故吾中華炎黃裔胄子姓蕃榮木本水源各有所自降及後世恐其湮沒族各有譜家各有乘其所以明統系辨源流追遠睦宗承先啟後之義大矣宮氏遠祖始於春秋望於太原至有宋仙祖得先太公初徙山東居文登越八世　福公徙居萊陽濯村厥後有萊陽系宗譜可考又十世　子石公徙居卽墨韓村厥後有卽墨系宗譜可考首徙蓬萊之祖　伯能公爲　子石公長子

東萊宮氏族譜　卷一　序　十三

《东莱宫氏族谱》四卷，十册，民国印本。框高19.5厘米，宽30.0厘米，四周双边，单鱼尾。书衣：东莱宫氏族谱。书名页：宫氏族谱，中华民国十六年岁次丁卯春，二十六世孙春贞、二十八世孙树芳修订。牌记：中华民国十六年岁次丁卯春烟台诚文信书坊代印。

卷一前有："文登宫氏谱书叙"；命名定式；元大德七年（1303）宋渤撰"莱阳宫氏先世新阡石表之铭"；乾隆十七年壬申（1752）二十世孙珂曜"莱阳宫氏谱序"；乾隆十八年癸酉（1753）二十世孙梦骥"莱阳宫氏谱序"；同治九年庚午（1870）二十六世孙培琮"莱阳宫氏谱志"；光绪二十七年辛丑（1901）二十六世孙德馨"泽口宫氏重修谱书记"；民国十六年（1927）二十八世孙文进"重修谱书序"；民国十六年丁卯二十六世孙守初"重修宫氏全族家谱序"；民国十六年丁卯二十七世孙炳炎"重修宫氏族谱序"；"大将军宫君传"；前卫辉府汲县县丞臧元撰"故考将士郎河南彰德府知事宫公墓志铭"；"重修谱书创办人名衔"。

卷四后有：康熙年间山东学政江南清江浦宫孟仁"跋"。

是谱涵盖胶东各县，包括莱阳、即墨、栖霞、海阳、牟平、文登、蓬莱、福山，乃至辽宁沈阳之宫氏世族支派。其各支派命名定式如下：

文登命名定式（自二十七世起）："培锡润本照，在铭清乐为。"

莱阳命名定式（自二十七世起）："桢焕基钦汝，模熙塏锌湄。椿煇增锡泽，桂煦坫钟滋。"

即墨命名定式（自二十六世起）："格（底）中嘉崇，垂象肇成。运（底）用方正，继述乃恒。"

蓬莱命名定式（自二十一世起）："凤龙圣国兆，守恒延书香。迹蕴开嘉会，健行实为良。"

相传宫氏起源于春秋之时，其郡望在河东（古时指山西西南部地区，因在黄河以东，故称河东，唐代以后泛指山西）地区。在五代后周时期，有宫氏族人迁至文登（古称不夜，北齐更名文登）昆嵛山之柳林村，其后世又迁居莱阳濯村，之后又繁衍至同县泽口、瓦马等村，即墨大韩村、蓬莱大宫家，栖霞蓝苇夼、桃村，海阳苇夼，福山宫家台子，以及辽宁复县、庄河、通化等地。这一迁徙之旅，在是谱序中有详细描述。

《文登宫氏谱书叙》曰："溯宫氏之源本自春秋，时有宫之奇，以后鲜有所考据，惟李唐时有殿中侍御史宫志恽者，门族望于河东。五代后周间，我仙祖讳熙儒，字得先，号四知，授元州防御使，及周禅宋解印绶，隐于不夜城西昆嵛山阳柳林村。邃于易理，遇谭真人（一云孙真人）授仙术，道号昆前，则不夜宫氏之鼻祖也。"

宫之奇，生卒年不详，春秋时虞国辛宫里（今山西省平陆县张店附近）人，春秋时期著名政治家，虞国上大夫。他尽心辅佐虞君，主张联虢抗晋，他对虞君说："虞之与虢，唇之与齿，唇亡则齿寒。"虞君执迷不悟，仍借道与晋伐虢，宫之奇预料虞国将亡，便带领族人离开了虞国。

而晋国借道灭虢后，返回途中又将虞国灭了，虞君被俘。

《重修宫氏全族家谱序》曰："宫氏远祖始于春秋，望于太原。至有宋仙祖得先太公，初徙山东，居文登。越八世，福公徙居莱阳濯村，厥后有莱阳系宗谱可考。又十世子石公徙居即墨韩村，厥后有即墨系宗谱可考。首徙蓬莱之祖伯能公为子石公长子，初居城南桃花坞，继有分支于挂榜峰西及黑水河西岸者。……又数十年，莱、即、蓬三系而外，又有文、宁、福、黄及辽阳等系，无谱可考。吾族之众散处四方，其近者相距恒至数百里，生老不相闻，声气不相通，然上溯源流，同是仙祖一脉。"

此《东莱宫氏族谱》印行四百部，分藏于各村宫氏祠堂及宫氏之子孙留心于谱系者。

《武威郡贾氏族谱》十卷（一）

中華民國二十二年歲次癸酉春月　纂修

武威郡賈氏族譜

昌陽書局印

《武威郡贾氏族谱》十卷（二）

萊陽賈氏族譜序
自譜牒之官廢而士庶之家始有族譜所
以述祖德紀世系如木之有本水之有源
雖百世而支派可知也族譜之修顧不重
哉萊陽賈氏故籍無錫以元順帝至元三
年丁丑奉詔遷萊陽同來者昆從十一人

賈氏族譜　一

《武威郡贾氏族谱》十卷，即墨支上中下卷，八册，民国石印本。框高 21.8 厘米，宽 26.6 厘米，四周双边，单鱼尾。书衣：贾氏族谱。书名页：武威郡贾氏族谱，中华民国二十二年岁次癸酉春月纂修，昌阳书局印。

册一前有：贾氏十四世孙孟菊“题诗”；民国十九年庚午（1930）邑人王埒“莱阳贾氏族谱序”；民国十九年庚午清廪生于继周“赠贾氏族谱序”；民国十九年陆军二十一师第三旅上校参谋长皖江宿县贾广文“莱阳贾氏族谱序”；民国二十二年（1933）海阳纪蕴玉“贾氏谱序”；道光二年壬午（1822）十三世孙明廷“重修族谱序”；民国二十二年癸酉十四世孙茂文“贾氏修谱书序”；民国二十二年癸酉十四世孙孟菊“贾氏修祖谱序”；民国二十年辛未（1931）十五世孙茗亭“序”；民国二十二年癸酉十六世孙绍祖“贾氏修族谱序”；道光八年（1928）十二世孙正本“始祖茔碑记”；十四世孙孟菊“贾氏老祖茔图”；贾氏修谱凡例；修谱发起人及赞助人名表。

册二前有：道光二年十三世孙明廷“序”；民国十九年庚午十九世孙铭新、锡三、铭永“贾氏族谱序”。

册五前有：民国二十二年癸酉十七世孙德芹“贾氏族谱序”；刘显初铎峰氏“贾家夼贾氏族谱序”；光绪三十二年（1906）邑庠生朱子云“节妇房儒人碑”；民国四年（1915）即墨进士江兰皋“节妇李儒人碑”；民国十九年邑庠生程云祥“荷云公旌引”；民国十二年（1923）族孙德芹“程太君旌引”。

即墨上卷前有：光绪二十八年（1902）十四世孙明玉“贾氏族谱序”；下卷前有：无名氏“即墨贾氏始迁记与贾氏族谱序”。

武威郡，今甘肃省武威市，河西走廊重镇。汉武帝元狩二年（公元前 121），霍去病击败匈奴，汉武帝在匈奴付屠王原领地置四郡，为彰显汉廷武功军威，将其中一郡命名为“武威”。到东汉时期，西汉时的著名政论家、文学家贾谊（公元前 200—前 168）之九世孙贾季玉出任武威太守，举家迁往武威，其后代繁衍于此，出了很多有名望之人，如贾诩、贾思伯、贾彝，等等。贾氏一族成为武威的豪门望族，形成了历史上有名的贾氏“武威郡望”。

是谱所记载之贾氏乃元朝末期自江苏无锡迁来山东莱阳定居者。其十三世孙明廷《序》云：

吾族原系文王第十四子唐叔虞封于贾国，赐姓贾。逮西汉有贾谊，东汉时有贾复，三国时有贾诩，或盛唐时有贾至、贾岛，未识所宗。由宋逮元世居江苏无锡县，时号小云南，故祖传自小云南来也。因元顺帝三年，登、莱两郡由胶河以东俱被水浸，一昼夜间而人畜全没，旋奉诏迁民移籍莱阳，居堤里村。约十数年，因避沈科横逆，又移居牛根树村，宅卜东涧，坟葬东坡。逮明初祠堂灾延及居室，谱亦尽毁。又移居大殿，大殿者旧名姜家庄，以疃后原有如来大殿，至大清雍正八年，莱、海分县，遂更此名。前后街分宗劈甲，族谱亦分前五甲，分出四支为一谱供献。后十甲仍供献旧谱。其先同至此至者，共十一人，或传一世而他适，或传再世而外出，或传四五世而别往。见说平度去其一，黄县去其一，故城（河北）去其二。惟故城有旧谱可按，其余盖莫可考矣。

堤里村，今地址不详。牛根树村，今海阳黄崖底乡牛根树村。大殿村，今莱阳万弟镇大店村。

邑人王垿《序》曰：

莱阳贾氏故籍无锡，元顺帝至元三年丁丑奉诏迁莱阳，同来者昆从十一人，此十一人者为亲为疏，既不可知，乃至名讳亦不尽可考。始居堤里村，三迁而卜居大殿村。一再传后，或分居别村，或远迁徙平度、黄县及直隶之故城。数百年来，惟故城有谱能追溯迁莱阳事，其他则若断若远，已渐如陌路矣。

无锡迁莱阳贾氏始祖十一人名讳如下：贾元、贾和忠、贾和兴、贾甫、贾英、贾奉吉、贾友忠、贾大公、贾忠显、贾翚。

是谱共八册，分述各支派，册一：大店、尹家疃支；册二：贾家庄、贾家、大店、萧格庄、新阁庄、街东支；册三：大店、东陡山、曹家沟、南武备、店埠、南务、吕格庄支；册四：前堤、后堤支；册五：贾家夼、朱家夼、黄埠寨支；册六：河北故城县支；册七：港口村、曹家沟支；册八：即墨南黄埠、拖车夼支。

行辈命名式（自二十一世起）：“汝善生成德，光宗耀祖昌。宣传咸可绩，吉庆恒延长。”

是谱《凡例》第一条开宗明义：

凡吾贾氏系出姬姓，周康王封唐叔虞少子公明于贾为附庸，谓之贾伯，后以为姓。佥谚云：天下无二贾。故愿补入者能集成，共合一帙，以睦族联宗为目的。

王垿（1857—1933），字爵生、觉生，号杏村、杏坊，晚号昌阳寄叟，山东莱阳人，与莱阳贾家世交，清代著名书法家。光绪五年（1879）举人，十五年（1889）己丑科进士，改庶吉士，授检讨，充国史馆协修，侍讲学士，日讲起居注官。1900 年庚子之变后，又授河南学政，升内阁学士兼礼部侍郎，法部右侍郎兼实录馆副总裁。辛亥革命后，他隐居青岛，拒绝袁世凯的邀请，不过问政事。

王垿的书法功底扎实，将汉隶及魏、晋、唐之名碑帖融会贯通，形成雅俗共赏、独具一格的正行书，人称“垿体”。“有匾皆书垿，无腔不学谭”，这是清末民初京城广为流传的一句话，当时北京的银号、钱庄、酒楼、茶馆、店堂等所挂的牌匾、对联多出自王垿之手，老北京绸缎庄“瑞蚨祥”三字即王垿所写。定居青岛后，慕名前来求字者更是络绎不绝，王垿是来者不拒。而且，此时的王垿诗兴极高，自 1920 年到 1926 年间共有诗作三千五百余首，其孙女王世棻从中择出四百三十首，辑成《王垿诗选》出版。

《(即墨)华氏族谱》不分卷(一)

光緒丙午春鐫
華氏族譜
敦睦堂藏板

《（即墨）华氏族谱》不分卷（二）

序

余原籍江南常州無錫縣也不知何年來兹墨邑相傳初止西城匯繼遷皐虞先人雖嘗言之然亦未詳某祖居某處也惟四世祖諱猛奠居周疃古墓依然故廬猶在是周疃卽本源之地我後人所當世世勿忘此土也追數傳而人丁

《(即墨)华氏族谱》不分卷，四册，清光绪刻本。框高30.3厘米，宽29.0厘米，四周双边，单鱼尾。书衣：华氏族谱，敦睦堂印。书名页：华氏族谱，光绪丙午春镌，敦睦堂藏板。

册一前有：嘉庆二十三年戊寅（1818）十三世孙可章“序”；同治八年己巳（1869）十五世孙思瀛“序”；光绪三十二年丙午（1906）十五世孙思琮“序”；华氏族谱例；命名定式。

册四后有：道光二十六年丙午（1846）十五世孙思瀛“跋”。

是《华氏族谱》为居住于山东即墨县东北部的华姓氏族的家谱，华氏主要聚居在以段村镇、店集乡为主的几个村庄中，如华家周疃、南北团埠、王于姜家马坪、梁家屯、海堤、南北八格庄等村。至于他们何时何祖迁来此地，已无从可考。

华氏十三世孙可章于清嘉庆二十三年首修族谱，并《序》曰：“余原籍江南常州无锡县也，不知何年来兹墨邑，相传初止西城汇，继迁皋虞。先人虽尝言之，然亦未详某祖居某处也。惟四世祖讳猛奠，居周疃，古墓依然，故庐犹在，是周疃即本源之地，我后人所当世世勿忘此土也。迨数传而人丁渐多：一凤祖分居山阴；一簾（帘）祖分居海堤；珖祖筑室东渠。相去数里，自可举足而至。厥后应仕祖居小埠；继魁祖居寨里；鋐祖居八哥庄；栎伯居官庄；枚伯居张村；本伯居朱翠；质伯居马平；泳伯居梁家屯；明理伯居胡家庄；彤兄居小峩；可贵兄居蓝家庄；国器兄居团埠；虽道里较长，去周疃犹未远也。即英祖之嗣虽居莱阳县古城、海阳县徐家店，不过百余里耳。”

华氏家谱虽然在清朝有过多次纂修，但都为手写本，从未刻印成书，光绪三十二年始有正式谱书问世，且有谱例十六条，以说明该谱的编纂式体。其中有五条规定摘录如下：

> 一　凡载谱者，俱系始祖一脉相衍，非其苗裔，不可混入，紊我谱牒。
>
> 一　神不享非类，民不祀非族，凡乞养之子，概不入谱，恐其乱我宗派也。
>
> 一　六十杖于乡，非六十不言寿，谱内记年，自当遵守朝廷尚齿之例，未及六十者不录。
>
> 一　诸谱有载女者，有无男而载女者，吾家女不入谱，有节孝者书之，为门楣光也。
>
> 一　名已列谱，终身不改，倘任意更易，日后修谱查名不对，必致混淆难稽。

命名定式（自十六世至三十一世）：“振启方泽，裕正承先。修仁丕志，崇本克延。”

《（即墨）白梅安梁四氏合谱》不分卷（一）

民國丙子年續修

四氏合譜

白梅安梁

四氏合譜

即墨新民印書局承印

《(即墨)白梅安梁四氏合谱》不分卷(二)

增修四氏合譜序

詩曰凡今之人莫如兄弟蓋謂骨肉之親天性然也我始祖兄弟四人世居漠北之地久仰文明之邦幸明英宗北巡伯顏以五百騎送還京師兄若弟樂勤王事並敦友于遂相偕俱從軍焉天順再元賞護駕

《（即墨）白梅安梁四氏合谱》不分卷，六册，民国印本。框高 20.2 厘米，宽 29.6 厘米，四周双边，单鱼尾。书衣：白梅安梁四氏合谱。书名页：四氏合谱，民国丙子年续修，白梅安梁、四氏合谱（印章），即墨新民印书局承印。

册一前有：宣统二年庚戌（1910）十四世孙梅清栋“增修四氏合谱序”；宣统二年庚戌十六世孙梁贻礼、十五世孙梅相汉、十七世孙安葆源、梁葆汉、白光俭“增修四氏合谱序”；民国二十五年丙子（1936）十五世孙梅相汉“续修四氏合谱序”；民国二十五年丙子十六世孙梁贻勋“续修四氏合谱序”；历次修谱名录；谱例；茔志；命名定式。

虽为四不同姓氏，实为四亲兄弟，有《序》为证。其十四世孙梅清栋《序》曰：“我始祖兄弟四人，世居漠北之地，久仰文明之邦。幸明英宗北巡，伯颜以五百骑送还京师，兄若弟乐勤王事，并敦友于，遂相偕俱从军焉。天顺再元，赏护驾之功，赐姓曰白、曰梅、曰安、曰梁，赐名白曰京世、梅曰克贞、安曰志全、梁曰频礼，同封世袭达官于鳌山卫。我贞祖、礼祖均诰授怀远将军指挥同知官三品，世祖、全祖均诰授武备将军副千户官五品，二年赴卫就职。”

这四兄弟奉旨来到鳌山卫驻守是在明英宗天顺二年（1458），从此时开始，此地便有了“白、梅、安、梁”的四姓氏族，实则来自一奶同胞的四兄弟家庭。

梅清栋在序中继续介绍曰：“昔则一家人也，今则散处矣。惟白氏尚有住卫者，亦有住黄埠者，有住莱阳南中水者；梁氏有住马山前者，有住荆埠者，有住北屯者，有住高家庄者，有住中村者，有住胶州西杨彩屯者；梅氏初迁马山前，又住荆埠；安氏初迁马山前，又住杨彩屯。相计数百家，道路相去数百里，岁时伏腊，不能通相往来。噫！不同姓之同族，干同枝异，人众室远，使不有以联之。”

虽分四姓，但由于是同宗兄弟，故在谱例中特订一条：“四氏原属同宗，朱陈之交必不可结，同姓不婚，振古如兹，于今为烈，四氏虽不同姓，同宗则与同姓无异，如有犯此例者，必行革除。”

命名定式：“振修承先肇，守荣居正宗。纯希登崇殿，经元允从鸿。”

“朱陈之交”，又作“朱陈之好”，意表两家结为姻亲。出自唐朝白居易《朱陈村》诗：“徐州古丰县，有村曰朱陈。……一村唯两姓，世世为婚姻。”

鳌山卫，是明朝为了抵御倭寇袭扰而修建的沿海军事重镇，位于山东半岛南岸黄海之滨的岙山湾畔，始建于明初洪武年间，清雍正十二年（1734）裁撤，并入即墨县。

“明英宗北巡”，是指明正统十四年（1449），蒙古瓦剌部首领也先率部犯明山西大同，情况危急，英宗帝率五十万大军亲征，在河北张家口怀来县土木堡被也先击败，全军覆灭，英宗被俘，史称“土木堡之变”。翌年，也先与明朝修好，派其弟伯彦率五百军士及七十贴身护卫将英宗送还北京，英宗还京后，被其异母弟弟明代宗立为太上皇。在代宗景泰八年（1457），英宗经多年的谋划，一举复辟成功，废代宗重登帝位，改年号为“天顺”，史称“夺门之变”。事后，英宗封赏助他再登帝位的有功之臣，其中包括那些护送他返还京师的贴身护卫，白、梅、安、梁四兄弟应在其列。

《福山县谢氏家谱》不分卷（一）

《福山县谢氏家谱》不分卷（二）

謝氏家譜考

謹按舊譜所載原籍江南寧國府宣城縣仁義鄉四十七都一圖有高祖公謝魁一謝魁二謝魁三謝魁四戊戌年以民兵僉籍為軍洪武五年調青州左衛洪武十七年調登州衛十二月調福山衛備禦中前所永樂十二年二月故夫為軍止應一人而四祖並傳此不可考者也尋舊文契中得一殘紙書祖公魁一年三十七歲同妻妻字下紙斷去不存或者此即始遷之祖兄弟四人長者從軍亦其理也譜云曾祖公謝慶為軍宣德二年九月故祖公謝富為軍夫此祖諱富而影堂有諱福而無諱富者又有一諱福成者不應二世同名疑諱福者即諱富者蓋寫之誤也譜云謝富為軍景泰五年十月故祖父謝興為軍成化二十二

福山謝氏家乘　三

《福山县谢氏家谱》不分卷，一册，民国印本。框高 22.6 厘米，宽 35.6 厘米，四周双边，单鱼尾，版心上刻：福山谢氏家乘。书衣：福山县谢氏家谱。

册一前有：康熙十四年乙卯（1675）乃实撰“谢氏家谱考”；康熙三十年辛未（1691）乃实“又序”；乾隆四十一年丙申（1776）光经“谢氏家谱绩考”；道光二十三年癸卯（1843）牧之“序”；光经“漕塘谢氏世系”；命名定式；谢氏家谱图；光绪甲申永芳“谢氏世系总图”与“续修谢氏家谱序”；光绪十一年乙酉（1885）十六世孙伟勋“重修谢氏家谱小叙”；民国十二年癸亥（1923）十九世孙缉熙“续修谢氏家谱叙”。

是谱载：“谢氏之裔出自炎帝，考其世本，盖自周宣王舅申伯受封于谢，即姜申伯也。诗曰：‘申伯番番，既入于谢。’其地即今南阳谢城是也，子孙遂于（以）国为姓。宗支蕃衍，蔓延藤布于天下。”

福山谢氏之祖谢衡（240—300），字德平，河南陈留阳夏（今河南周口市太康县）人，西晋末年，因中原地区天灾频发，社会动荡，携其子谢鲲、谢裒、谢广南渡长江至江左始宁（今属浙江上虞）落户，其后世孙谢朓（464—499）在南朝齐时任宣城太守，喜爱宣城之山水，遂率其家族迁至宣城（今安徽宣城）。至三十二世之谢魁一、魁二、魁三、魁四四兄弟，于元至正十八年戊戌（1358）从军，明洪武五年（1372）调青州左卫，十七年（1384）调登州卫，同年十二月调福山备御中前千户所。于是，此谢氏四兄弟即成为福山谢姓家族之一世祖。

谢乃实《谢氏家谱考》曰：“谨按旧谱所载，原籍江南宁国府宣城县仁义乡，四十七都一图有高祖公谢魁一、谢魁二、谢魁三、谢魁四。戊戌年，以民兵佥籍为军。洪武五年调青州左卫，洪武十七年调登州卫，十二月调福山卫备御中前所。永乐十二年二月故夫为军，止应一人，而四祖并传，此不可考者也。寻旧文契中得一残纸，书祖公魁一年三十七岁同妻，妻字下纸断去不存，或者此即始迁之祖。兄弟四人，长者从军，亦其理也。”

命名定式（自二十一世起）：“忠厚传先人彝训，俭勤作后嗣令箴。”

福山谢氏十世祖谢琰育有二子七女，长子谢乃实，次子谢乃果，兄弟二人于清康熙二十七年（1688）同时考取戊辰科进士，成为福山科举史上的佳话。而谢乃实有三个儿子，长子谢光纶与三子谢光组考取举人，次子谢光纪为康熙五十七年（1718）进士，谢光纪三子谢景谟为乾隆二十八年（1763）进士，谢光组之孙谢宜发为乾隆三十六年（1771）进士。四代五进士，福山谢家实为读书传家的典范。

谢乃实（1652—1715），字华函，号华峰，别号岭屵山人，福山县（今烟台市福山区）福中社西关村人。清康熙二十年（1681），谢乃实二十九岁中山东乡试第四十六名举人，三十六岁中三甲第六十九名进士。授江苏睢宁县知县，到任后治水修河，倡学办书院，整肃陋习，迎来送往一切从简。某年春，徐州知府乘船来睢宁县巡视，召民夫拉纤，谢乃实恐误春耕，便组织衙役官吏替之，农人百姓为此送匾与他，上刻“铁面冰心”。后改任湖南兴宁县知县，由于他的铁面无私，遭人嫉妒，被借事弹劾革职。回乡后，他每日读书侍母，后迁居福山峆岾寺，以著书作诗为乐。有《峆岾山人文集》《峆岾山人诗集》留世。

谢光经，字敬思，监生，谢乃果次子，自幼有耳疾，隐于乡里不仕，施医于众乡亲，医术远近有名。

《（文登）邵氏族谱》不分卷（一）

民國辛酉印

邵氏族譜

恆濬謹署

《（文登）邵氏族谱》不分卷（二）

邵氏遠畧

邵本姬姓為后稷裔康公奭初食邑於召因稱召公後周有天下封於北燕伯爵長就封歷九百餘歲滅於秦始皇次支仍為周卿士襲稱召公九傳為穆公虎當厲王不道流於彘太子靖匿公家國人圍之虎長子代太子死靖乃得即位穆公為宣王釐理受王殊寵後派漸大散於四方若瘳若忽若不疑皆其後也迄後南陽守信臣耳孫曰休避事加邑為郘望於魏都著於博陵汝陽安陽之族尤鉅焉燕遼冀陝之派並其傳也

邵氏中畧

遠祖名平故秦東陵侯嘗種瓜長安城東為廣陵召平云漢以後絕續不可得而著宋時諱令進者以軍職遠事藝祖生德新德新生古古生雍雍即康節先生自是以來世次可得而考矣自伯溫徙蜀又有四川派後傳傅自蜀之杭散居江浙今姚江會稽無錫丹徒宜興皆其裔也

《（文登）邵氏族谱》不分卷，二册，民国印本。框高 23.4 厘米，宽 36.4 厘米，四周双边，单鱼尾。书名页：邵氏族谱，民国辛酉印，恒濬谨署。牌记：敬胜堂印送。

册一前有：邵氏远略、邵氏中略；清道光庚子年（1840）第十世孙椿“邵氏徙居西廒村本支谱序”；道光庚子第十世孙幹“邵氏谱序”；光绪庚辰年（1880）第十一世孙伟秀“重续谱书序”；光绪十二年丙戌（1886）第十二世孙作霖“邵氏谱序”；民国五年丙辰（1916）第十二世孙景尧“补书升公序”；民国五年丙辰第十二世孙景谟“续修族谱述略”；民国十年辛酉（1921）第十三世孙恒濬“刷印族谱述略”；命名世序。

是《邵氏族谱》为山东文登之一支邵氏之族谱，此邵氏一支不知何年代自济南府历城栾柳村徙至文登。

十世孙幹《序》曰：“吾邵氏文登一支来自济南省历城县栾柳村，初卜居海埠（今威海市环翠区崮山镇海埠村），家庙有老宗，岭西有老茔。分为六大支，我族乃第六支人也。未几传，徙居县南门里人和坊，卜茔抱山怀。万历年间，我希跻公又徙居西廒村（今威海市文登区侯家镇西廒村）。世世长支主祀，至春元公，家寒无力备祭老谱，遂迁于帽埠沟（今威海市文登区文成镇帽埠沟村）。”

十二世孙作霖《序》曰：“吾族邵氏，本召伯之苗裔，棠分南国，古迹犹存，世处燕邦，贻勋可考。初徙文邑海埠村，继迁城南门里，卜茔抱山前，世族繁衍，分派星散。或居帽埠沟，或居南北马，或居庙山姜，或居西廒村，寻至二马、小里、宋村亦有居者。所居不一，皆始祖庆公之一派也。”

《序》中的一段话意味深长：“吾尝见今人之为谱者矣，攀援仕宦，附会名贤，动曰：吾氏即某卿之分派，某相之箕裘也。是欲引为家世光，而不知先灵且含羞于泉壤矣！”

命名世序（自十三世至二十八世）：“恒式名宗，志存方正。昌象克久，人友同敬。”

召（shào）伯，又称召公、召公奭，姓姬名奭，因采食于召（今陕西岐山西南），故称召公或召伯。相传他曾佐周武王灭商，被封于北燕地，建立燕国。但他让其长子克赴燕国，自己仍留在周地辅佐周天子。周成王时召公任太保，与周公旦、公望列为“三公”。其一支后裔世袭其职，被封为召国国君，后世以召为姓。古时“召”、“邵”通用，文献中通常汉代以前多用召，三国后多用邵。现代仍有以召为姓者。在《诗·国风·召南》中有《甘棠》篇，记召伯之事迹。后用“召棠”一词比喻官吏德化显著，遗爱在民。诗曰：“蔽芾甘棠，勿翦勿伐，召伯所茇。蔽芾甘棠，勿翦勿败，召伯所憩。蔽芾甘棠，勿翦勿拜，召伯所说。”

《（莱阳）董氏谱书》七卷（一）

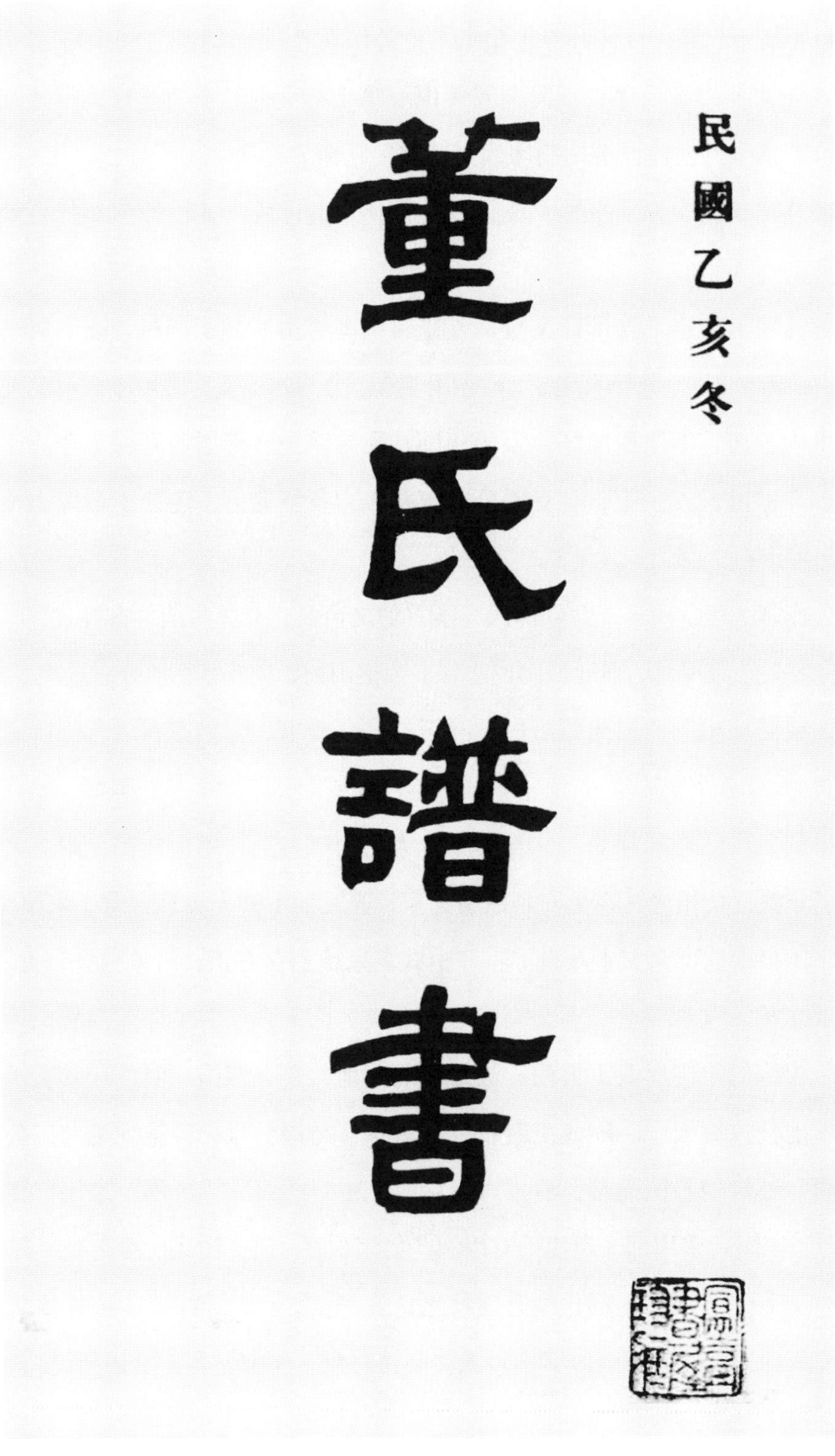
民國乙亥冬

董氏譜書

《（莱阳）董氏谱书》七卷（二）

董氏世譜序

萊陽董氏廣川裔也宣和中占籍海上故卜遼東金州衛而居焉大元統花馬營鎮守眞定後卸任寄居稾城縣夫由遼而眞定稾城世遠不可考矣吾以遷萊陽者爲始祖吾祖兄弟二人値花馬兵變大祖三賓走濱州二祖三公走萊陽不數年而枝葉繁多或在東北關或在忠正坊或居賢古里或從明太祖起兵天下甫定分屯蘇州衛卜地散處誠未可更僕數也自洪武九年改登州爲府編坊甲鄉社各隨所居之地而支派以分要之遷移之初原祖孫父子叔姪兄弟骨肉萃聚也傳至數世生齒愈繁不惟各坊社分列宗派難以遍稽即我本坊東北關之世譜亦旋遭兵燹殘闕失序矣倘不急爲修明

《（莱阳）董氏谱书》七卷，首一卷，八册，民国印本。框高 23.0 厘米，宽 26.4 厘米，四周双边，单鱼尾。书衣：董氏族谱。书名页：董氏谱书，民国乙亥冬。

卷一前有：民国二十四年（1935）重修莱阳县董氏族谱修谱条例；修谱名氏；董氏族谱目录。

目录：一序文，二分派里居志，三董氏历世科名录，四人物志，五董震泽公墓志铭（宋琬撰），六董樵公传（姜埰撰），七西山樵志（宋琏撰），八西山节烈志（宋琏撰），九五马公遗嘱（董槐立），十各支派统系考。

序文：康熙三十一年壬申（1692）十四世孙宴祯“董氏世谱序”；康熙三十一年壬申牟国须“昌阳董氏世谱序”；壬午岁体仁“文登县董氏嫡派序”；顺治十四年丁酉（1657）董宏修同侄德威“苏州董氏嫡派序”；民国十七年戊辰（1928）庆章“莱阳县董氏族谱序”；民国二十四年二十二世孙丙南“重修莱阳董氏族谱序”。

据是谱载，莱阳董氏世族为河北省景县广川董氏之后裔，西汉时期著名哲学家、思想家董仲舒（公元前 179—前 104）即河北广川人，莱阳董氏应该是董仲舒之后。北宋徽宗宣和年间，这支董氏族有兄弟二人从军，守卫山东半岛到辽东半岛的海上通道，居辽东金州。到了元代，他们被统编为元军“花马营”，调去镇守河北真定（今河北省正定县），居住于藁城县（今石家庄市藁城区）。后来，这支元军发生了兵变，董氏兄弟二人随即四下逃散，兄三宾逃到了滨州，弟三公逃到了莱阳，即为莱阳董氏始祖。

十四世孙宴祯《序》曰：“莱阳董氏，广川裔也。宣和中，占籍海上，故卜辽东金州卫而居焉。大元统花马营镇守真定，后卸任寄居藁城县。夫由辽而真定藁城，世远不可考矣。吾以迁莱阳者为始祖，吾祖兄弟二人值花马兵变，大祖三宾走滨州，二祖三公走莱阳。不数年而枝叶繁多，或在东北关，或在忠正坊，或居贤古里，或从明太祖起兵，天下甫定，分屯苏州卫。”

董震泽，莱阳董氏第十一世孙，是谱载：“应雷，字江门（又字若水），号震泽，明岁进士，初仕江南婺源县训导，二任山东德平县教谕，三任山西保安州学正。节孝性成，方正不阿。著诗文若干卷曰《东皋子集》，藏于家。晚年隐于城东南十五里小淘漳村，自号东皋子居士。享寿六十五岁，卒于崇祯甲申年正月三十日。生三女二子，长子震生，次子震起。”

宋琬（1614—1673），字玉叔，号荔裳，山东莱阳人，清初著名诗人。顺治四年（1647）进士，授户部主事，曾任陇西道佥事，浙江、四川按察使。宋琬是董震泽的外甥，宋琬母亲与董震泽夫人为亲姊妹。

董樵，原名震起，号东湖，后改名樵，也称朱山樵，董震泽（应雷）次子，明府廪生，生卒年不详。董樵一生波澜不已，出身士大夫家族，忠孝名士，继承儒业，然而在国家危亡之时，存大义，不事异族，毅然参加反清起义，兵败被迫隐居于山东荣成王家山村（今威海荣成俚岛镇王家山村）。率四子道久、道广、道雍（融）、道东及家人躬耕读书，不求仕途。董樵诗作存世一百五十余首。董樵的很多亲属死于清军侵袭莱阳城和抗清活动，包括其大儿媳、其夫人之族叔左懋第、大姐夫姜楷，以及二姐夫姜埰一家二十余口。

姜埰（1607—1673），字如农，号敬亭山人、宣州老兵，山东莱阳人。系董樵二姐之夫，明崇祯四年（1631）进士，初密云县令，改仪真县令，入礼部主事，给事中，后因直谏谪戍宣州卫。明朝灭亡后，与其弟姜垓流寓苏州，著有《敬亭集》。卒后，门人私谥“贞毅”，崇祀莱阳乡贤，葬宣城敬亭山。

宋琏，字殷玉，号晓园、林寺，山东莱阳人。明崇祯十二年（1639）举人，生卒年不详。与董樵为世交，明亡后，侍父宋继澄隐居。

书中钤印：“董凤山印。”

《(即墨)董氏世谱》不分卷(一)

民國十六年重修

董氏世譜

高密通德堂石印

《（即墨）董氏世谱》不分卷（二）

董氏世譜序

相傳吾族在永樂二年自小雲南烏撒衛遷居此土其曰永樂二年亦不詳其日月曰烏撒衛亦不詳其村鄉蓋不可考已小雲南蓋貴州也烏撒衛者今之威寧州也然考之懸譜始祖曰志善而北塋之前有石室具陰有文皆剝蝕不可識其中行猶可認曰父董成母于氏下復有文曰四男

《（即墨）董氏世谱》不分卷，六册，民国印本。框高 19.5 厘米，宽 27.6 厘米，四周双边，单鱼尾。书名页：董氏世谱，民国十六年重修，高密通德堂石印。

册一前有：光绪三十年（1904）皇帝颁给董瑞熙圣旨两道；中华民国十一年（1922）民国总统褒奖董京熙状两篇；序十篇；节烈传十三篇；谱例三十四条；十四世孙汝璨撰“致孝堂世祀序”。

董姓源出有多处，其中之一是出自帝舜赐予颛顼后裔廖叔安之子的姓氏。相传，廖叔安有个儿子叫董父，非常善于养龙（马），于是，舜帝就命他做豢龙氏，以专门负责驯养龙（马），许多的龙（马）在董父的调教下，学会了各种步法，甚至还会跳舞。舜很是高兴，就封董父为鬷川（今山东定陶一带）侯，并赐他以董姓。这个得姓非常古老，史称为董姓之正宗，其董氏后人大多尊奉董父为得姓始祖。

董氏之十八世孙良庆《续修世谱序》曰：“牛齐埠豢龙之族，相传由小云南乌撒卫迁居此土。”其十三世孙有宏在《董氏世谱序》中曰：“相传，吾族在永乐二年，自小云南乌撒卫迁居此土。其曰永乐二年，亦不详其日月，曰乌撒卫，亦不详其村乡，盖不可考已。小云南，盖贵州也；乌撒卫者，今之威宁州也。”

牛齐埠，今山东省即墨华山镇所在地，为当初此董氏一族之始迁祖的落脚地，其自称为“致孝堂”董氏。据是谱介绍，“致孝堂”董氏自明永乐二年（1404）始籍即墨牛齐埠村，后又由此村绵延至即墨多地以及外县和外省。如县内陈家河（下泊镇）、石河头（城关）、小韩村（城关）、江家西流（营上镇）、兰家庄（下泊镇）、郭庄（营上）、邢家疃（城关），高密夏庄镇于家庄（现为姜庄镇前，后于家村），黑龙江省勃利县等地。

其命名定式（自十五世起）为：“心熙慎良，安全正方。显荣光大，本宗盛昌。”

摘录几条《谱例》，看看是否有新意。

一　馂馀（正月三日），主祭家请族中耆老讲孝友睦姻等事；清明，族中读书者诣主祭家议谱书；祭仪（十月一日），管事者诣主祭家议阖族公务，清算当年账簿，即日交俱，不得过饮喧哗。

一　祠堂庭阶按时扫除，不许瓜菜蔓芜，一切器物不许借贷。

一　腊祭（腊月十五日），主祭者支京钱五千文，守祠堂者备高香一封、纸一刀、箔二刀，烛不拘数，一切灯笼彻夜不止。封灯笼、格扇、炭、酒等物，支京钱二千文；墓祭，于前五日支京钱千伍百文。凡出入支使，俱以“致孝堂”戳记为信（戳存管事处）。

一　祭田按亩计租，每亩折钱若干，愿佃者，预于惊蛰、处暑两日，如数交足。不许本族耕种，以免滋扰。

一　茔草愿割者，于头年腊月十五日，出京钱伍千文付当事者，讨戳记为凭。

一　谱书分颁，必记其名，以备稽查。损坏者罚。新谱修成，则旧书尽归“致孝堂”存，失落者罚。

《即墨东南厢解氏世谱》四卷（一）

民國乙丑闔族重修

即墨縣東南

廂解氏世譜

即墨文煥石印局刷印

《即墨东南厢解氏世谱》四卷（二）

序

解氏晉人也故姬姓周武王少子唐叔虞食采於解因氏其地於春秋為解梁城於今為解州族衆托處平陽故解氏以平陽為祖本子姓蕃衍與代遷流其東入齊魯者是不一派即同隸墨籍者或亦莫辨為同宗而屬在吾族始祖諱淵元世祖初年官即墨百戶因家於墨居縣治市西明洪武以來為東南廂解氏云城之西南三里地名馬冢泊先世塋域在馬荒

《即墨东南厢解氏世谱》四卷，四册，民国石印本。框高20.3厘米，宽27.0厘米。四周双边，单鱼尾。书名页：即墨县东南厢解氏世谱，民国乙丑阖族重修，即墨文焕石印局刷印。

嘉庆九年甲子（1804）阖族增修第一次，道光六年丙戌（1826）阖族增修第二次，咸丰六年丙辰（1856）阖族增修第三次，光绪八年壬午（1882）阖族增修第四次，光绪二十九年癸卯（1903）阖族增修第五次，民国十四年乙丑（1925）阖族增修第六次。

卷一前有：乾隆四十一年（1776）本支九世孙人龙“序”；乾隆四十一年丙申本支十三世孙恕“序”；即墨东南厢解氏世谱目次；祖茔志；谱例；命名定式；世谱总图；各支世谱；各支附录；光绪二十九年癸卯成治“增修第五次谱记”；光绪二十九年癸卯十六世孙保价“第五次重修族谱序”；中华民国十五年丙寅（1926）十七世孙熙业“第六次重修族谱序”。

姓氏之“解”：古音读 hài，现音读 xiè。但今天的山西、陕西、湖北、湖南、重庆、云南、江苏等地仍读 hài，山东、安徽、江西等地读 xiè。

十三世孙恕在《序》中介绍了解姓之由来：“解氏，晋人也，故姬姓，周武王少子唐叔虞食采于解，因氏。其地于春秋为解梁城，于今为解州。族众托处平阳，故解氏以平阳为祖本。……吾族始祖讳渊，元世祖初年，官即墨百户，因家于墨，居县治市西，明洪武以来为东南厢解氏。”

解州，即是现今的山西省运城市盐湖区解州镇。

平阳，古地名，尧之都城，三国魏之平阳郡，隋改称临汾郡，今为山西省临汾市，解氏郡望之一。

即墨东南厢，清代的即墨城区分为四隅三厢，城里以十字大街为界，按方位划为四部分，东南隅、东北隅、西南隅、西北隅；城外的居民村落以城为中心，分为正南厢、东南厢、西南厢。清末，又将四隅三厢改划为七辅。

十三世孙恕又在《解氏祖茔续记》中叙述了渊始祖来即墨之缘由：渊始祖在元世祖忽必烈中统年间，随易州定兴人万户军官解诚伐宋，来到即墨驻守。后解诚又从征离开即墨，而渊任百户，留在即墨入籍。

万户、百户皆为世袭军职，金初设置，元代相沿。万户为万夫之长，下设千户、百户职务。

命名定式：庸祖派自十四世始，资祖派自十三世始，能祖派亦自十三世始，爵祖、臻祖、霈祖派自十世始。“承家保业，务（思）本维宜。式昭令德，厚植丕基。懋修寅念，尚慎自持。”

十三世孙恕还制定了《祖茔祭仪》和《行礼仪注》，抄录如下：

祖茔祭仪：

清明十月朔，两祭俱定于前三日（九月大，二十八；小，二十七），以日午为期，执事之家预先支公资，备办羊一、猪一（若物力不给，羊可暂去），肴十器、菜十器、山果十器、油果十器；每十器五品；汤五器、饭五器、面食五器、酒三爵、香一炷、冥资二事、祝文一通。届期毕集，序立整齐，行九拜礼，揖跪四叩首兴揖。尊长一人，诣祭案前揖跪（皆揖跪），炷香献爵读祝（子弟知书者二人旁跪执事）毕，一叩首兴揖（皆叩首），复位揖跪四叩首兴揖，再揖，焚祝文，礼毕，祭事即竣。同诣、执事之家享祭，余尊卑长幼以次坐，祭物均分，外备菜羹，每席酒四壶。凡授箸酌酒设馔，俱先尊长。享毕分胙（分胙计户不计人）。

行礼仪注：

如与祭者有四世，先一世兄弟同行礼，揖跪四叩首兴揖，再跪（不叩首）兴揖（弟为兄须跪，兄为弟当揖，两相答跪答揖汰繁，从简，惟兄弟总行一礼而已，一世无兄弟礼亦不废），礼毕东西立。二世、三世、四世各为一世尊长行礼如前仪（凡为尊者行礼，尊俱答揖受跪），礼毕一世退。次，二世兄弟同行礼，三世、四世各为二世尊长行礼。次，三世兄弟同行礼，四世为三世尊长行礼，然后四世兄弟同行礼。此吾家旧仪，亦邑中士大夫家之所同也。

卷四后，民国十五年丙寅十七世孙佺业撰书后《跋》曰：

自古盛衰循环，家与国一也，虽曰天命，岂非人事哉？由此，凡我族人或为士或为农或为工或为商，各事本业务，一心营职，以勤劳率其子孙，相戒勿习为逸惰，而从于匪彝，箕裘不失，则传世自然无穷，此又所当深念也！

《初氏族谱》六卷（一）

刊修
初氏族譜
卷一

《初氏族谱》六卷（二）

初氏世譜

敍

族譜之作所以敬宗而收族也我初氏先世無譜家世淵源荒略無稽其可溯者自　始祖諱世能公始居萊邑西南鄉五十里東李格莊至吾身十一世以世數推之蓋前明成化初年間人也數傳而後遷居北黃村村有古廟建於萬歷之十七年而　四世祖之名實勒於碑　祖有六子他支亦各冡冡而子孫之蕃衍則惟吾二支爲盛今之居胡城光山者皆其胄也至後族益繁而派益分里居亦漸遠無譜以聯之將有親疏莫辨覿面而不相識者往年我　伯父居京邸愀然慮之爲書囑我　叔父乃草創一編略備源流未及付梓而伯父棄世事遂止丙子春尚齡閱舊稿思卒先世未竟之業十餘年所生息者分別增之至男娶何家女適誰氏前編所未載者我乃

《初氏族谱》六卷，附一卷，七册，民国印本。框高 20.0 厘米，宽 31.6 厘米，四周双边，单鱼尾。书衣：刊修初氏族谱。

卷一前有目录：旧谱（第一次渭园公修）叙；凡例；附录。续修（第二次虞卿公修）叙；附海堤何家庄续修叙；刊修（此次侯东、赞黄、海樵、伯渊、筱周、肇基同修）叙；例言；附录；世结公派谱叙；后叙。

据是谱载，此《初氏族谱》共三修，初修在清嘉庆丙子年（1816），二修在清同治庚午年（1870），三修在民国二十三年（1934）。

初氏在胶东各县均有分布，族支众多。而此一支初氏世族之始祖讳世能，自明代成化初年，徙居于莱阳东李格庄村（今山东省莱阳团旺镇东李格庄村）。那么，世能又从何地迁来东李格庄村？是谱没有给出答案。但是，我们从谱中附录《辽西初氏迁居之罘岛始祖慧安公自撰墓志》里，可以找到某些踪迹。

墓志曰："羽音世考，初姓传宗。上先荆楚，袭受国封。传至八世，老祖初公。清净为质，富贵若空。□获保寿，安隐南衡。由周时楚武王在位始，历秦汉二代三十世之系承。晋时移业江陵，人丁甫盛。宋、齐、梁、陈、隋氏一统二十一世。唐初北徙辽西杏山，立十五世之茔。后值宋梁乱世，晋王讨贼兴兵，耶律朔方称帝，惟齐鲁地境安静。我乃率家人来登州之罘，居业西陀。"后"于明中倭子上岸，初氏逐渐他徙"。这段描述给出了初氏一族自辽西杏山，于唐末五代时迁来登州之罘（今山东省烟台市芝罘区之芝罘岛）之信息。

初氏十五世孙瀛清《南李格庄始祖世结公派谱叙》曰：

> 始祖世结公适与吾始祖（世能）名讳相联，此可资考订者一，查之罘碑碣曾于道光初年胜诉重立，内载初氏于明中倭奴上岸，逐渐他徙。而吾族谱亦云：吾始祖之居莱，盖在前明成化初年，世代均属相合，此可资考订者二。又之罘碑碣载先世三迁兴业，之罘再立新茔，税地十亩，除缝古荒，中实其赋。自离之罘七支各输，是由之罘而他徙者，当不止一人也明甚，此可资考订者三。又碑内载，后唐同光及大元至元两碑至道光初年，复被无赖湮没，经慧安公四十世孙、年平武生玉凤纠合莱（阳）、海（阳）、蓬（莱）、福（山）、牟（平）、文（登）邑同族，提起诉讼，卒胜上控。尔时吾大司马颐园公犹在世，故碑文内列六邑同族，莱邑居首。而吾莱初氏同为系出之罘无疑，此可资考订者四。

由此可以得出结论，即在明代早年，由于倭寇不断侵犯我沿海，百姓不能正常生活，为了避其骚扰，他们逐渐举家内迁，离开了世代居住的地方。于是，此初氏一族在始祖世能的带领下，来到莱阳东李格庄定居。随后又繁衍于周边的北黄、陶格庄、院上、大李格庄、南李格庄、东西中荆等村，以及即墨的海堤、何家庄、辛庄，莱西李权庄，昌邑葛庄、海阳泉水头、河北保定等地。

此初氏一族派支众多，在《初修凡例》中特做出说明："世系自始祖至五世总为一谱，五世祖以下分为十六派，内二支人数较多，又自六世祖以下分为三派；修世谱系同族公事，务期各支自为开写详明，以便付梓，其实在无可考者，阙之。勿谓操管者若有所私也。"其中许多族派已有自己的支派族谱，故在第二次修订族谱时，即进行合谱，即墨何家庄与海堤支派谱在此次修订时被合编。在第三次修订时，又有南李格庄、院上、李权庄、北黄等支派合谱。

也正是上述原因，此初氏世族没有统一的行辈命名定式，各支派规定本支的命名定式。何家庄支派在是谱中给出了本支的命名定式（自十二世起）："凤肇可保，德思立成。瑞祥先显，维孝作正。"

《初修谱附录》中还规定了祭祖所用祭品与家祭仪注：

计开祭品，元旦：猪羊一付、大馍十圆、小馍二十五圆、年糕二方、高笾五枝，围碟十六器内蜜果四色（枇杷杨梅等）、糖果四色（橘饼青梅等）、山果四色（栗梨核桃等）、南果四色（橘子青果等）、面果十六器（炖炸各八碟）、大菜十二碗（海参、鲍鱼、洋菜、鸡鸭、河鲤、海蜊、大肉等）、茶酒汤饭香楮烛全。

元宵：胜角五碟、面灯一对（内贮香油）、大馍围碟与元旦同、茶酒糖圆香楮烛全。

中元：大馍十圆、时果八碟、面果八碟、菜蔬十二碗、西瓜甜瓜全、茶酒汤饭香楮烛全。

冬至：大馍十圆、菜蔬十二碗、茶酒汤饭香楮烛全。

先人生忌辰：大馍十圆、菜蔬十二碗、茶酒汤饭香楮烛全。

清明、十月朔日：大馍、菜蔬、茶酒、汤饭、香楮与生忌辰同，外有挂坟纸。

端阳：供雄黄酒、角黍。

腊八：供腊八粥。

凡时果新麦与一切食新至者，必须先献先人。

家祭仪注：

元旦先于除夕日点烛，请高、曾、祖神主三尊，正厅中间自己父母。另桌焚香上供献茶酒，宗子炷香，长幼以次序立鞠躬跪，宗子献爵，行四叩礼与鞠躬，焚楮放鞭炮。

五鼓各盥洗毕，诣主前焚香献大馍年糕茶酒汤饭，行礼与除夕同，礼毕焚香放鞭炮。是日晚及次日早晚，点烛换茶酒焚香楮，行礼与元旦同。初二日三鼓后点烛焚香楮换茶酒，行礼如前。至大门外朝先茔行礼奠酒焚楮放鞭炮，送神毕，请主人入椟撤供。自元旦起至初二日止，焚香不断。此后每日三时焚香至元宵止。每逢朔望，宗子清晨诣各位神主前焚香三炷。逢先人忌辰，斋戒换素服，摆祭行礼。逢祭扫，长子率其子弟亲至墓前摆供奠酒焚香楮挂纸，行礼毕，周视坟墓，用添土者添之。

《（黄县）麻氏阖族谱策》四册（一）

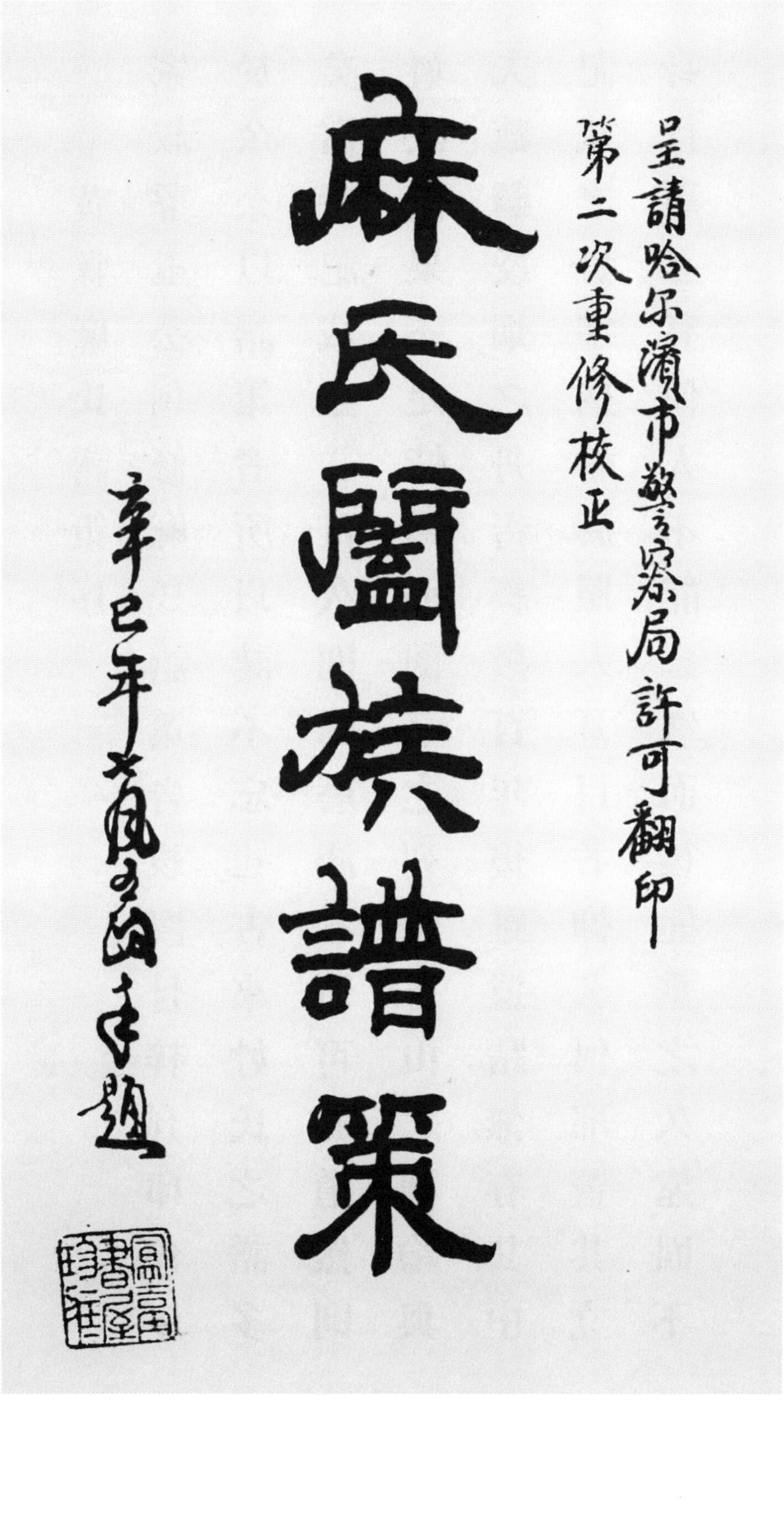
呈請哈尔濱市警察局許可翻印
第二次重修校正

麻氏闔族譜策

辛巳年[illegible]手題

《（黄县）麻氏阖族谱策》四册（二）

黃縣麻氏譜策序

家叔聲五公、創修麻氏譜策告竣、擬付梓刋印、命序於余、余以譜策者、所以誌不忘也、古來姓氏之譜多矣、當時記載雖詳、日久則歸磨滅者、何可勝道、然則姓氏譜、果不足恃歟、而蘭亭之列叙、香山之圖繪、與夫麒麟凌烟之丹青、經數百年後、雖遺蹟無存、其中記載之姓字、猶赫赫照人耳目者、抑又何耶、蓋其立身行事、必有使人不能忘者、而後能垂之久遠、固不

《（黄县）麻氏阖族谱策》元、亨、利、贞四册，民国印本，麻善政（声五）主修。书衣：重修校正，黄县麻家村阖族谱策，民国三十年春七月五政手题。书名页：麻氏阖族谱策，呈请哈尔滨市警察局许可翻印，第二次重修校正，辛巳年七月五政手题。版权页：民国三十年历七月重修；重修人：山东黄县麻家村麻善政；印刷者：哈尔滨道外北四街大和印刷所；印刷人：哈尔滨道外崇俭街二十号王瑞庆。

麻氏族人麻善政（第十七世孙）光绪二十五年（1899）开始修是谱策，后经民国二十六年（1937）和民国二十九年（1940）两次重修，又于民国三十年（1941）校正后，印刷成书，历时四十二年。

麻善政于民国二十八年己卯（1939）作《印刷谱策表》曰：

余自民国廿六年夏日，因胞侄乃瀛任高密地方法院法官，故命其由青岛印刷谱策。当时携之任，即将付梓，适值芦沟桥事变，中日之战争由此起焉。而余乃瀛侄又携之归里，尔时余因乡务缠身，未暇顾及。及至廿七年正月，余思乡务虽脱，而乡众又想复举担任，将不利于己身，于是微服潜身，航海赴哈，以免目前之祸。而思祖追远之诚心未尝释也，无如初至哈埠，资材缺乏，虽有印刷谱第之热心，而未能即时见诸实事。及至廿八年春，被聘为哈埠香坊区两级小学教授，不数月间，而手中稍有余资。于是函示乃清侄，由故里将谱策十余次之易稿，重修完壁寄来，拟由哈尔滨市公署请示许可，付梓刷印，余恐后人不知印刷谱策颠末之难也。

其字里行间的艰难，后人应不难理解。

是谱策为黄县麻氏族谱，据麻善政考：黄县麻家村、香坊村（今龙口芦头集镇之两村）之麻姓氏族，当初“系兄弟三人于明洪武二年由小云南岚柳树迁来，一止于莱阳岭后（今莱西市姜山镇岭后村）；一止于青州麻家河，不数传，又分徙于安丘城东麻家园、城西麻家庄；一止于黄县即今之香坊村”。居安丘麻氏之始祖名“友谅”，而居莱阳与黄县麻氏之始祖名失考。麻善政推断：失考之始祖名，应为“友直”与“友闻”。乃因孔子有言：“益者三友，友直、友谅、友多闻。”

何处是“小云南”？麻善政介绍道：

尔须知小云南，属川南会理县，远年名宁远县，清代改为会理县，民国属建昌道，变州为县，仍名会理县。地之面积比云南狭小，故名小云南。东西约三百里，南北不满百里，西南多山，产铜最富，可与云南并衡。草木四时不凋，稻粱一岁三稔，交通不便，民生丰裕。自有史以来，战乱不及，大有世外桃源之景况。有明洪武初年，北省经元末之乱，红眼蝇疫流行，人烟稀少。诏移蜀民充实山东，官催吏逼，掩泣就道，扶妻携子，结伴东来。到今有“一担挑”之佳话，原由斯起也。但山东民族，不尽自会理县而来，乃因莱州府皆由四川绵竹县，即今之川西资县移来也。

关于命名序字，书中说：“麻氏阖族自德爱、善乃、先在、振若以下，排定十六字，自十九世起：名常继延，永世可传。心恒丕同，万家福全。”“莱阳岭后麻氏先我排定十六字，自十七世起：名同绳连，次第相传。本源衍庆，人可万千。”

是谱之《议定族谱凡例》为麻善政在族长、第十四世孙天培与第十五世孙君会、肇亨的监修下制定，内容极其全面而详细：

一　谱策为族人公共之书也，不便据一人一世之位次，而称族伯叔焉，故自三世祖麻都以下，别其世而直书其名，盖亦临文不讳之意也。

一　修谱，重支派亦重年龄，无如国字辈以上族人无几，年龄易分。国字辈以下族人甚繁，故专以支派分前后，即同祖之昆弟，亦以支派叙之，由是族人列一行者，谁兄谁弟，虽未能悉辨，而大宗小宗，仍有条而不紊也。

一　凡入谱，阖族排下准字，共十六个，附于本策第四本篇末，阖族一齐循序排用，完毕再议另排。不许自随其便，以致阖族之尊卑莫辨，名字紊乱。

一　二人同名，不许载入一个谱图，因至下辈谱图，谁为谁父，谁为谁子，年久分辨不准，而支派最易紊乱也。

一　族人殁后，载于谱图，定于每年阴历正月初二日早饭后，族长或支长鸣锣为号，邀请族中明白支派之人与族中写字甚佳者，先问已故之某公有子奉祀否。无子奉祀，不许入谱图。若有子奉祀，再问已故之某公出继否。出继，则本名上横写继父之名。未出继，则本名上横写亲生父之名。然本名下务必写行几二小字。不可寻私了事，贻误后世。

一　《礼记》云：为人后者谓之子。凡族中人有出嗣者，入谱策时，必先于其亲父名下先记某人行几。出嗣某公，再将继父支派格内记某公无子、某人入嗣，并将本名上记嗣系某公之第几子。某人小字别之，以备考稽根源。

一　族人有缺嗣，而服内又无继子者，宜继服外之子，若服外无子，始许着服内之侄兼祧，但祧一不许祧二。其所祧者，或伯或叔必殁，年足十六岁以上。先曾有配氏而后可，否则，不许入谱图。至兼祧子，日后自入谱图，宜记二名，一名上横写父名，一名上横写伯某或叔某，策内亲生父名下记子某人兼祧某公，所兼祧之伯叔支派格内，记祧系某公第几子某人。至下辈兄弟二人，即可分接长次之支。

一　族人年在十六岁以上殁，后其配改适，有嗣子奉祀，即准载入图中。无配氏兼无嗣子，只许载入策内，本名下注明或侄某人或孙某人代祀，无代祀则不可。若无配氏，只有嗣子，谱图谱策均准载入。

一　无子不许继孙，诚以闲览谱图，已往所载，本名上皆载父某，亦有载祖某者。殊不知某父为何名也。自此以后，孙不继祖，此亦非一族之私言，乃天下公共之定论也。

一　谚云“君不拜臣，父不拜子”之言，法言也。凡族人或有父在而子先亡者，或有母姑在而子媳先亡者，要不可先载入谱图中，遵父不拜子之法言也。

一　族人有久外不归，存亡莫考者。不敢擅载，或以赴某方记之，某以出外失传记之。以便后裔考稽。

一　某公或有取中功名，或有捐纳职衔，以及实授实委官位。某人之配，或有诰封何人，或有敕旌节孝。以及民国时代在有名机关担任职务，日后入谱图谱策，俱宜注于本名上。倘对于国家，对于社会有卓著之功绩，对于民众有特殊之义务，亦可附于本名之后。以资表扬，以作模范而励后生。

一　义子嗣续，本谱不载，诚恐世远年湮，无可考稽，义子冒姓即乱宗耳。凡有义子兼有亲生子，或有义子而无亲生子，概不许将义子载于谱图谱策内，重正派也。

一　族人有不守正道，或无人伦者，本谱不载，盖恐其贻羞族宗也。

一　谱策十年一修，以夏历正月初八日为期，阖族公议，或用本族之人，或请异姓之人，务须心底明白、誊写甚佳者二人，共到祠堂，先将条例浪（朗）诵一遍，然后同族中明白支派之人考察支派名次，务必先以零纸起一草稿，然后誊真，万不可添注涂改，有所错误也。

一　修谱策，先买纸笔墨，以备起草之用，或再用别物为修谱策之资，或另用何物酬谢汇集及誊写之人。务阖族公议，勿得卤莽从事，以致意见分歧。

《墨邑栾氏支谱》不分卷（一）

民國八年歲次己未八月重鐫

欒氏支譜

睦堂存板

《墨邑栾氏支谱》不分卷（二）

膠東欒氏源流

按左傳天子建德因生以賜姓胙之土而命之氏諸侯以字為氏因以為族官有世功則有官族邑亦如之此氏族之所由始也愚欒氏本晉靖侯之後侯之孫食采於欒因以邑為氏其源流有見於此所以三復考核而書之於譜牒之首者正為子孫知其水木本源不可有忘耳

十一世

一美

《墨邑栾氏支谱》不分卷，一册，民国印本。框高 18.4 厘米，宽 26.8 厘米，四周双边，单鱼尾。书衣：墨邑栾氏支谱。书名页：栾氏支谱，民国八年岁次己未八月重镌，□睦堂存板。

卷前有：十一世孙□□撰“胶东栾氏源流”；前翰林国史院编修章嘉撰“栾氏显亲之碑”；大明正德丙寅（1506）十一世孙栾准“栾氏家谱序”；大明嘉靖三年甲申（1524）十一世孙栾昂“栾氏家谱序”；大清乾隆二十六年辛巳（1761）鸿祖派九世孙珠国“订修栾氏族谱序”；咸丰元年辛亥（1851）十二世孙永恭“栾氏支谱序”；光绪九年癸未（1883）十二世永福“重修栾氏支谱序”；民国八年己未（1919）十二世孙永福“重修栾氏支谱序”；康熙十五年（1676）献芬撰“栾氏山场记”；条例；命名定式。

卷后有：光绪九年癸未十二世孙永福“亲睦堂房会记”；“地段记”。

是谱为即墨栾氏鸿祖支派家谱，其始祖栾鸿，排行一，字腾达。明成化年间人士，贡生。曾任怀来卫（今河北省怀来县）经历（官名，掌出纳文书），后任沣州（在今湖南）州判，授承德郎。由“胶”（具体何处不详，大约为今青岛胶州平度一带）迁居即墨夏庄（今青岛崂山区夏庄镇）。

栾鸿为栾氏琇世族之九世孙瑀之子。而栾琇与其子栾彬均为金朝人，栾琇曾任过济南路知法（官名），栾彬曾担任过密州（今山东省诸城市）太守。他们的先祖在宋金时为登州府黄县人。至栾琇、栾彬时，因在密州为官，遂迁徙至“胶”。

《胶东栾氏源流》中说：“愚栾氏本晋靖侯之后，侯之孙食采于栾，因以邑为氏，其源流有见于此。”晋靖侯是周武王（姬发）的儿子唐叔虞的后代，唐叔虞（姬虞）被封在晋地，即后来的晋国。晋靖侯是晋国第六代国君，他因大力支持周王室的“共和行政”（公元前 841—前 771），使其能顺利实施，而在西周历史上赫赫有名。他的儿子为晋釐侯（即晋僖侯），其有一庶子名宾，被封于栾邑（今河北省赵县），史称其为“栾宾”，又称“靖侯孙宾”。栾宾的后代以封邑为姓氏，称栾氏，此为栾姓渊源之一。

栾氏在晋国是大族，栾枝曾任下军将，栾枝孙栾书任晋国正卿，传至栾盈时，栾氏被范氏驱逐，除栾鲂逃奔宋国外，全族被杀，其采邑被没入公室。

命名定式（自十六世起）：“振兴丕绍，崇乃宗功。敦本建基，孝友相承。”其“功”、“本”、“基”用在底，其他字用在中。

《（莱阳）周氏族谱》四卷（一）

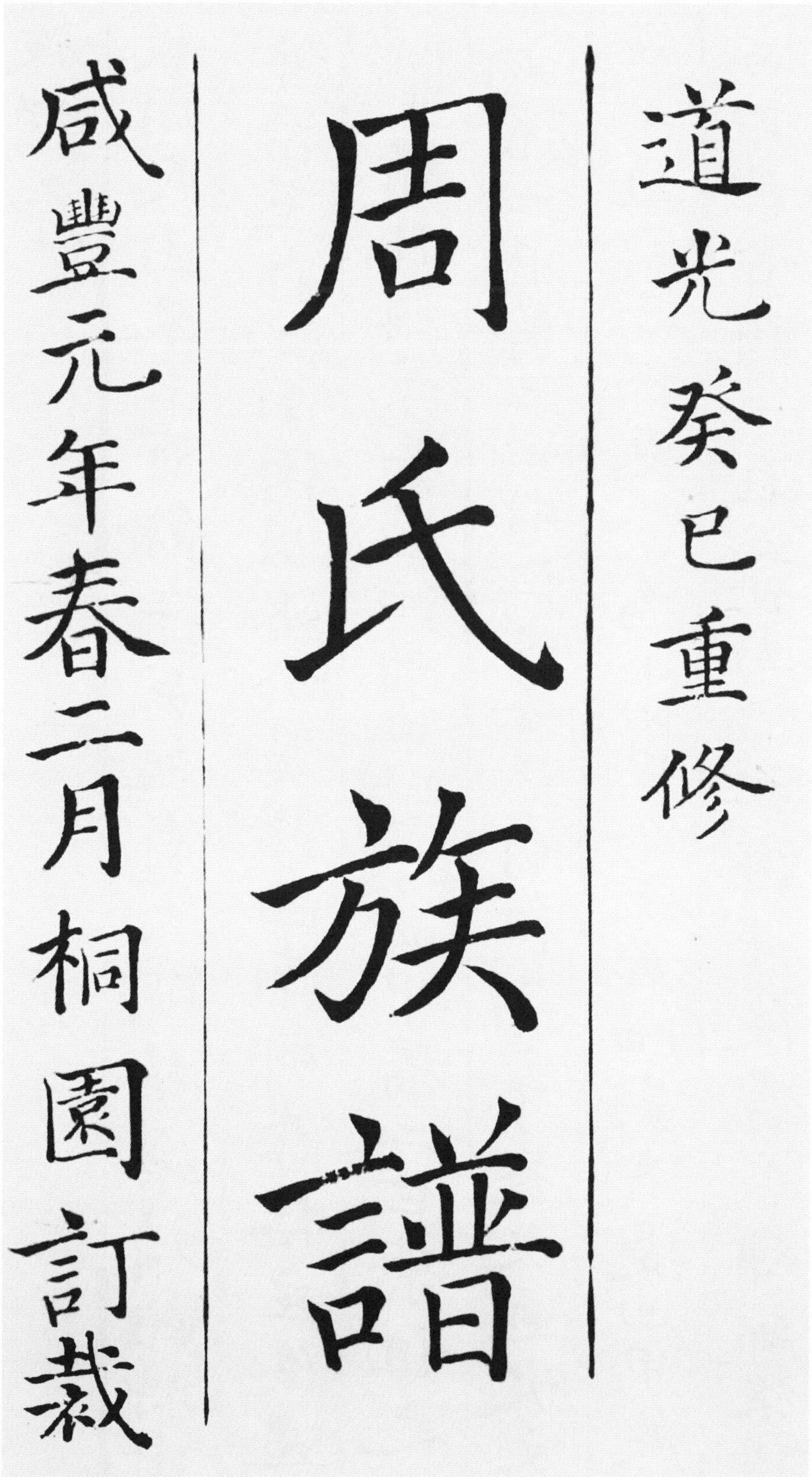

道光癸巳重修

周氏族譜

咸豐元年春二月桐園訂裁

《（莱阳）周氏族谱》四卷（二）

族譜序

我周氏由來三百餘年矣起自大明榮樂靖難時由軍籍至自江南海州家於昌陽西南鄉李格庄後遷院上靖林鎮遂有二四兩甲之分四甲屬二世榮祖之子孫二甲屬二世剛祖之子孫剛祖生二子長文通次文廣文通之子孫更分為小四甲今之居細嵐者是四甲殷富讀書者頗多自五世尚信祖遊泮後書香綿綿族譜

《（莱阳）周氏族谱》四卷，四册，清抄本。框高 21.2 厘米，宽 24.8 厘米，上下双边，单鱼尾，蓝印格。书衣：周氏族谱。书名页：周氏族谱，道光癸巳重修，咸丰元年春二月桐园订裁。

册一前有：大清乾隆拾伍年庚午（1750）十一世孙曰第“族谱序”；道光十三年癸巳（1833）十三世孙成立“重修族谱序”；道光十三年癸巳十三世孙方玉“序”；道光十四年（1834）十二世孙诚若“重修族谱后序”；十三世孙成立“跋”；道光十三年癸巳十二世孙丕若“重修族谱后序”；凡例；附咸丰元年（1851）十五世孙颂声“阅族谱说”。

是谱记载之周氏是于明永乐初年，由江南海州迁来山东莱阳，始迁祖周子贵系明朝军人，随部队调动，驻扎在莱阳，因而入籍莱阳。始居莱阳西南乡李格庄，后迁居院上靖林镇。子贵有子二人，世系分为二支，即二甲、四甲，长子刚系为二甲，次子荣系为四甲。

其十三世孙成立《重修族谱序》曰：“我周氏自始祖由江南海州徙居莱阳，积于今十七世矣，虽自二世以后分为二、四两甲，二甲三世又分长支为小四甲，二甲五世分老五支，六世又分少五支。四甲四世分老四支，五世又分少四支。”

接下来，他又谈到修族谱之事：“要皆一脉相传，无非亲属。乃自五世以下，八世以上多有讳配恍惚，支派紊乱者。同族之失序，岂非以无谱之故哉？四甲自五世以后书声颇振，族谱之修已越两次。二甲谱自我堂叔祖曰第公始创修之后，我明升祖又接修二、四甲合谱。”

江南海州，为古代行政区划，东魏武定七年（549）始设海州，隋大业三年（607）海州改为东海郡，唐乾元元年（758）复为海州，元又改为海宁府，明洪武元年（1368）海宁州又复名为海州，属江南省淮安府，清康熙六年（1667）江南省改名江苏省，海州属江苏省淮安府，雍正二年（1724）海州升为直隶州，辖赣榆、沭阳二县，后又几经变更，至今天相当于江苏省连云港市及周围各县。

莱阳西南乡李格庄村，现今地名不明确。

莱阳院上靖林镇，现为莱西院上镇院上村，此地北齐时建有寺庙，名为靖林寺，后于清朝废圮。而在寺东面有一村庄，因东为上，故名院上村。

是《周氏族谱》系清道光十三年之重修合族族谱。创修族谱是在清乾隆十五年（1750），在此之后，又有两次续修，分别是清乾隆五十八年（1793）和清道光元年（1821），但后一次“几就以事寝搁，未经告竣”（成立序语）。而在道光十三年是谱修成之后，并没有付梓成书，直至道光三十年庚戌（1850）方由十五世孙颂声手抄成书。

颂声于咸丰元年作《阅族谱说》曰：“道光庚戌夏四月，颂二叔人吉命颂以缮写族谱之事，冬十月告成。未及订裁，反复详阅，见夫前人之所作诚尽善矣！是谱也可以考世系，可以序昭穆，可以别长幼，可以辨亲疏，以至葬埋何地，迁徙何处，显达人之名爵，贞节妇之懿行，与夫亲戚之远近，无不备具。溯源则二、四甲内统系一脉绎流，则老少支派名有分属，上下五百年班班可考，递十七世历历如睹。前人之所作不诚尽善矣哉？”

《凡例》最后一条规定了该周氏世系的命名定式：“体前代心，开来昭基。善继人志，百世可知。”“自十三世起至二十八世止，首四字已多按世依用，今共议自十七世当以‘开’字命名，一世用一字，或用在中，或用在底，随时再酌，不必拘执，凡我同族皆当遵照。”

《即墨周氏族谱》不分卷（一）

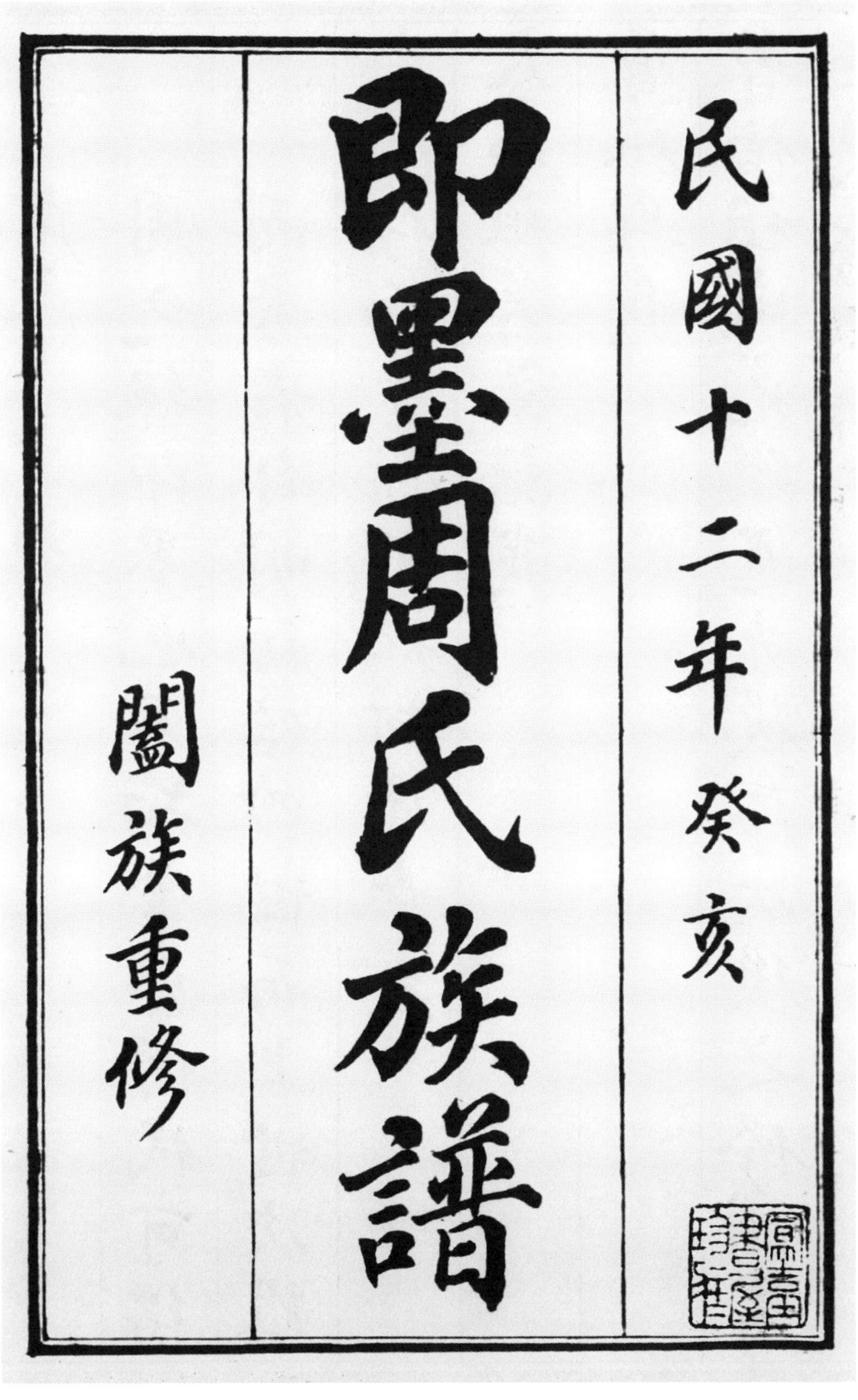
民國十二年癸亥

即墨周氏族譜

闔族重修

《即墨周氏族谱》不分卷（二）

序

周之隸即墨也不知肇於何代可得
而考者自明初始四世而上世次雖
存而子孫不知何屬幸我
太高祖著族譜我
曾祖與我
曾伯祖咸克繼述先後序次後之修譜者

《即墨周氏族谱》不分卷，四册，民国石印本。框高 21.0 厘米，宽 24.4 厘米，四周双边，单鱼尾。书名页：即墨周氏族谱，民国十二年癸亥，阖族重修。

册一前有：崇祯甲戌（1634）孙日熙“序”；康熙壬午（1702）十一世孙缃“序”；乾隆壬戌（1742）十三世孙连闻“序”；凡例：缃撰四条、连闻撰八条；条记七则；命名定式；光绪六年庚辰（1880）第十四、五、六、七、八世孙合撰“序”；民国十二年癸亥（1923）第十五、六、七、八、九、二十世孙合撰“序”。

册四后有：光绪六年庚辰与民国十二年癸亥“跋”三篇；各村周氏族人捐钱名录。

周姓在即墨广有居住，其各支族都有自己的始迁祖，从不同的地方迁徙至即墨，渊源不同，故各有各自之族谱。是谱为即墨留村之周氏族，谱载：一世祖名安住。明洪武二十一年（1388），明中山王徐达长子、魏国公徐辉祖奉旨来即墨设鳌山卫。周安住因其父与徐达故交，特前来迎接徐辉祖，徐拨授田地数顷于安住，并称其居住地为留村（今即墨留村镇）。今天，该周氏世族已分布于即墨、胶州、莱阳等县市。

命名定式（自十五世起）：“保钟豫居敦，丕尊学我同；启迪成斯德，作述介尔功。”

其世孙日熙《序》曰：“呜乎！亲自父子，而兄弟，而伯叔子孙。因以各派服，自衰而期，而功，而缌，究至亲尽而服绝。夫至服绝则疏远极矣。而溯所自来则今之服绝者，即昔之同胞也。若以服绝视之，或可置之膜外。推及于同胞，尚忍膜外视乎？”这段话，道出了中国封建社会的一种丧服制度，过去，一个人去世了，其亲人身着丧服表示哀悼，不同的亲属关系，穿着不同式样的丧服，丧服重则关系近，丧服轻则关系远，共有五个等级：

一，斩衰：最重的一等丧服，以最粗的本色生麻布做成，衣边袖口不缝边，参差不齐，如同刀割斧斩，故称“斩衰”。用于臣为君，子为父，未嫁女为父，妻为夫，承孙（长房长孙）为祖父，媳对公婆等，服丧三年，用杖。

二，齐衰：用本色的粗生麻布做成，衣边袖口缝边，稍显齐整，故称“齐衰”。齐衰三年，用于父已卒之子为母。齐衰杖期一年，用于父尚在世之子为母，未嫁女为母，夫为妻；齐衰不杖期一年，用于祖父母、伯叔父母、兄弟、未嫁姐妹、已嫁女为父母；齐衰三月，不用杖，用于曾祖父母、高祖父母等。

三，大功：以熟麻布做成，针脚较齐衰细密，用于妻为夫祖父母，公婆为儿媳，父母为未嫁女，堂兄弟之间，未嫁堂姐妹，已嫁女为母等，服丧九月，不用杖。

四，小功：次于大功一等丧服，做工较大功细，用于从祖父母、堂伯叔父母、外祖父母、从祖兄弟姐妹、已嫁堂姐妹等，服丧五月，不用杖。

五，缌麻：最轻的一等丧服，以最细的熟麻布做成，用于夫为妻父母，族曾祖、族祖父母、族父母、族兄弟姐妹，以及外姓之舅父、姨母、表兄弟、岳父母等，妻为夫曾祖、高祖父母等，服丧三月，不用杖。

如果亲属关系已经疏远到在丧事中，连五等“缌麻”丧服也不穿了，那就是俗话说的出“五服”，彼此之间是可以谈婚论嫁的。

《（牟平）贺氏族谱》不分卷（一）

民國甲子

睦字第　號　世　收藏

賀氏族譜

牛耕堂敬錄

《(牟平)贺氏族谱》不分卷(二)

敘

寧邑東姜革莊賀氏余外家也其先世自元延祐中元吉公以官居牟平子孫因家焉迨其後户口蕃衍離城居鄉散處於寧文諸邑間者星羅棊布號爲巨族此固幸生

國家太平之世而亦賴祖德之綿延長矣吾於是爲賀氏幸轉爲賀氏危也幸者何蠡斯子孫繩繩振振也危者何世遠年湮宗牒不修或以行輩而傷踐履視族姓如

《（牟平）贺氏族谱》不分卷，三册，民国红格纸抄本。框高 21.0 厘米，宽 29.0 厘米，四周单边，红格，双鱼尾。书名页：贺氏族谱，民国甲子，睦字第号世收藏，半耕堂敬录。

是谱为牟平贺氏族谱，分为三册，一册系十五世孙方绪于道光二十一年辛丑（1841）纂修之旧谱《贺氏惇叙堂谱》，二册、三册为十五世孙方恕于民国十四年乙丑（1925）补修之新谱。

册一前有：道光二十七年丁未（1847）月桂天香氏“叙”；道光阏逢执徐（1844）乡饮耆宾吕尚瑸玉宾氏“叙”；道光二十三年癸卯（1843）同邑曲宜甲“叙”；道光二十八年戊申（1848）日选士升氏“序”；道光二十八年戊申文祖耀宗氏“序”；道光二十八年戊申德任玉仁氏“序”；道光丁未年德任“序”；道光甲辰十五世孙方绪“自序”；谱例；道光辛丑方绪：述略。

册二前有：民国十四年乙丑侄罗万善“序”；民国十四年乙丑十七世孙先庚“序”；中华民国十四年乙丑十七世孙先民“重修族谱序”；民国十四年乙丑镇公十三世孙方恕“自序”。

牟平贺氏原籍江苏苏州吴江县，在元仁宗皇庆、延祐年间，贺氏一世祖元吉任牟平“管民长官”，致仕后，落籍牟平城。至三世祖荣与其兄镇及近族兄弟，于明孝宗弘治年间，分迁牟平县东西，荣、镇二兄弟东徙居姜格庄（今牟平区姜格庄镇姜格庄村），而西徙居午台村（今烟台市莱山区初家镇午台村）之始迁者，名讳已不可考。

命名定式（自十五世始）：“方继先传业，长延立本心。培汝诚守正，广述同万春。”

十五世孙方绪《氏族原古》曰：“自太公封于齐至春秋时，其公族有庆氏者，后遂以庆为氏矣。然即以庆为氏，何以更之以贺？曰汉侍中有庆纯者，避安帝之父清河王讳，改为贺。此氏之有贺，所由始也。而族类之繁，皆本于河南、会稽二望，若苏州吴江一族亦其苗裔也。及元皇庆延祐中，我始祖元吉公自吴江来莅牟平县管民长官之任以土官，故子孙皆留于牟，得成巨族。”

乡饮耆宾吕尚瑸《叙》曰：“宁邑东姜革庄贺氏，余外家也，其先世自元延祐中元吉公以官居牟平，子孙因家焉。迨其后，户口蕃衍，离城居乡，散处于宁、文诸邑间者星罗棋布，号为巨族。此固幸生国家太平之世，而亦赖祖德之绵延长矣。”

耆者，年六十岁以上之老人。按清制，每年各省州县官员遴访乡里，选治家有方、内睦宗亲、外和乡里、义举社会、有社会威望之乡绅，拜为大宾、介宾、众宾，上报省抚督、礼部，核定、备案，发给证照注册，称“乡饮耆宾”，每年享有参加由地方府衙举办的“乡饮酒礼”的礼遇。这种酒礼是一种尊贤敬老的酒宴，在每年的正月和十月各举行一次。在酒宴上，地方官为各位耆宾敬酒、祝颂、行礼。以这种礼仪形式来教化民众，礼遇贤能，凝聚人心，净化风气，乡民把能选为乡饮耆宾作为一种莫大的荣耀。

《(即墨)乔氏族谱》不分卷(一)

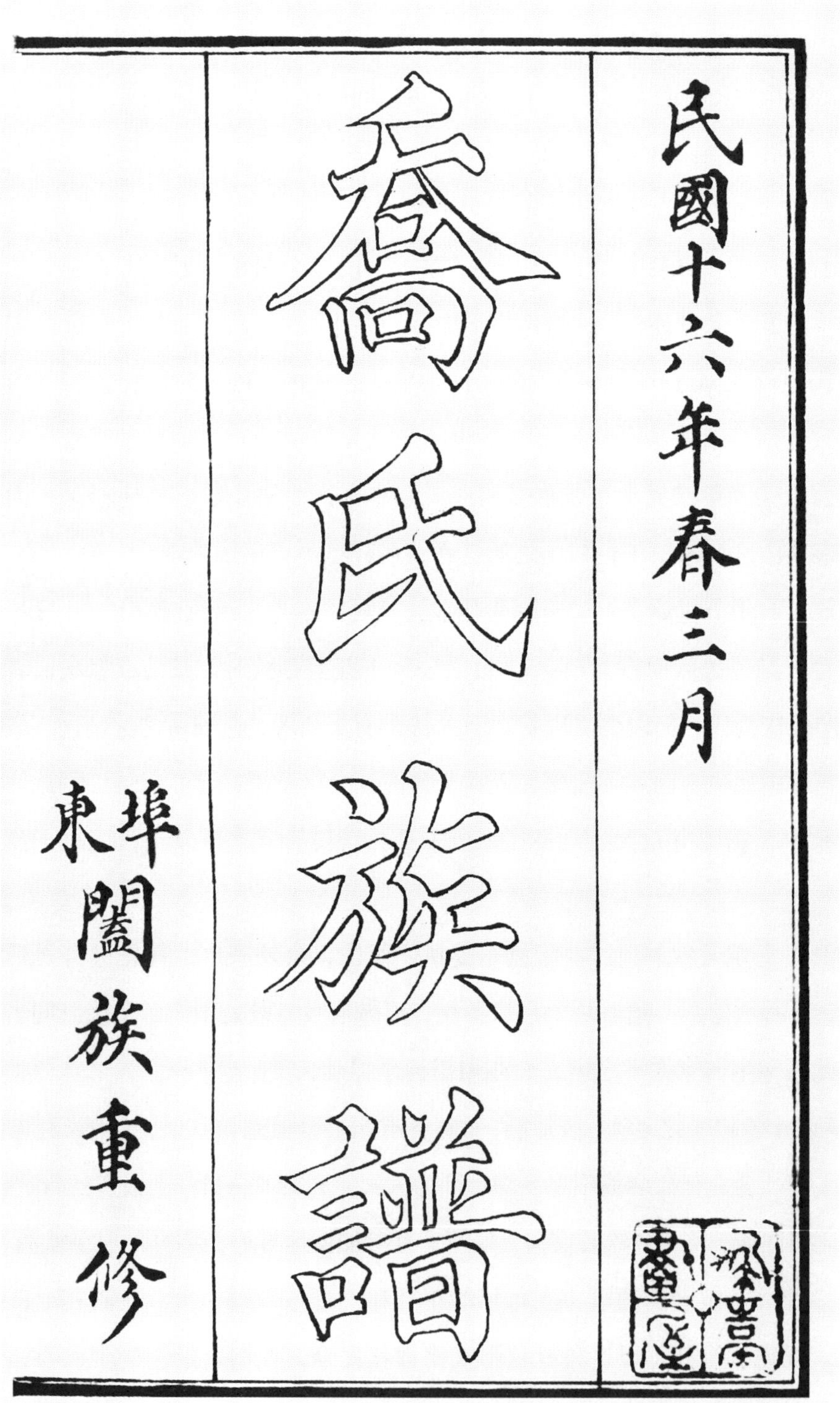
民國十六年春三月

喬氏族譜

埠東閭族重修

《（即墨）乔氏族谱》不分卷（二）

喬氏族譜序

蓋聞氏居中土莫非神明之裔東西漢時皆班班可考惜自季唐以後以假亂真始眛眛其不明吾喬氏之承祧於何聖誰起九原而問之乎嗚呼痛哉更可悲者大明末年齊魯遇難吾宗派失嗣後清寧重新再整而遺忘者多有忘子女者有忘諱配者且有徙居異鄉而忘行輩者如萊陽南鄉垛欄一族自于賊亂始居其地其年未遠行輩莫參岔河兩處吾族甚繁代有文人雖不知分支於何年然而行輩幸存猶得以識之為一族焉有應軍役不歸居順天東天津衛者

《(即墨)乔氏族谱》不分卷，二册，民国石印本。框高21.2厘米，宽26.6厘米，四周双边，单鱼尾。书名页：乔氏族谱，民国十六年春三月，埠东阖族重修。

册一前有：清雍正十三年乙卯（1735）十世孙琅“乔氏族谱序”；道光十九年（1839）十三世孙垙“修族谱序”；光绪三十年（1904）十六世孙树屏“谱序”；民国十有六年（1927）十四世孙铭达“修族谱序”；民国十有六年丁卯十六世孙树棫“序”；十三世孙珩“七七老人序”；凡例；新增凡例。

埠东，系今即墨市刘家庄镇埠东村，因居山岭、土埠以东，故名。据村碑记载，该村的乔姓氏族于明永乐二年（1404）迁徙至此。是谱载埠东村乔氏与岔河（今即墨七级镇北、中、南岔河村）乔氏、胶州东麻湾（今胶州胶东镇小麻湾东村）乔氏、莱阳垛栏（今不详）乔氏，以及天津卫乔氏皆同宗同源，只因年代久远，不知何时徙居也。

树棫《序》曰：“吾乔氏，轩辕黄帝之裔胄也，汉唐间史册所载，有迹可考。后经变乱，移徙无常。吾族来籍斯土，实难详其伊始，幸有谱牒可稽，展阅之下，盖已计世十九，而卜年四百余矣。”其一世祖名德山，其子有二，名享与名望，分为长、二两支，其后代又分为四支。

《七七老人序》曰：“吾乔氏之居斯土，不知来自何地，并不知迁于何年。在童蒙时闻有云，来自云南大槐里头者，然徒得之于口传，非载之于谱牒，未足为信。间阅古谱，即分二支，后又分为四支。余甚惑焉，细参之，盖不以伯仲叔季分支，乃以田产人口分支。是以之松祖为长支居沟西崖，以从高祖为二支居西头，永化祖三支居沟东崖，永富祖为四支散处东南庄。”

命名定式：十一世至十五世为“木火土金水”，自十六世至三十五世为“树勋培镇治，林熙址锡渥。杰然垂钧泰，楙炤执钰浤”。

乔氏家族之祠堂摆供次序：“（按派轮流）吾族之分支自琅祖创修谱牒始，其时以二世享祖为长支，望祖为二支，分为两支，秩然不紊矣，虽然，窃有疑焉。夫支分为两，而岁时祠堂祭宗则分为四派，相沿已久，莫究原因。兹即族谱而详考之，四派轮流祭宗之次序，享祖支下居先，望祖支下居后，而享祖支下祇祭宗一次，望祖支下则从恩派下祭宗两次，从高派下祭宗一次。祭事之多寡不同，意者，二支之人丁较长支为繁，而遂如是乎？世远年湮不敢妄议。惟遵守旧章可也。后之人其知之。”

《天水郡赵氏合编族谱》十三卷（一）

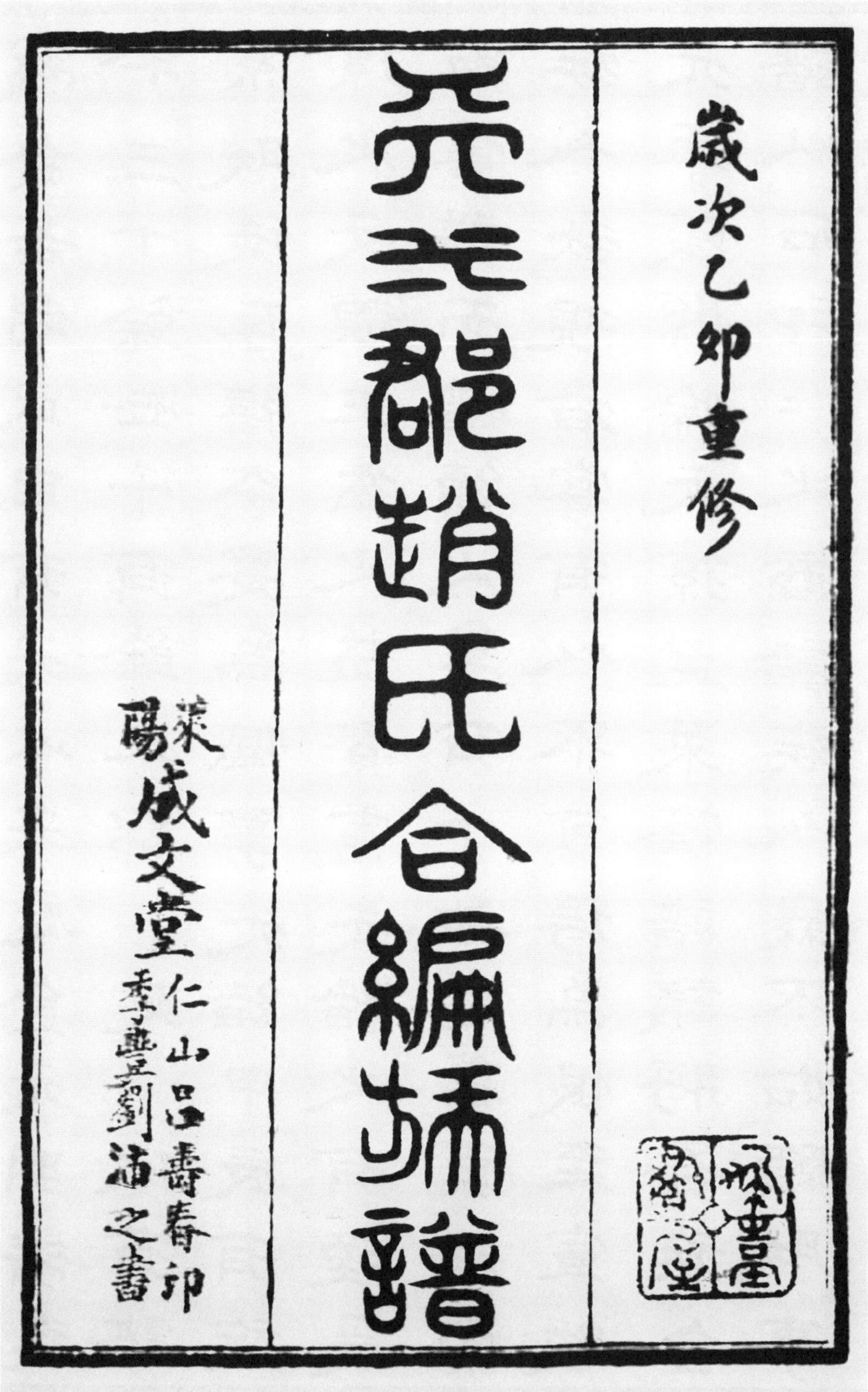
歲次乙卯重修

天水郡趙氏合編族譜

萊陽成文堂 仁山呂壽春印

李興五劉涵之書

《天水郡赵氏合编族谱》十三卷（二）

竊念吾趙氏自有宋以來歷金元明清迄今三十餘世千有餘年綿綿延延代有譜系然徒存繕本寖為憾事光緒甲辰有族孫之文觀生蓋之益繁重先緒之有湮没取舊譜而增續之集有十數卷篇頁浩繁族之欲觀者嘗有以不可得為恨至宣統元年陵縣倫元孫至萊修譜議將吾族合譜以石印印之裔諸族之彝不如顧然事

《天水郡赵氏合编族谱》十三卷，首一卷，末二卷，十六册，民国印本。框高 20.2 厘米，宽 26.6 厘米，四周双边。书衣：天水郡赵氏族谱。书名页：（套红印）天水郡赵氏合编族谱，岁次乙卯重修，莱阳成文堂仁山吕寿春印，季丰刘沛之书。

卷一前有：民国四年乙卯（1915）二十七世孙婿张铣熙“（套红印）序”；乙卯二十七世先甲“序”；谱例；赵氏历世修谱名氏；赵氏族谱目录。

目录：首卷为序文十二篇，游记两篇，碑记、遗训、科名录、节烈志、里居志、懿行记、恩命录、存疑等文若干篇，一卷至十二卷为一世至二十世及各支派世系图，共七图，十三卷为补遗，末二卷为先世艺文，包括墓表、墓志、人物传、行状、事略、诗、跋等文若干篇。

是谱为莱阳赵氏合族谱，由其二十九世孙赵云章等于光绪三十年甲辰（1904）修撰，于民国四年乙卯石印成书，共印三百五十部。莱阳赵氏族谱由十三世孙士礼于明正统三年戊午（1438）创修，至是谱已二十修矣。

莱阳赵姓自唐代起世代居住于此，为莱阳望族。是谱载：赵氏“自大唐以来世居山东莱阳莱凤乡凤栖里，世为莱阳土著，居莱阳者盖不知几世矣。一世沂祖以上无考，故推为始祖（二十五世孙邑庠生辛彤志）。……吾赵氏之占籍者，为莱阳，为陵县，为沾化，为历城。莱阳，其大宗也。陵县、沾化同时而徙自莱阳。而历城，又自沾而徙者也”。这是康熙五十七年（1718），赵氏二十三世孙恒祚介绍的莱阳赵氏分布地域范围。但不仅限于这几处居住地，据《里居志》记载：另外在省内海阳、福山、牟平、即墨、栖霞等地，省外辽宁复县、海城、朝阳，以及吉林，都有其族人分布。

由于族人众多，居住甚广，历史绵远，事迹不穷，特在族谱《谱例》中订出专门条款，以记载之：

一　族大丁繁，概难尽识，故著《里居志》，以便识认，且使后之续修谱者，有所据以访查也。

一　成名者，皆族中之望也，故著为《科名录》，以表彰之。

一　妇女或从容就义，或矢志柏舟，均协终身不改之义，名教所关，故著为《节烈志》，以励苦衷。

一　忠孝、节义、懿行卓卓者，皆典型也，故著《懿行记》。

一　凡女不大书者，以其别有所系也，而其有淑行，或相夫成名，或生子显亲，亦赵氏之光也，故著为《恩命录》，以表异之。

谱例最后一条也颇有意义，一并录下：

一　海阳赵疃一分，实为治中公支派，乃以房社不入会中，举不祭祖，族人因而龃龉，至二十五世辛彤公增修合谱，意将伊一分编入，又以秩序未确定，故未能合一。今吾族刷印谱书，欲并其一分而补续之，因致信于二十七世蜚声公商办，乃迟之数月未见回音。倘先祖有灵，即来岁亦未晚也。

《赵氏遗训》：

孝友为本，忠厚居心。坦怀遇世，平易近人。凡事以忍为先，家庭以和为上。言勿轻发，行勿苟且。读书务实学，月用必素朴。处己以谦，交友以敬，御下以宽。至于横逆之来，惟思自反。穷通之遭，只有顺受而已。

《房社会历世条约（嘉庆十年十月一日，二十三世魁熯同族众公议）》：

吾赵氏自递经兵燹，族人星散，房社大事久废不举，旧传条规无复存，余心焉伤之。乃会议族众，于嘉庆壬戌癸亥甲子间，重修飨堂，添设茔房，令茔户每岁出租钱二十八千四百文，除六千四百为春秋祭祀之费，余存管事人名下，以备茔中公用。

春秋两祭，每次备祭馔一桌，肴菜十二器（八荤四素，不许他物替垫），汤饭酒各二碗，面馍两盘，点心两道，春用韭饼、蒸酥各两盘，秋用蒸酥、饼各两盘（不许他物代替），鼎牲三事（生鸡猪首，鲜鱼只用鲅鱼，不准青鱼代），宝马四分，奠酒一壶，神香二炷，冰盘四个，炒肉一盘，猪首一盘，合菜一盘，其一则春用鲅鱼二十四尾，秋用蹄肚，或牛肉，务期整盘。外用麦一斗，为馍百八十圆（大如茶盅，不准小），粳米干饭两大碗。祭毕，将供菜会合，视人多寡，分席次坐，每席四盘四碗，馍每人三圆，干饭烧汤，凡我族人，其共享之。点心三牲，办祭者收回。

相传“造父”为赵氏的得姓始祖。造父，伯益的后代，蜚廉四世孙，善驾御，曾为周穆王驾车西去昆仑山拜访西王母，并日驰千里东归平叛，因有功，而被分封于赵城（今山西洪洞县赵城镇）。其后人以此为氏，春秋时，晋国正卿赵襄子在“三家分晋”后建赵国。

天水郡（今甘肃省天水、陇西地区），西汉时置郡，为赵氏郡望之一，该支赵姓始祖为赵国国君赵悼襄王之太子、代王赵嘉，赵国被秦国灭后，赵嘉及其子赵公辅率族人西迁天水、陇西一带，在那里生根开花，北击匈奴，安抚夷狄，至西汉时迎来了家族兴旺。由汉至唐，天水赵氏名将、名相辈出。到宋代，天水赵氏终于登上了历史顶峰，建立了赵宋王朝。天水郡赵氏是赵姓族派当中最为显赫之一支。

《(莱阳)天水赵氏支谱》上下卷(一)

光緒三十二年二月二十六日書

天水趙氏支譜

於前于格庄安善堂

《（莱阳）天水赵氏支谱》上下卷（二）

天水郡趙氏合族里居志

城內 白河縣街東 永泉公支珽公子曰暐派

城內 瑞雲觀街南北 永泉公支璧公子以錚派

城內 花園街西 永清公支景芳公子可賞派 今無矣

城內 北門裏街東 有文公支國聖公子秘派 今無矣

城外 西關東頭街北 永津公支樞公子家祐派

城西一里 西之泊 永泉公支璧公子以鐇公派 永清公支復原公子濆公派

城東十里 林格庄 有孚公支寄居今無矣

城東三十五 漸頭 有孚公支尋泗公派 永清公支士驥子立公派

城東六十 子家庄 永泉支下文燦公派 今無矣

白河县街西 永泉公支璧公子以鐇派

南門裏街西 永清公支士驥公子崙派

小集街南頭 永清公支士驥公子蔭派

城東二十五 望嵐口 有孚公支元亨支尋泳派 永泉公支文焞公派

城東四十里 埠前 永清支下士驊公派 今無矣

城東南十五里 祝家廟 永泉支雕公孫清公派

《（莱阳）天水赵氏支谱》上下卷，二册，清光绪抄本。红格栏，框高 20.2 厘米，宽 26.8 厘米，单鱼尾。书衣：赵氏支谱。书名页：天水赵氏支谱，光绪三十二年二月二十六日书，于前于格庄安善堂。书藏马家泊。

目录，上卷：里居志，一图（全），二图（全），三图（全），四图（支）、五图（支）；下卷：六图，七图。

前于格庄，今属青岛莱西水集镇，西距莱西市区 33 公里，有赵、仇、朱等姓氏村民居住。在明永乐年间，由于氏兄弟建村。

马家泊，今属青岛莱西姜山镇，唐代初年，由赵氏建村，此村应该是赵氏徙莱阳的始居之地，后有李、耿、宋、张等姓氏迁入。相传唐初李世民东征时，在此地饮马休息，因此，将此地称作“马解渴”，后演变为“马家泊”。该村有着光荣的革命传统，在抗日战争和解放战争中都做出了巨大贡献，今天，在村西建立起了“马家泊抗日纪念碑”，并将中国人民解放军华野十三纵队在村里设立的指挥所旧址列为“爱国主义教育基地”而受到保护。

是谱载：其始祖讳沂，“世居莱阳县来凤乡凤栖，世为莱阳土著，居莱阳者盖不知几世矣。祖沂以上无考，故推为始祖（二十五世孙邑庠生辛彤志）。”这段记述与《天水郡赵氏合编族谱》关于始祖的记述是相同的，二世以下的记载也是一样的，而且二谱《里居志》中的居住地和祖派分支也相同。这表明是二谱为同一赵氏之族谱，但是撰修年代不相同，一为光绪三十二年（1906）手抄；一为光绪三十年（1904）修成，民国四年（1915）印成。孰为先孰为后，尚不明了。但有一点可以确定，即《天水郡赵氏合编族谱》拥有海量之信息，而《（莱阳）天水赵氏支谱》除《里居志》外，则无有可供考据的文字。

《芝阳赵氏族谱》四卷（一）

道光戊戌年重修

趙氏族譜

板存永寧菴

《芝阳赵氏族谱》四卷（二）

重修族譜序

趙氏之居黃也支繁星處有明係同宗而不識面本非異姓而不知名者良以家譜不修故至此耳　先嚴深恨於斯纂修家譜前考後稽註次詳明自泽水河東塋　雲祖以及河西塋彥祖始迄今已數十餘年矣時春祭掃族中共起修譜之志而屬意於余康是以殫心從事取前所纂者重修編次分為二冊前冊編以世系

《芝阳赵氏族谱》四卷，四册，清道光刻本。框高 19.4 厘米，宽 25.6 厘米，四周双边，单鱼尾。书衣题：芝阳赵氏族谱。书名页：赵氏族谱，道光戊戌年重修，板存永宁庵。

卷一前有：嘉靖八年（1529）五世孙继宗“赵氏族谱序”；万历二十二年（1594）七世孙伯爚“重修族谱序”；雍正十年壬子（1732）十二世孙庚“重修族谱序”；道光十八年戊戌（1838）十二世孙锦、十三世孙师纶“重修长支三支族谱序”；修谱名录；修谱条规；绛水河东崖始祖茔域图；绛水河西崖茔域图；芝阳赵氏徙居疃村。

芝阳，黄县（今烟台下辖之龙口市）的古称。黄县赵氏支派众多，分别于不同时期、不同地方迁徙居黄县。是谱为其始祖为赵永福之赵氏家族长支之三支派四修族谱。

谱载：“始祖永福（生子四）长仲安、次仲礼、三仲仁、四仲良。始祖原籍沙河匡镇（今莱州沙河镇匡郑赵家村）人也，因避金乱，东迁于黄，开基创业，积德累仁。我族瓜瓞椒衍，皆始祖之所以垂裕者深也。相传，自二世分为两大支，以仲安祖、仲仁祖为一支（长支、西支），仲礼祖、仲良祖为一支（次支、东支）。长幼次序，旧影图皆如此，今恪遵之。”

又载：“自有二世分支之说，而后代之谱也多分修，然考之老谱之中，观诸影图之上，两支仍为合编。故重整家乘宜合纂，族人有志，而未逮焉。及乙未而次支四支已修，故我族于丁酉谨修长支三支，用昭来世，至戊戌孟夏告竣。以笃本支，以裕后昆上广，庶无负先人厘定刊修之志也！”

命名定式（自十六世起）：“本立亨常焕，经（底）传（底）裕乃彰（底）。锦林（底）增宝树，衍厚（底）贵材（底）良。”

芝阳赵氏徙居疃村：

棋祖支派：阎家疃、望马史家。

机祖支派：周家庵、赵家庄子、大栾家疃。

相祖支派：赵家庄子。

桂祖支派：赵家庄子、九里店、李博士疃、柳行村、申家疃、贾家村。

枢祖支派：财源泊。

彦祖支派：上庄、江格庄、周家庵、赵家庄子、阎家疃、李博士疃、二圣庙村、王村、申家疃、殷家店子、冶基、欧头于家、于家庄子、辛庄头谭家、南巷子、毡王家、大栾家疃、李家巷子。

香祖支派：中智家、于家庄子。

惠祖支派：诸由观。

兰祖支派：申家疃。

勋祖支派：毡王家。

承德祖支派：南二里处、埠子后。

《黄县赵氏西支族谱》八卷（一）

中華民國四年重修

趙氏族譜

鏤雲齋石印

《黄县赵氏西支族谱》八卷（二）

重修長支三支族譜序

家之有譜所以溯淵源辨支派詳墓地知行誼也

始祖自沙河匡鎮來黃延及於今四百餘載戶口繁衍星羅棋布非

修之於譜何能了然於心耶前代之祖早鑒於此故屢次修之

於譜而又繪之於圖以貽茲來許不令後人有所猜疑也世世代

屢更又經多載族人恐久而易湮因於祭掃時共議重整家乘

遂各出所藏之本互相考查條分縷析則支派不至有差謬者

多賴舊譜之修與影圖之存也於是詳加考核按次增益付諸

剞劂以壽萬世使後之覽者於前考後稽之際動水源木本之

道光戊戌

《黄县赵氏西支族谱》八卷，八册，民国石印本。框高20.2厘米，宽26.6厘米，四周双边，单鱼尾。书衣：黄县赵氏西支族谱。书名页：赵氏族谱，中华民国四年重修，镂云斋石印。

卷一前有：旧谱序四篇及修谱条规；中华民国四年乙卯（1915）十九世孙常龄“重修长支三支族谱序”；修谱名录；修谱凡例；茔图、地图九幅。

是谱系《芝阳赵氏族谱》之五修谱，由十九世孙常龄等主修。

其《序》曰：“我赵氏自始祖来黄，以迄今几乎五百年。瓜绵椒衍，棋布星罗。其能木本水源，世系不紊者，赖有家乘。在吾族，家乘之修凡四次：嘉靖、万历、雍正、道光，间前人之述，备矣。顾自道光戊戌到于今，又几乎八十年，三十年为一世，逾再世而谱不修，后难为继。另六七年来，倡首者亦甚汲汲，催谱牒，集谱费，无如老成，多凋卸（谢），谱事遂迁延，信可虑也。因于乙卯春决意兴工，是为五次修谱。但此次修谱，适值民国甫立，先后扰攘，人心不靖，计亩按银摊集谱费，颇觉其难。然因而非创，遵前人之规范，按支派，以益增，以似以续，不敢变乱旧章，又颇觉其易。至于不付剞劂，而归之石印，为节费也。勉其难，不忽其易，堂构克承，箕裘丕振，尤愿子子孙孙勿替引之。”

是谱新增《修谱凡例》四条：

一　先人有懿行、有贞节，欲为行述者，以五六十字为限，逾限须自备资财，以谱费绌也。

一　茔域图仍遵旧谱，只添稳祖茔域一图，此外若有欲添绘图者，按捐谱费外，亦须自备资财。

一　匹配之际，不可无办，凡系正娶者，书配某氏，再娶三娶者，书继某氏，其非正娶者，止书某氏而已，妾书侧室。所以正名分，分嫡庶也。

一　孩提之童，亦皆登入，其短折不成而殇者，不得滥登。

由此四条看来，族谱上之信息，也不是想怎么记载就怎么记载，尤其前二条。若想多展示自己祖上之功德，则必须自付费用，而且还有字数限制。

再来看看，黄县（芝阳）赵氏西支族人在清道光戊戌年(1838）四修族谱后，近八十年间的徙居变迁：

棋祖支派：阎家疃无传、望马史家。

机祖支派：周家庵、赵家庄子、大栾疃。

相祖支派：赵家庄子无传。

桂祖支派：王村杜家、赵家庄子、江格庄、阎家疃、奉天复州、九里店、李博士疃、董家洼、辛庄头谭家、柳行村、申家疃、贾家无传。

枢祖支派：财源泊无考。

彦祖支派：上庄赵家、蔺家、江格庄、周家疃、李博士疃、赵家庄子、阎家疃、王村阎家、东羔刘家、解家沟、十里堡小邹家、泉水疃、竹园子、殷家店子、冶基马家、欧头于家、万家庄、狗山西李家、于家庄子、李家巷子、辛庄头谭家、南巷子、毡王家无传、大栾疃无考、位庄焦家。

香祖支派：中智家、于家庄子。

蕙祖支派：诸由观、上庄赵家。

兰祖支派：申家疃。

勋祖支派：毡王家、北关、椅子圈。

承德祖支派：邵家、打线徐家、南二里处、埠子后。

《济阳郡左氏族谱》六卷（一）

中華民國十年重修

濟陽郡左氏合編族譜

萊陽新華隆石印

《济阳郡左氏族谱》六卷（二）

左氏續修族譜序

歲辛酉仲春之初會族人於　先忠貞公祠修譜事也前丁巳歲曾議此舉以年荒遂寢今春歲頗稔族再曾孫翰章告予曰譜系三年無成奈何予乃督胞姪書元暨族曾孫殿香翰香兄弟聚族而謀重行提倡既分布簡章遂推族曾孫芸鄉族再曾孫述先於吾族散處四方者按戶調查即訂欵數月告竣夙願償矣爰序之以明予志嗚呼左氏自章邱遷萊由明至今廿有餘世矣譜系前修三次創修者族伯鵬翀公也

《济阳郡左氏族谱》六卷，六册，民国石印本。框高21.0厘米，宽26.0厘米，四周双边，单鱼尾。书衣：济阳郡左氏族谱。书名页（红印）：济阳郡左氏合编族谱，中华民国十年重修，莱阳新华隆石印。

卷一前有：乾隆丁酉年（1777）十一世孙寅旼“昌阳左氏族谱序”；乾隆丁酉年十二世孙天锡“序”；乾隆丁酉年十二世孙彤九“序”；民国十年（1921）十三世孙腾甲“左氏续修族谱序”；凡例二十一条；四次修谱凡例八条。乾隆五十八年癸丑（1793）铁岭十世孙公俭、公升“铁岭左氏初修族谱序”；光绪四年十五世孙联甲“铁岭左氏族谱序”；历次修谱人员名录；左氏阖族里居志。

济阳郡，左氏郡望，在今河南兰考、山东东明一带，西晋惠帝司马衷将陈留郡分出一部置济阳郡，治所在济阳县（今河南省兰考县东北），辖区相当于今河南省兰考县民权县一带，北魏废。东晋南渡后，晋明帝司马绍又在江苏毗陵郡武进县侨置此郡，称南济阳郡，南梁废。

是谱乃烟台莱阳左氏之家谱。

谱载：

一世“原”配氏（无考），于盛明永乐间自章丘徙居莱阳。前次吾族之谱牒均以原祖为始祖，迄民国十年，奉章丘族叔汝骁函开：原祖以上犹有五世，原居枣强，迁济阳，复迁章丘。惟代远年湮，碑碣剥蚀，前五世之统系其详不可得闻。今谱牒重修仍遵先例，以原祖为一世。

莱阳左氏家族是明清时期莱阳望族，进士、举人辈出，自明初从章丘迁入莱阳，如今分布于莱阳、莱西、威海、文登、招远，以及辽宁铁岭、宽甸、开原、沈阳等地，是胶东闻名的文化世家、诗人世家、书法世家、清官世家。

铁岭左氏十世孙公俭、公升在其《序》中曰：

余始祖自章丘迁居莱阳，原祖以前世系无考，盛祖、方祖清白家延，及文升祖、文清祖遂分昭穆相沿以来，族人颇嗜读书，渐登科目。至隆万间，人才蔚起，甲第连绵，亦云盛矣。然有盛即有衰，国初则遭家不造，一时之昆季远适异地，流寓四方者甚多。余曾祖懋晋与伯曾祖懋泰、懋绩辈同赴辽东，备极困苦，与山东之列祖两地暌违，天隔一方，欲南北之再相晤也，势必不能及。

据是谱记载：

懋泰，字大来，号旦明，天启辛酉举人，崇祯七年甲戌进士。授陈留县知县，行取主事，历任吏部稽勋司员外郎。清顺治初，邑绅宋璜强索庄田未遂，因陷左氏谋叛，充铁岭军，遂籍焉。著有诗文行世，今仅存《徂东诗集》一册。

懋绩，号式崑，行二，例贡考，授上林苑署丞。清初与堂弟懋泰、懋晋因一事，谪戍铁岭。

懋晋，字锡侯，号锦石，行三。崇祯九年丙子举人，清初与堂兄懋泰等，因一事同充军铁岭。

其七世孙左懋第（1601—1645），字仲及，一字次公，号萝石，明崇祯四年辛未（1631）进士。明末民族英雄，因拒降于清被清军杀害，人称“明代文天祥”。与懋泰、懋绩、懋晋等皆为堂兄弟。清乾隆皇帝于乾隆四十一年（1776）予以平反，赐谥号“忠贞”，在莱阳建左公祠，并在陕西韩城（左懋第曾在此县任过知县）建名宦祠，以示纪念。他著有《萝石山房文钞》《梅花屋诗草》等，后人编有《左忠贞公文集》。

是左氏族谱于清乾隆丁酉年创修，后于清嘉庆戊辰年（1808）、光绪元年（1875）、民国十年三次续修。民国十年续修时，自十六世起，定二十字之命名定式：“贤士言常谔，名臣德愈尊。安康勤处寓，乐意慎中存。”

《林氏世谱》上、下卷（一）

林氏世譜

清咸豐貳年壬子孟冬 付梓

林氏繡像世譜

中華民國二十一年孟春

姜聆思誠堂重刊

《林氏世谱》上、下卷（二）

《林氏世谱》上、下卷，二册，民国印本。上卷：《林氏绣像世谱》一册。框高 22.5 厘米，宽 25.2 厘米，四周双边，单鱼尾。书名页：林氏绣像世谱，清咸丰贰年壬子孟冬付梓，中华民国二十一年孟春姜疃思成堂重刊。

前有：德实堂老家庙联；宋嘉祐六年（1061）为侍御史林悦题“忠孝”二字及御赐诗；宋淳熙元年（1174）朱熹题“长山世谱”；至圣先师孔子题“殷比干墓”；铜盘铭引；殷太师比干墓图；明嘉靖十七年戊戌（1538）斐骞“重修殷太师比干墓碑记”；明天启丁卯（1627）二十七世孙齐圣 “重修晋安郡王涂岭墓记”；林氏九牧公墓图；长林世记；世孙灌“披公墓道碑记”；唐贞元甘露旌表敕牒；唐贞观六年（632）“林氏正宗源流族谱序”；宋元祐三年（1088）长城裔孙英“林氏历代徙居谱序”；明永乐十八年庚子（1420）闽县裔孙志“晋安世谱校正序”；清咸丰二年（1852）连江裔孙光辉“林氏源流族谱校刊序”；清咸丰二年壬子福利裔孙湄“重刊林氏源流族谱序”；比干公以下林氏祖公画像二十八幅；天上圣母林默像及传；晋安世谱。

林姓氏族历史绵远，传承脉络清晰。是谱于清光绪十二年（1886）初修，四十多年后，民国十四年（1925）开始重修，直到二十一年（1932）修成。

是谱之上卷叙记自林氏得姓始祖坚之父比干（公元前 11 世纪）始，于明初永乐年间四十世止，林氏世族繁衍迁徙之历程。

谱载：

吾（林）姓出自子姓，黄帝之后，历唐、虞、夏、商四十六代，而生比干，因直谏死，子名泉。武王克纣，未下车封其墓，征其所生男，赐姓林，命曰坚，食邑博陵，世为大夫。自周至今，豪出杰出，代不乏人。春秋著名于传者，林放、林雍、林楚、林不狃、林回，或以忠贞，或以文德；秦末子孙居齐郡，汉后改为济南郡，以林尊为郡人讲论石渠，官太子太傅，林氏之望济南者自尊始；阅西汉新室，东汉曹魏四朝至西晋，林礼徙籍下邳，遂为徐之冠族；传至孙，晋安郡王禄公，为闽林始祖。当中州板荡，衣冠卿相，从闽居之者有八族：林、黄、陈、郑、詹、邱、何、胡是也，唐定天下，氏族推晋安之林为甲。

又载：

上自比干公以直谏死，其子坚公逃于长林，周武王封为郡公，赐姓林氏，食采博陵。历数十传，迁徙不定，而九门，而济南，而成都，而广平魏郡。至黄门侍郎颖公，始居江左，生懋、禄。懋为下邳太守，生六子，时号“六龙”，是为下邳之祖。禄为晋安太守，其子通直郎景、广威将军暹，始居侯官县都西里，是为晋安之祖。此下邳、晋安之一大分派也。而禄公实为林氏迁闽之始祖焉，自是景公生散骑常侍开国侯绥，开国侯生五子，世居莆田。簪缨相继，其最为著者，绥十三世孙披公，为太子詹事，生九子，皆为刺史，世称莆田“九牧”。

天上圣母，即传说当中的“妈祖”、“海神娘娘”。她是福建莆田湄洲人，出生于宋建隆元年（960），宋都巡检林愿之女，晋宏郡王林禄之二十二世孙女，母王氏。因出生后不哭不闹，故起名“默”。死于宋雍熙四年（987），年方二十八岁。

谱载：

后姓林，莆田湄洲人，宋都巡检愿公（一作孚公）第六女。宋初建隆元年庚申三月二十三日生，弥月不啼，名曰默。性灵异，少与群女照井，有神捧铜符出以授后，群女骇奔。后愈显神，常乘片席往来海上，或驱檐前铁马渡江。人或称为通贤女，或曰“神姑”。一日方织，忽据机瞑坐，颜色变，母蹴问之，寤而泣曰：父无恙，兄没矣。顷之信至，父与兄渡海舟覆，父若有挟之者符生还，兄以枕棹救不获。

继曰：

雍熙四年丁亥九月升化，年二十八。越百五十六年，宣和间始著。宋、元、明、清威灵屡显，护国佑民，立庙青秋祭典，享少牢，行三跪九叩礼。敕封“护国庇民妙灵昭应宏仁菩济福佑群生诚感天后”，旁神佐千里眼顺风耳，虽万里汪洋，求亦立应。而祀者，遍华夷焉。

下卷：《林氏世谱》一册，框高20.4厘米，宽26.2厘米，四周双边，单鱼尾。书名页：林氏世谱，中华民国二十一年壬申孟春重修，莱阳姜疃思诚堂纂。

前有：清光绪十二年丙午十六世孙万兴“林氏迁栖谱序”；中华民国二十一年壬申（1932）十六世孙祥兴“林氏谱重修序”；民国二十一年壬申十七世孙常有“林氏徙居重修谱序”；“德实公北官墓记”；“林氏世科堂记”；“瑄公卧牛山墓记”；“茂公铁壁悬灯墓记”；“忯

公河崖墓记”；林氏修谱凡例；命名定式；中华民国二十一年重修谱书首事人一览表。

是谱之下卷为山东栖霞、莱阳、海阳一带之林氏族人世谱，始祖林德实为宋登州府刺史，遂籍栖霞县，一世祖为林瑄，其五世祖林贵由栖霞河崖村（今栖霞桃村镇河崖村）迁海阳大瑶（今地点不明），复于明嘉靖二十一年（1542）又迁往莱阳姜疃（今莱阳姜疃镇）。

其林氏十六世孙，海龙教授莱阳姜疃林万兴，在其《序》中叙述了栖霞林氏之由来。

《序》曰：

（比）干乃纣之叔父，帝乙弟也，官少师，有贤德，佐纣为孤卿。纣王无道，因谏而死，武王克商，先封其墓，夫人陈氏时孕三月，因避纣难，遁于长林石室之中，生子泉。武王以其长林而生，遂赐姓林氏，名坚，字长思。以其殷汤之后，帝王之胄，目能避纣难以不绝其世，其智足以任政。遂拜坚世为大夫，食采博陵。传至晋安郡王禄公，始籍闽中，遂为闽始祖。当宋之时，福建省兴化府莆田县道口村八甲人氏德实公，宋末进士，任登州刺史，遂籍栖邑，是为栖林始祖。以时考之七百余年矣，宗族蕃衍，布满栖壤，文德武功，忠孝名家，为栖邑冠族昌宗耳。

命名定式（自二十世起）：“树生新春，萌枝茂盛。万世青松，永昌吉庆。”共十六字，逢单数字用在名中，逢双数字用在名末。

《(即墨)万氏族谱》二卷(一)

民國十三年歲次甲子

萬氏族譜

金口

文海齋印局印

《（即墨）万氏族谱》二卷（二）

萬氏譜書原序

蓋聞尊祖敬宗非獨盡享祀於當年尤宜綿世澤於百代苟不筆之於書恐世遠年湮子孫而或忘其祖宗豈非門祚羞歟吾

太始祖諱世保原籍小雲南烏紗衛羅鍋屯自永樂二年遷即墨邑卜居南阡世世相承一線僅存逮　五世祖諱滔生五子始分為五支子孫日漸繁衍傳至今四百餘年而譜無書三四五支尚有前人遺冊而不甚詳備長二支則竟多失傳直慮其久而愈不可考也立志修成譜書乃証碑銘考祭譜仍復不詳幸族凡正銑記聞不少有所考問即與質對越三載餘而長

《（即墨）万氏族谱》二卷，二册，民国印本。框高 20.0 厘米，宽 26.4 厘米，四周双边，单鱼尾。书名页：万氏族谱，民国十三年岁次甲子，金口文海斋印局印。

卷一前有：道光十九年己亥（1839）十六世孙正直“万氏谱书原序”；光绪六年（1880）十七世孙新骢“万氏谱书初刻续刻合叙”；咸丰二年（1852）“长支荣继单”；十四世孙中荐捐公产碑记；嘉庆十九年（1814）“东茔立树碑”；村东义碑；道光十六年（1836）饥荒与光绪二年（1876）旱荒族人捐赈记名；万氏谱例；命名定式；光绪六年十五世孙光本、十六世孙正灿等“跋”；民国十二年癸亥（1923）十七世孙新谨“三修族谱序”；探访记名；修谱书并挖河捐记名。

是万氏一族于明永乐二年（1404），由云南省乌撒卫迁徙至即墨南阡村（今即墨金口镇南阡一里、南阡二里、南阡三里、南阡四里村）居住，与即墨店集万瓦子埠村（今金口镇万家瓦子埠村）万姓同宗同祖。前者为长支，后者为二支，但没有合族修谱。

十六世孙正直《序》曰：“吾太始祖讳世保，原籍小云南乌纱卫罗锅屯，自永乐二年迁即墨邑，卜居南阡。世世相承，一线仅存，逮五世祖讳淳，生五子，始分五支。子孙日渐繁衍，传至今四百余年。”

《万氏谱例》第一条载：“吾族自云南奉檄北来，与瓦子埠实为同宗，吾为老长支，伊为老二支。理应合刻，但所居异地，纂修势难猝成，俟后可也。”

是《万氏族谱》于民国十二年癸亥（1923）纂修石印成书，共印二百二十部，但后来发现书中多处出现错误，又收回更正，于民国十三年甲子（1924）重新印刷装订，并为此作《跋》说明。

《跋》曰：

盖兴灭继绝圣王之仁，而正讹补遗，吾人之责缘。癸亥年春纂修《族谱》，业已分给族人，继查长支采访不详，自兆邦以下计十四页，多有误字遗名。至甲子秋，族人议定，将谱书收回，误者正之，遗者补之（各注于本名下），将此数页另付石印，合订成编，庶不至一误再误，一遗再遗矣。但族大户繁，实难收齐（原印书二百二十部，收回百五十五部），收回者固经添改，未收回者仍属误遗。恐彼此不合，后之增修者无所适从，今特将书面民国拾贰年癸亥改作拾叁年甲子，以相区别。再修族谱，宜以甲子年为准，癸亥年族谱不宜为据，以此贻后世。民国拾叁年甲子秋纯智等率合族共识。

命名定式，长支：“瑞国泰初，发祥宪代。”

二支：“至恩来著，福临立兴。”

三支：“同熙修叙，积余先功。”

四支：“宗泽本伦，称庆开斯。”

五支：“盛长纪纲，久彰化扬。”

《（莱阳敦睦堂）姜氏族谱》十二卷（一）

光緒丁亥新鐫

姜氏族譜

敦睦堂藏板

《（莱阳敦睦堂）姜氏族谱》十二卷（二）

敦睦堂姜氏重修族譜序 光緒丁亥

蓋自宋歐陽氏蘇氏本古小宗之法作爲族譜後之爲譜學者尚焉吾姜氏之家於萊也歷元迄明以至於今六百有餘祀矣年代愈遠支派愈繁苟非有譜以考之而子

《（莱阳敦睦堂）姜氏族谱》十二卷，四册，清光绪刻本。框高 20.5 厘米，宽 26.0 厘米，四周单边，无鱼尾。书名页：姜氏族谱，光绪丁亥新镌，敦睦堂藏板。

册一前有：清光绪十三年丁亥（1887）十八世孙曝“莱阳姜氏族谱增修序”；光绪丁亥十八世孙岩、岳“敦睦堂姜氏重修族谱序”；明万历十八年庚寅（1590）邑人谭仲项“莱阳姜氏族谱原序”；十二世孙安节“书族谱后跋”；清乾隆五十三年戊申（1788）十四世孙苘“莱阳敦睦堂姜氏族谱增修序”；修谱名氏（万历庚寅修谱，康熙甲辰修谱，乾隆己巳修谱，乾隆戊申修谱，光绪丁亥修谱）；凡例（万历，康熙，乾隆戊申，光绪）；目录。

是谱之乾隆戊申《凡例》最后一条：“修谱以世系为重，原谱（共有）十九卷，有选举、锡命、科第、宦绩、行谊、文学、恩纶、赠篇八卷。今物力不及，不能尽镌，另纂家乘。续刻庶不没先人之实，亦为后日续修谱牒之便，非擅更易也。”故是谱只保留溯源、谱图、遗像、茔域、节义、贞烈、女节，共十二卷。

《凡例》中又一条：“莱阳姜氏不一，始具迁自宁海铜（尚）陵村，系出无考，各自为族。今吾族于（谱）每纸折末书‘敦睦堂’以别之。堂名，本堂祖孝介公谱《跋》，尊祖睦族敦宗之意。”

敦睦堂姜氏始祖讳义，元末自宁海州徙莱阳，占籍杏坛里，世居城南村（今烟台莱阳城厢街道城南村）。

杏坛里，也称杏坛坊，为莱阳城里一街区。明代的莱阳县城被划为六坊，分别是忠正坊、宣化坊、杏坛坊、迎仙坊、贤古坊、东北关坊。

其《溯源》载：“按史，神农氏生于姜水，因以姜为姓，姜氏得姓自神农始。又按《史记·齐世家》，太公望者，东海人，其先尝为四岳，佐禹平水土有功，虞、夏之际封于吕或封于申。夏、商之时，申、吕支庶或为庶人，其神农之苗裔欤！及太公以功封于齐，齐地之有姜氏，又自太公始，由齐祚沦夷后，迄今二千年，其间世系虽不可尽考，然姜姓之见于四方者，大抵皆太公之后云。”“北方兵火屡见惨异，故家文献罕能远稽。吾姜氏旧隶东牟，自义祖迁莱之后，世虽未久，而长老所传盖不知几经灾变矣。前此谱牒莫考，东牟本源难逢，故自义公为始祖云。”

《东莱鼎甲庄姜氏族谱》分卷（一）

歲次壬午仲秋

姜氏族譜

樓霞遠東石印局印

《东莱鼎甲庄姜氏族谱》分卷（二）

東萊鼎甲莊姜氏族譜序

萊陽望族群推張趙左宋張左宋發跡均在明季趙為炎宋宗室貴顯獨早可見帝王後裔富貴較易然探本溯源究不及姜氏來歷之遠且大也姜系出神農迨至周初太公實封於齊傳國久遠支庶繁多散居膠東一帶神明之胄與庶姓迥然異矣萊陽姜姓頗夥其居鼎甲莊一支以廣文起家嗣後擢高科列名宦者代不乏人予所及見有子安先生者以名進士筮仕河北官聲卓著惜享年不永未獲大展其才不然建功立業豈僅以賢有司終哉今歲秋姜君統五纂閤族譜書既脫稿子陶携以過我子陶者子安之公子也云將付梓囑作序言勖以學識淺辭不獲免綴數語聊以誌景慕云爾

中華民國二十八年十一月六日清庠生力皆王自勖撰

《东莱鼎甲庄姜氏族谱》元、亨、利、贞四卷，四册，民国印本。框高19.5厘米，宽26.6厘米，四周单边，单鱼尾。书衣：东莱鼎甲庄姜氏族谱。书名页：姜氏族谱，岁次壬午仲秋，栖霞远东石印局印。

卷元前有：中华民国二十八年（1939）清庠生王自勖“东莱鼎甲庄姜氏族谱序”；民国二十六年（1937）十七世孙利亚“续修姜氏族谱序”；康熙五十二年（1713）十一世孙允垲“昌阳姜氏系序”；嘉庆十五年（1810）十三世孙圣清“重修姜氏世系考序”；道光十年庚寅（1830）十四世孙运达“姜氏系易知录序”；东莱鼎甲庄姜氏族谱重修名录、凡例、目录；正名议（命名定式）。

东莱，古郡名，辖地包括今烟台市、青岛市、威海市在内的胶东地区，鼎甲庄为今莱阳古柳街道丁格庄村。

姜姓源自远古时期炎帝，即神农氏。相传炎帝生于姜水（今陕西岐山县），故以姜为姓，该姓是中国最古老的姓氏之一。在后来的历史发展中，炎帝的许多子孙又演变为其他姓氏，经考证，由姜姓演变而来的姓氏有二百四十余个。虞、夏之际，炎帝的裔孙因辅佐禹治水有功，被封于吕地（今河南南阳），并复赐以姜姓，以延续炎帝的香火。其后裔吕尚，姓姜，名尚，一名望，字子牙，一字牙，被周文王拜为“太师”，称“太公望”，人称“姜太公”，后被周武王尊为“师尚父”。姜子牙辅佐周武王伐纣建立了周朝，因功勋卓越，被周天子首封于齐地营丘（今山东淄博市临淄区），建立了齐国。

是谱之《二十五丘断碑文》曰：“吾姜姓实是炎帝神农之后，帝生姜水，因以为姓，始都开封，继都曲阜。帝生临魁，魁生承，承生明，明生宜，宜生来，来生里，里生榆罔，世世相继，为帝八代。后至轩辕时，其州、甫、甘、许、戏、露、齐、纪、怡、向，皆帝之后，俱为诸侯，历数传，有羲仲、羲叔、和仲、和叔为帝尧治历之官。佐禹平水土有功，虞、夏之际，封于申，封于吕，厥后太公望，名吕尚，盖从其封姓也，太公佐周武王，师之，尊为‘尚父’，伐纣有天下，以功封于齐。以故，东土姜姓众多也。太公之第三子讳伋，为人直烈，谥曰‘丁公’，后世丁姓，其苗裔也，世传丁家庄，即其故居。”

王自勖《序》曰：“莱阳望族群推张、赵、左、宋，张、左、宋发迹均在明季，赵为炎宋宗室，贵显独早，可见帝王后裔，富贵较易。然探本溯源，究不及姜氏来历之远且大也。姜系出神农，迨至周初，太公实封于齐，传国久远，支庶繁多，散居胶东一带，神明之胄，与庶姓迥然异矣。莱阳姜姓颇夥，其居鼎甲庄一支以广文起家，嗣后擢高科列名宦者，代不乏人。”

据是谱介绍，东莱鼎甲庄姜氏始祖伯源，字济南，号温泉，原籍宁海州岗陵村（今山东乳山徐家镇东、西峒岭村），为万户公房之后裔。伯源元至正十七年丁酉（1357）拔贡，授兖州滋阳县经历，后任莱阳广文，年七十岁时致仕，不返故里，占籍莱阳丁格庄村。

广文，古代官职俗称，唐玄宗天宝九年（750），在国子监增设广文馆，设博士、助教等职，领国子监学生中修进士业者，此教职在当时被看作清苦闲散之职。明、清时期之儒学教职，其处境与唐广文馆博士相似，故称之为“广文”，亦作“广文先生”。唐杜甫诗《醉时歌·赠广文馆博士郑虔》：“诸公衮衮登台省，广文先生官独冷。甲第纷纷厌粱肉，广文先生饭不足。”

命名定式（自二十世起）：“祖德千秋远，宗功百世长。西周诒燕翼，东海荷龙光。”

是谱贞卷（第四卷）载东莱鼎甲庄姜氏传志、科名表、孝义表、女节表、文艺表、眉寿表、墓记、祭记等。

《山东福山古现集姜氏谱书》不分卷（一）

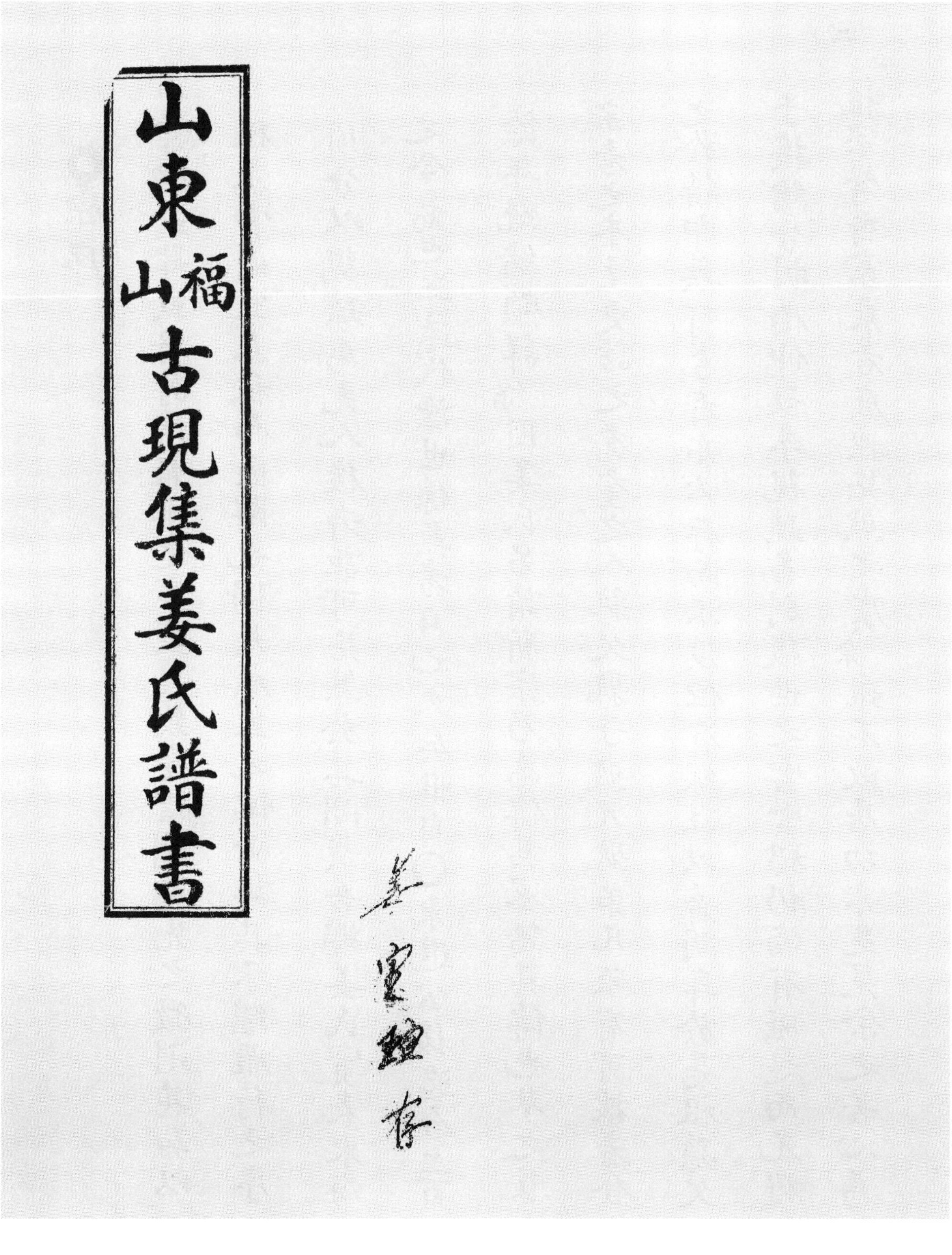
山東福山古現集姜氏譜書

姜寶理存

《山东福山古现集姜氏谱书》不分卷（二）

○原序

嘗謂或肆或將詩傳報本之事致殽致愛禮闡奉先之微則甚矣以徃蒸嘗固宜春秋而匪懈也獨是燕翼之傳必詳其承繼雁行之序須分以親疏為先人後者詎可茫然於其間哉吾鄉姜氏實表東海之令裔也年遠代湮世係無考日已久矣惟自○東進公後迄今二百餘年統緒頗詳余因姜氏另請新宗乃為傳其家譜其傳也參之舊宗考之木主更訪之耄耋之人孰父孰子孰兄孰弟凡確有可據者登之於譜即無可考者亦必存而不沒但有線註以著明耳於是祖孫父子接續分明伯仲叔季親疏各別後世之雲雲礽礽倘有崛起而光耀祖宗馨香家乘者庶無茫然之虞余雖不敢居功亦足見余之苦心焉

（三）

《山东福山古现集姜氏谱书》不分卷，一册，民国抄本。书衣：山东福山古现集姜氏谱书。书名页：山东福山古现集姜氏谱书。

前有：道光拾八年（1838）冬至前二日，表孙栾文端信方氏“原序”；光绪七年（1881）立冬后三日，十世孙永安号心一“自序”；民国廿二年岁次癸酉（1933）冬至后二日，十一世孙逢周字莲塘“序”；民国廿八年（1939）清明节吉日，十三世孙宝琳字作玉撰正重修；民国廿九年（1940）立冬后五日，十二世孙荆字乐三重修监印“重修支谱序”。

后有：民国三十年岁次辛巳（1941）中和节翌日，十三世孙宝琳。字作玉略至箴言；命名定式；民国三十年三月三日，大连西岗谷生斋承刊印。

山东福山古现集，即烟台市福山区古现镇驻地，现为山东烟台开发区古现街道办事处驻地，分为东、西两村（以前也称为东庄、西庄）。

是姜氏始祖名为东进，何时迁古现不可知，四世祖永美生二子（五世），长子从龙（生五子，一子幼亡），次子文龙（生六子），即自六世起分为北支（长支）、南支（二支）。谱载：“六世祖，由此分为长支北四分、二支南六分，统称十老分。北四分即长支，从龙之后；南六分即二支，文龙之后。”然而，谱中所列除北南二支外，还有一西庄子分支，但此支仅是从第五世开始记载，五世以上无考。此处之西庄子应该即现在的古现街道西村。

其南支十三世孙宝琳在民国三十年定出辈序时说：“自此以后，再从十四世‘笃’字起首，顺序下派，后起务望追远报本，使之常常昭穆相当，伦序不失，以承祭祀，后裔述其前世所作，继续往下重修，先后不紊，皆得其详，是亦祖德宗功永垂不朽云。”其命名定式为：“笃念本源，文光绍永。敬承基绪，德泽延洪。”

是姜氏谱书由其外表亲栾文端初修于清道光十八年，至光绪七年又有北分十世孙永安添画世系表，民国二十八年又有宝琳重修，两年后印刷成书，此抄本应该是依据印本手抄而成。

永安在《自序》中记述了其修谱、护谱之经过：

> 我姜姓之原无家谱，亦以此耳，是故茔中只知呼之为老坟者并不知所讳何名，宗上前五、六世之祖父祖母多系无考者，亦不知坟居何所，且南北二分（即古现和西庄子）亦不知何时分支，而北分自五、六世以前，更毫无所考。由此观之，能不令后人触目伤心乎？而家谱可不早修耶？
>
> 我姜姓原分南北两分，原无家谱，亦无家祠。南分之宗供在亭兄（南分十世）客舍内，北分之宗供在柄兄（西庄子十世）客舍内，年节之下互相拈香化纸而已。自道光十八年

始共修家祠，宗始合焉。幸有栾表祖讳文端者为之写宗，始为新修家谱二策，南存一策，北存一策，北分不知何人收存，南分原存尊长手内，至咸丰年始归予手。予细阅，前五、六世之无考者固不必论，即六世以后之有考者亦多遗落颠倒，此亦不论。乃至咸丰十一年遭捻匪之乱俱各逃奔，予家中之物毫无携带，惟思家谱一策所关甚重，由是刻不离身，率领眷口逃奔在外十数余日，幸而托庇逃回。此时所有民房概为烧毁，而惟家祠犹存，独将宗匣移在院中焚化，予族中人只得另议传宗，而北分之家谱无有矣！向使予不带出亦是烧化，虽欲另行传宗，不将茫然无措乎？故曰家谱一策所系甚重也！予已花甲，犹可誊写，就原策其有遗落者补之，颠倒者正之，只于前五、六世之多多无考者，仍然祖父祖母分立，向七世以后则不必矣，且将有考者画为世系，于前重修数策名分存留，以备不没云。

民国二十八年十三世孙宝琳《重修支谱序》曰：

吾族籍隶福山历有年所，而谱牒之修则始于道光十八年，同乡栾表叔祖信方公文端者为之编次订正，即所谓旧谱也。嗣后派别支分蕃衍益众，至光绪七年，我先叔心一公永安虽复画为世系，然未曾梓行。恐历久就湮，是用极极。溯我族寄居古现集已经数世，类皆耕读传家，绵延无替。自心一公迄今又五十余年矣，生齿日繁，户口愈增，欲统修全谱则任大责重，非力有裕如者曷克承办？顾统任之则力绌，分任之则力自足，今合族中共议，先行各修支谱，镂板装印，家守一编，以待后起有殷实者力能统承，采取汇录集而成之无难矣，是则予之厚望也！

《定海郡隋氏族谱》十二卷（一）

定海郡侯

山東登郡萊陽鹿野莊華萼堂廿四世孫錫齡重修

隋氏族譜

民國拾年文登上徐村和順堂廿五世孫熙麟重印

萊陽城內新華隆石印

《定海郡隋氏族谱》十二卷（二）

定海侯隋氏族譜序

韓昌黎有言莫為之前雖美弗彰莫為之後雖盛弗傳由此推之天下之事必前後裨映始足遠矣則譜之宜修亟矣譬如黃河之水發源星宿支流有凡誌水者僉曰黃河幽陵之木枝條森鬱陰可數畝誌木者僉曰幽陵雖然流長易忘枝遠則難紀五世祖免而後興水木之思者鮮矣況歷世久遠哉今萊州掖縣宗侄有志於修譜合遠近聯親疏非為己也為隋氏之世世祖宗代代子孫敦睦之誼誠厚矣哉吾始祖本居栖霞徙居萊陽隋氏元時安遠大將軍定海侯萬戶村公諱　世昌其著者也由萊陽徙居青州之壽光樂安諸城萊城之即墨昌邑登州之文榮招黃皆自萊陽出者也雖居十餘縣皆一族也而社各異一社也而甲各異祖孫叔侄而不知本來者多矣黃與萊陽似無所稽余至萊陽隋家屯稽派溯源論其輩次與人鵬原係兄弟本同一派宗舜侄果能矣公矢慎誠修譜之有功者也廣親親之愛在前則有徵在後則有先在今則可信在後

隋氏族譜序 八

《定海郡隋氏族谱》十二卷，十二册，附《隋氏续修族谱捐簿》一册，民国印本。框高20.6厘米，宽26.8厘米，四周双边，单鱼尾。书衣：定海郡隋氏族谱。书名页：定海郡侯隋氏族谱，山东登郡莱阳鹿野庄华萼堂廿四世孙锡龄重修，民国拾年文登上徐村和顺堂廿五世孙熙麟重印，莱阳城内新华隆石印。

卷一前有：明景泰甲午（此处误，景泰无甲午）十二世孙“隋氏家传序”；清康熙三十三年（1694）十八世孙询“隋氏房社序”；元《登州府志》摘录；乾隆三十八年甲午（1773）二十世孙纯武“定海侯隋氏族谱序”；乾隆三十八年甲午二十世孙人龙“隋氏族谱序”；嘉庆十一年丙寅（1806）二十二世孙琮“重修隋氏族谱序”；光绪十七年（1891）二十三世孙招远县戊寅岁贡凤楷“重修隋氏统谱序”；宣统四年（当为民国元年，即1912年）二十五世孙文礼“重修隋氏族谱序”；定海郡隋氏族谱通例；命名定式；定海郡侯隋氏族谱四京八省目录；民国十年（1921）莱阳县鹿野庄华萼堂二十五世孙文礼“续修重印谱书序”。

卷五前有：民国九年（1920）莱阳二十五世建勋“续修重印通谱序”；四京八省全目录（顺天、山东、奉天、吉林、江苏 、安徽、河南、山西）；书名页：山东隋氏续修重印谱书。

鹿野庄，即芦叶庄，今属莱阳龙旺庄街道办事处，清初建村，因村南清水河畔有芦苇生长，取名芦叶庄，后改名为鹿格庄。

隋姓在隋代以前为随姓，起源有三支：其一，相传是女娲的乐师“随”的后人以先人名为氏；其二，周代王族被封于随（今湖北省随州），以国为氏；其三，晋上卿“士会”封邑在随（今山西省介休），以封地为姓。这三支随姓之大部族人在隋代时，因避讳隋文帝之前封号“随国公”而改为“隋”姓。但在东汉时，就有隋昱，官至五原太守。

是谱所记载之隋姓始祖世继，于南宋末年，由河南汝宁府固始县东关迁居山东栖霞县南蛇窝泊定居。其四世祖宝于元初任山东莱阳县知县、莱州节度判官，封“怀远大将军”，迁籍莱阳。其子世昌因“佐元定鼎”有功，拜“安远大将军”，封“定海郡侯”，食邑万户，谥“忠勇”，载《元史》，赐谕祭葬。其谱名即由此而来。

是谱分上、下二部，自始祖至三十二世止，共印一百余套。上部四卷，一至四册。下部八卷，五至十二册。

命名定式：三十一世至五十世，“修德传先祖，功臣衍泽长。忠清连盛业，海岱永书香”。

谱中记载：“大明末鼎，连年大祲，幸有祭田存钱五十余万，分与九族，吾隋氏自此以后，遂各处一方焉。”“长支：青州府之寿光县彭家道口、广饶县北隋家庄；次支：莱州府之高密县南关碾头、即墨县老山北头消汪；三支：登州府之莱阳县曲坊村；四支：登州府之文登县西门里；五支：济南府之武城县隋家庄、登州府之福山县灶户头村；六支：登州府之莱阳县赵疃村；七支：登州府之栖霞县水头村；八支：莱州府之昌邑县埠阳前村；九支：莱州府之平度州洪兰村。”

《隋氏族谱》四卷（一）

隋氏族譜

《隋氏族谱》四卷（二）

定海侯隋氏統譜　　萊陽二十四世孫錫齡重修

男文禮　姪建勳　仝較

大宋自河南汝甯府固始縣遷登州府栖霞縣南四十里蛇窩泊住卜巽村東蘭封塋有宋時碑

一世　始祖

二世　世繼

三世　繼善　孫氏

四世　寶　王氏　李氏

安　劉氏

五世　伯元　元儋生

德仁

國忠　任澤州判官

世昌　章氏

榮

賢

演　王氏

顯　黄氏

德義　高氏

六世　世榮　任高容縣知縣

國英

七世　仲溫

仲良

仲恭

自五世祖世昌幼負大志涉經史佐元定鼎有功封定海郡萬戶侯

自四世祖寶元初任萊陽知縣充萊州節度判官

自四世祖終高容今巽高容縣碾頭至道光年始立石碑

第一圖自一世至七世止再載在二圖十二世止

《隋氏族谱》四卷，四册，民国印本。框高 21.0 厘米，宽 26.4 厘米，四周单边，无鱼尾。书衣：定海郡隋氏族谱（红印）。书名页：隋氏族谱（红印）。

卷一前有：明景泰甲午（此处误，景泰无甲午）十二世孙“隋氏家传序”；清康熙三十三年（1694）十八世孙询“隋氏房社序”；元《登州府志》摘录；乾隆三十八年（1773）二十世孙纯武“定海侯隋氏族谱序”；乾隆三十八年二十世孙人龙“隋氏族谱序”；嘉庆十一年（1806）二十二世孙琮“重修隋氏族谱序”；光绪十七年（1891）二十二世孙凤楷“重修隋氏统谱序”；宣统四年（当为民国元年，即 1912 年）二十五世孙文礼“重修隋氏族谱序”；通例。

是谱为《定海郡隋氏族谱》之上部，由莱阳二十四世孙锡龄于民国初年重修，其子文礼、侄建勋校对，记自始祖至二十二世止。印数为一百部。

隋氏莱阳二十五世建勋在其下部之《续修重印通谱序》中记载：

> 难矣哉！谱书之修也。自十一世盛祖以下，踵事而修之者，代不乏人，然惟我锡龄伯集其大成。而文礼兄又数年逐一补全，慨然自印上部，自始祖至二十二世止，敬印百部，五年九出，亲送至各县合族留存，谱书并续修之。惜其无力辍焉中止，家贫身弱，尤念存心。
>
> 文登县南上徐村，有族弟官印“熙麟”者，在青岛（任）山东银行行长、山东省长公署名誉咨议，华信号主人也。孝心勃发，意欲重修全印。予与文礼兄同合族人等公议曰：若重修全印原稿，未免汗牛充栋，奚与其繁，而运之艰，何如简而易为功乎？于是，删其繁，就其简。皆自二十一世起，顶上接二十世，是为五图十二卷，合订一部，亦印百有余部，分为两套，合为一帙。

在《隋氏续修族谱捐簿》中排名第一记载：“隋熙麟，山东省长公署名誉咨议，华信号主人，青岛山东银行行长，石卿，山东文登。捐大洋壹仟元。”

《昌阳吕氏族谱》四卷（一）

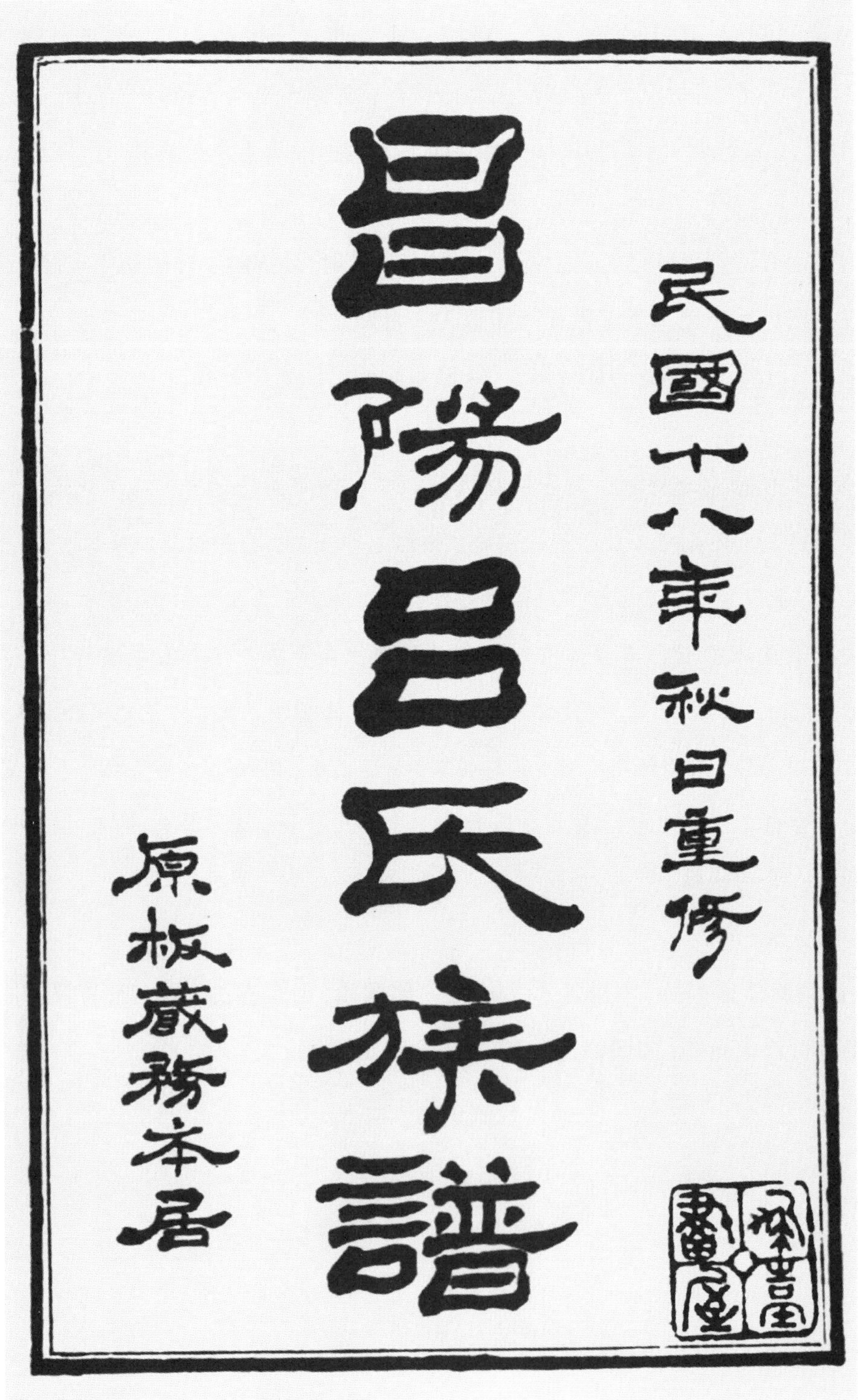
民國十八年秋日重修

昌陽呂氏族譜

原板藏務本居

《昌阳吕氏族谱》四卷（二）

昌陽呂氏族譜序

族之有譜所以明遠近別親疎合同族之人而示之式本以生其敬愛且以傳後世於無窮也吾呂氏自河南徙萊陽十有餘世族大人衆相遇於路藐然不知其何氏歲時聚會有問以始祖之名而不知者或

《昌阳吕氏族谱》四卷，四册，民国印本。框高20.5厘米，宽26.4厘米，四周双边，单鱼尾。书衣：吕氏族谱。书名页：昌阳吕氏族谱，民国十八年秋日重修，原板藏务本居。

卷一前有：乾隆二十一年（1756）春三月十二世孙之尚“昌阳吕氏族谱序”；十四世孙律“修谱条例”；道光六年（1826）春三月外裔孙姜世昇“昌阳吕氏重修族谱序”；光绪乙巳年（1905）仲春莱阳县正堂翁庄仁“吕氏重1826修族谱序”；民国十八年（1929）九月“昌阳吕氏重修族谱序”。

卷四后有：吕氏合族里居一览表与各支谱书一览表。

昌阳，古地名，今属山东省莱阳与莱西。汉高祖刘邦时置昌阳县，设治于今山东威海市文登区宋村东，属东莱郡。东汉、魏因之。晋初，废昌阳县并入长广县。晋惠帝司马衷太康八年（298），又析长广县复置昌阳县，设治于今莱阳市照旺庄，属长广郡。唐高宗李治永徽元年（650），昌阳城被水淹，迁县治于今莱阳城址。后唐庄宗李存勖同光元年（923）为避祖“国昌”讳，改昌阳为莱阳。

《昌阳吕氏族谱》即为今莱阳之吕氏族谱，莱阳吕氏系于明朝洪武初年，由河南省河南府新安县（今河南省洛阳市新安县）迁来，而新安吕氏由山西洪洞迁徙而来。其谱书于乾隆二十一年始修，道光六年续修，光绪三十一年再修，民国十八年重修。此次重修谱书共印壹佰肆拾陆部，分藏于各支派村与各吕姓个人手中。

莱阳吕氏始祖讳“大公”，至三世惟刚、惟能分为二支，至四世才友、敏各生五子，分为九支。故是吕氏一族以此为九支派。其十四世律在《修谱条例》中特订立纲领一条：“修谱务要纲领分明，由一世而至三世，分为二大支，此其大纲领也。至四世才友祖生五子，分为五小支。四世祖敏祖生五子，一子绝嗣，分为四小支。合之共九支，此其小纲领也。外此不敢妄为分析。”

吕氏外裔孙姜世昇《序》曰：“予于吕氏，母党也。昇自髫龄时，侍外王父实园先生侧，耳提面命，每以敦伦睦族为谆谆，且述先世庭训。曰：吾吕氏一门，无大富贵功名表异于世，惟自上世从来，耕读相传，淳朴相尚。一切冠婚丧祭，兢兢守家礼，至今不敢背。盖合族之意，传自先世者有如此。以今考之，吕氏自入莱阳以来，其科考有登一榜两榜者，其宦绩有为守令者，其忠勇有入忠义祠者，其节烈有入节孝祠者。”

吕氏之得姓始祖伯夷，为炎帝之十四世孙、共工的四世孙，生活在公元前2300年前后，曾辅佐帝尧掌管四岳，既治理部落联盟，又助帝禹治水，为大禹之“心吕之臣”（心腹重臣），被封为吕侯，在河南宛地建姜姓诸侯国吕国（今河南南阳地区）。春秋初年，吕国被楚国所灭，其部分子孙以国为姓，散居于韩、魏、齐、鲁等国，史称吕姓正宗。

伯夷吕氏三十七世裔孙吕尚（又名姜尚），文韬武略，辅佐周文王、周武王，灭殷商建周，被封于营丘（今山东省淄博临淄），建齐国。十二代国君齐桓公小白，忠天子，爱国民，国力强盛，号令诸侯，成为春秋五霸之首。至二十世齐康公，齐国为田氏所夺，共三十二位国君，吕氏享国六百六十余年。

《即墨江氏族谱》六卷（一）

民國乙亥重修

即墨江氏族譜

《即墨江氏族谱》六卷（二）

即墨江氏族譜序

江氏系出伯益國爲氏迄見春秋後著濟陽濟陽漢諫議大夫次翁華之素棒而次翁巨孝名天下傳十一世有歷元者以文

《即墨江氏族谱》六卷，六册，民国印本。框高20.5厘米，宽29.4厘米，四周双边，单鱼尾。书衣：即墨江氏族谱。书名页：即墨江氏族谱，民国乙亥重修。

卷一前有：即墨知县欧阳大勋嘉庆辛酉（1801）"即墨江氏族谱序"；万历二十五年（1597）六世孙一带"江氏族谱引"；万历三十五年（1607）六世孙一跃"后序"；康熙四年乙巳（1665）七世孙梓"江氏族谱序"；康熙六年（1667）八世孙通潢"又叙"；康熙六年丁未八世孙连珠"后叙；康熙二十五年（1686）八世孙通潢、九世孙奇生"又叙"；乾隆辛巳（1761）十二世孙振"序"；嘉庆六年辛酉十三世孙望龄"叙"；道光十年癸巳（1830）十三世孙焕品"叙"；光绪十四年（1888）十六世孙益先"叙"；民国二十四年乙亥（1935）十五世孙方銀"叙"；民国二十四年乙亥十七世孙存瑜"叙"；民国二十四年乙亥十八世孙敦峨"后序"；民国二十四年十九世孙崇岱"叙"；民国二十四年乙亥"归宗序"、"归宗各支公产问题"；凡例（九世孙广霈识）；条记（乾隆辛巳十二世孙振、民国二十四年乙亥十八世孙敦峨识）；始祖祠堂图与各支各世祖茔图若干幅；目次。

《即墨江氏族谱》初修于明万历二十五年，由六世孙江一带在其九十一岁时修成，刻版印行未竟而逝，后由其弟一跃等族人于万历三十五年付梓完成。第二修"始于清康熙四年乙巳，成于康熙六年丁未"。又在康熙二十五年，由八世孙通潢等人增补，至乾隆二十六年辛巳重修，但没有正式成书。到了嘉庆六年辛酉，十三世孙望龄倡议复修族谱，"于是充采访者有人、同纂修者有人、任校阅分督催者各有人"。并且，由时任即墨县知县欧阳大勋作序，又经过道光十年癸巳、光绪十四年戊子两次续修，到民国二十四年乙亥，又一次修订。

由历次修谱可知，江氏迁居即墨历史绵远，但遗憾的是，江氏于何时、从何地迁来即墨已不可考。七世孙梓康熙四年谱《序》曰："吾族之在即墨，原分自江西。其上世传闻：或以为出于金溪，或以为始于贵溪，其源本无从稽也。其移居时数，或以为来于金朝，或以为迁于元季，其年岁莫可考也。然实究其有据，近取其有征，总之，分于盟旺社羊头村，至大明初改籍东南厢，为最真。"

盟旺社羊头村，今为即墨龙泉镇北、东杨头村与即墨经济开发区南杨头村。

在民国二十四年乙亥修谱时，有若干江姓族人前来认祖归宗。《归宗序》记载：

此次增修族谱，吾族人有居莱阳江町村者二十余家，系一派派下十一世祖彩舟后。朱家泊子三十余家，系一亮派下十一世祖瀛洲后。团埠庄二十余家，系一鹏派下七世祖畔后。东辛城二十余家，系一鹗派下十世祖茂杰后。江家屯四十余家，系三世祖铎后。

谱书所载不知何故遗失，经数世或十余世无过问者。今乃饮水思源，咸欲归宗，奔走往来，不辞劳瘁，情殊可悯，心实堪嘉。欲拒之而情有不忍，欲续之而系难遥接，惟附于各支各派之后较为允当。

其九世孙广霈在《凡例》第一条介绍江姓起源有二：其一，“溯源流，详阅《万姓通谱》，江之受姓始于江国，自河南汝宁府确山县是也。传至后汉，孝子江革乃隶山东，故至今多称济阳派焉。因得江南池州府建德玉峰江姓家谱，其间纪（记）载，世代历历可据”。其二，“又考徽州江姓族谱，谓出自鄚侯及唐末避黄巢之乱，过江而南，指江为姓，遂居徽州，在彼处犹称萧江云。溯本穷源，未知孰的。但古初江姓、萧姓同分于颛顼。存此二说，以备参订”。

“鄚侯”是汉高祖刘邦赐给丞相萧何的诸侯封号。刘邦平定天下后，论功行赏，分封诸侯，因萧何“镇国家、抚百姓、供军需、给粮饷”而功勋卓著，被封为有“开国第一侯”之称的“鄚侯”，并准许他穿鞋带剑上殿。其后世子孙，唐僖宗时宰相萧遘因朱温篡唐蒙难，其次子萧祯举家从徽州南渡新安江避难，指江改萧姓为江姓。

即墨江氏由十三世孙望龄于清嘉庆六年，定自十六世至二十五世命名定式：“先存敦崇志，世（底）守继述功。”民国二十四年，又有十八世孙敦峨，定自二十六世至三十五世命名定式：“安居学道义（底），仁（底）寿（底）从孝忠。”

《豫东刘氏家谱》四卷（一）

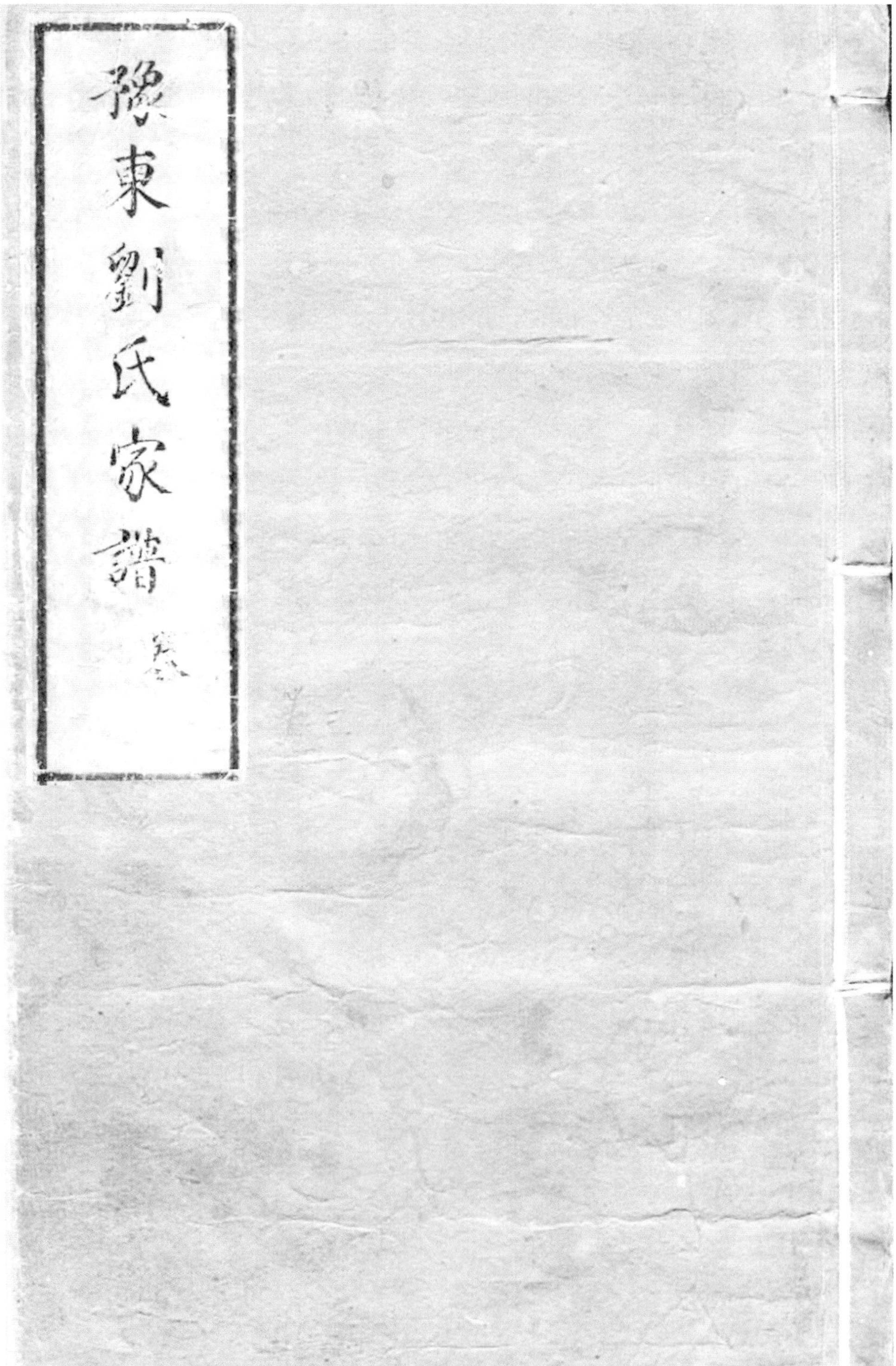

《豫东刘氏家谱》四卷（二）

豫東劉氏家譜

凡例十則

一吾家自河南開封府遷山東登州府棲霞縣蓬萊福山以上無所稽考心齋公立譜以卿公為始祖遂定世系脈絡分明總括全圖計二十世列於卷首以便檢閱

一世表所載貴於一見了然舊譜竪寫今作横寫本名下載行幾某字某號並庠序科名爵職生年月

《豫东刘氏家谱》四卷，四册，清抄本（红格纸）。框高 20.5 厘米，宽 13.8 厘米。

卷一前有：乾隆四年己未（1739）五世孙汝敬“家谱序”；乾隆五十六年辛亥（1791）七世孙曰义“续修家谱序”；嘉庆十三年（1808）曰义“命名词”；嘉庆二十年乙亥（1815）八世孙元凯、元悟“续修家谱序”；道光十九年己亥（1839）九世孙希芝“重修祖庙并续家谱序”；咸丰十一年辛酉（1861）九世孙希亮“世系图序”；光绪四年戊寅（1878）九世孙希祖“增修家谱序”；光绪五年己卯（1879）希祖“茔田记”与“房社记”；豫东刘氏家谱凡例十则；目录。

是谱一至三卷为世系图与世表，卷四为宗祠基图、茔地图、碑文、祭田、诰敕、行述、寿文、匾额、传。由五世孙汝敬于乾隆四年始修，但只是汝敬本支谱。后于乾隆五十六年，由七世孙曰义增修成合族通谱。又经过嘉庆、道光、咸丰、光绪年间的不断续修，扩记至蓬莱、福山、栖霞及海北等地之刘氏宗亲，于十三世“光”字辈止。

此刘氏一族辈分命名传承清晰，命名词自一世国、二世志、三世龙、四世印、五世汝、六世大、七世曰、八世元、九世希、十世贤。刘曰义于嘉庆十三年，依五行相生之意，取“汪本光在钧，冲朴灼坦钜”十字，用自十一世始，至二十世止。

其九世孙刘希祖在光绪五年己卯九月十六日有《房社记》文一篇，摘录如下：

吾家自豫来东也，三百载矣。老成凋谢，文献无稽，独房社为近古。每春秋祭墓毕，合族长幼六十以上者饮酒坐席，六十以下者条桌吃饭，名之谓“房社”，即中庸“燕毛”之礼也。日后支派繁衍，祭余无多，长辈年幼者入坐，小辈年高者不入，且生齿日众，当社之家赔垫不给，以此不睦，余心伤之。

丙子岁春，归家祭墓毕，因敦睦，伯叔劝惩，侄孙随勃然以兴，如一家之父子焉。立即举十人：希信、希呐、希敬、贤德（得）、贤谈、贤俊（寯）、贤崇（宠）、贤佳（家）、汪清、汪铎。有不能当者，各保一人，再大家议定。以后本宗大小事，务必聚齐商酌。敦厚和平，禀命尊长，同心协力而行之，庶百不失一。

兹议：停食福三年，兼化一小缘簿，每亩大钱五文，每人钱十文，值买田产，以为添助房社之资。仍复旧制，自光绪五年九月十六日起，不按支派，谁非高曾之孙嗣后，临门祭祀当社。有分家添者，兄照原序，弟列于一周之后。以年数为准，有六十岁赴席，不足六十者不入。外村归家祭墓，即年幼亦坐席，余仍照旧。乃敬宗收族之谊，绵延弗替。后之继者，谨守而光大之，无忘敦睦劝惩之义。则又余所深冀也。

“燕毛”之礼，出自《礼记·中庸》，指宴饮时年长者居上位的礼节。《礼记·中庸》：“燕毛，所以序齿也。”郑玄注：“燕，谓既祭而燕也，燕以发色为坐。”朱熹注曰：“燕毛，祭毕而燕，则以毛发之色别长幼，为坐次也。齿，年数也。”

何谓“豫东”？其刘氏九世孙希祖在序中特有解释：“书首添豫东二字，以别刘氏之同，又志不忘本之意。”刘氏一族乃于“明嘉靖年间，自河南开封府避乱山东登州府栖霞县西林村居焉，迁蓬莱县许家沟村籍焉”。

西林村，现为栖霞藏家庄镇西林村。

许家沟村，现为蓬莱大辛店镇东、西许家沟村。

刘曰义（1760—1812），豫东刘氏第七世孙，字乔林，一字立夫，自号笠夫，今烟台栖霞藏家庄镇乔子村人，乾隆四十八年癸卯（1783）举人，河南兰阳县（今属河南兰考县）知县。他尤精算学，著有《勾股图》一卷、《面体算术》八卷、《九章算式》三卷、《汉书律历志算草》三卷等。

其好友张志伦在其《笠夫刘先生传》中说：“先生栖霞人也，姓刘氏讳曰义，字立夫，一字乔林，号笠夫。祖、父俱业农，有厚德。先生伟干广额，器宇深沉，与人相接和蔼可亲，又善谈名理，每与众人意尽语竭时，复作一两语，辙能发人性灵，泠然动听。居常凝神端坐，无少偏倚，言行务著实地，不随俗浮沉，时或为不见知者所诋。先生弗恤也，少孤，家贫，溺苦学问。”

《即墨县西流峰刘氏世谱》不分卷（一）

光緒三十四年戊申刋修

即墨縣西流

峰劉氏世譜

板存積善堂

劉氏族譜

《即墨县西流峰刘氏世谱》不分卷（二）

劉氏重脩族譜序

歲甲戌余館青埠仲春課間有叟軒昂入塾見其鬚眉皓白清癯德氣盎然與坐而問始識爲吾宗老從九品子山先生也謂世居西流峰嘗與先嚴相過從余敬禮之言論風旨伉爽無齷齪氣談次以所續譜編余爲序余閱竟知其先

《即墨县西流峰刘氏世谱》不分卷，一册，民国印本，框高 21.5 厘米，宽 29.0 厘米，四周双边，单鱼尾。书衣：刘氏族谱（家在西峰山东）。书名页：即墨县西流峰刘氏世谱，光绪三十四年戊申刊修，板存积善堂。

册前有：甲戌宗人刘熥文“刘氏重修族谱序”；光绪三十四年戊申（1908）十四世孙方模“纂修族谱序”；同年十五世孙启慎、启连两篇“刊修族谱叙”；民国二十三年甲戌（1934）十四世孙开谟“重修族谱序”；民国念三年甲戌十五世孙启连“重修族谱序”；民国念三年甲戌十六世孙继惠“重修族谱序”；谱例；补例；刘氏世谱历代名讳下所占之字号。

册后有：茔域说；条约；光绪戊申十五世孙启连“纂修族谱后叙”。

即墨西流峰，即墨一村庄名，即今青岛市即墨通济街道西流峰村。明永乐年，任姓族人来此地定居，今任姓已无，村民刘姓占大多数。因有龙王河自西流来，又处在小龙山东麓，故名西流峰村。

是谱创修于清光绪三十四年，由十五世孙刘启连主修。后于民国二十三年由十五世孙刘启连重修。事隔近三十年，由同一人主修同一族谱，真是不多见。

启连在创修初谱《刊修族谱叙》中写道：“吾家旧谱相传沦于河水，况又代远年湮，统系莫辨，致足叹也。幸我曾祖遗有谱稿，恭按自奉祖卜居于兹，世已阅十七，而奉祖以上未详，所自因以奉祖为一世祖。”

启连父方模在初谱《纂修族谱序》中说：“始祖迁自滇南，占籍于墨之西城，明初屡患河水，旧谱沦于波涛。洎吾一世祖讳奉者再迁西流峰。”

西城，具体地点不详，大约在今墨水河北岸之张家西城村、李家西城村一带。

其十四世孙开谟在《重修族谱序》中，介绍了重修族谱之经过：

> 我刘氏族谱之修，屈指已逾二十六载，循三十年一修之例，谟不得辞其责，爰谋族人，咸称义举。特以旱年，又值减钱，苦于款项是用惆怅，委之族侄启连。连曰：“不难。”余不明其不难之所以，意谓众擎易举，非一人之能为力也。不料，连已早有成算，由家而城阳而流亭而青岛，于本族商贾之金融活泼者，着其自由捐款，不日间，集凑银二百余圆。谟乃喜其人服众望，事故易成。且喜我族人之热诚，而知敦睦之情笃也。于是，鸠工聚材，重修族谱百部，越年许而告竣。

是谱载：

启连，字子山，号乾三，一名升三。从九品衔，例授登仕佐郎。光绪壬辰承祖父命缮写族谱，戊申承父命创修族谱，民国癸酉遵族伯丕显命维持务本堂约，兼重修族谱。子二，长继懋；次继意。

方模，字同林，号范石，太学生，乡饮介宾。幼年失恃，孝友敦睦，建祠修谱，光绪戊申与立务本堂，享年七十六岁。子四，长启连；次启逊；三启选；四启遥。

是谱之《补例》最后一条规定了自十八世至五十七世之命名定式：“克存宗宪（下）志，乃明孝思心。承家先（下）正本，为士贵敦伦（下）。学道可绍圣，慎修（下）在遵仁。致敬念祖训，传（下）述保鸿恩。”

西流峰刘氏世族有三处公产，分别是：清道光年间，由十二世孙世魁、世元兄弟等发起的“积善堂”；同治初年，由十四世孙开讷、开谟、昭初等发起的“永远堂”；光绪戊申，由十四世孙开论、开讲等发起的“务本堂”。

《莱阳彭城郡刘氏族谱》上、下卷（一）

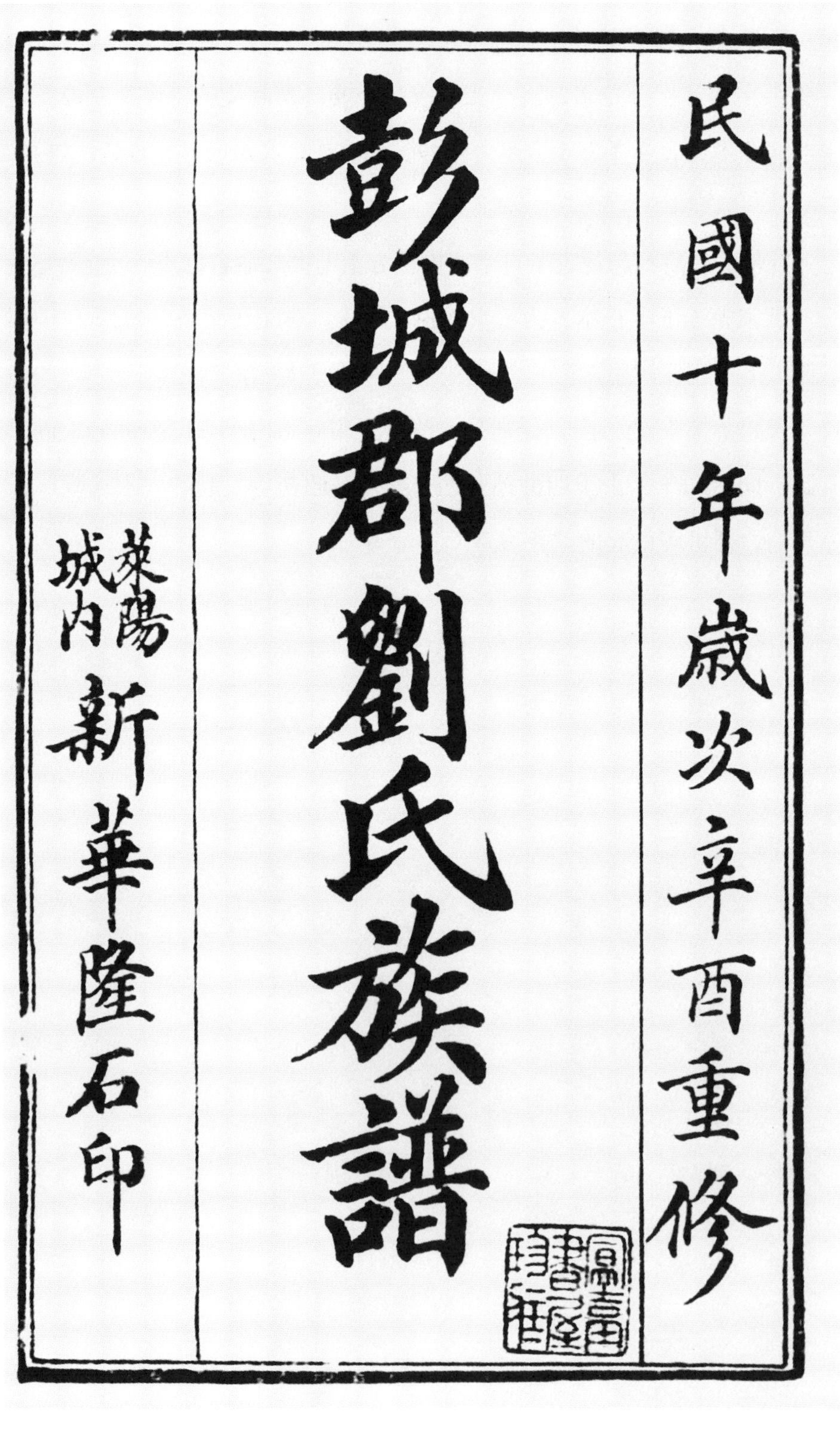

民國十年歲次辛酉重修

彭城郡劉氏族譜

萊陽城內新華隆石印

《莱阳彭城郡刘氏族谱》上、下卷（二）

劉氏世譜

明統編籍萊陽宣化坊七甲

始祖諱彥才好行義任俠初僉捉象夫後改大嵩衛軍尋戍即墨使自備鞍馬策應沿海緩急相傳同從有五支一居水溝頭世應軍役糧草僅同百步軍凡百供給悉出本族一居北寨裡村犁燒田佐食一遊移南嵐至世傑始製蒲蓆一居東關吾祖擇居城内其四支另有族譜本支自始祖以下皆可考也

此序原文云始祖諱得兒者好行云云似彥才祖之上更有祖者又云四支一水溝頭一北寨一南

《莱阳彭城郡刘氏族谱》上、下卷，二册，民国石印本。框高 20.4 厘米，宽 27.0 厘米，四周单边，无鱼尾。书衣：莱阳彭城郡刘氏族谱。书名页：彭城郡刘氏族谱，民国十年岁次辛酉重修，莱阳城内新华隆石印。

上卷前有：清顺治十一年（1654）眷侄宋继澄“刘先生家谱叙”；康熙四年（1665）八世孙汉式“刘氏世谱序”；康熙丙午（1666）十一世孙爌“刘氏世谱引”；康熙乙酉（1705）十一世孙炌“叙”；乾隆五年庚申（1740）十三世孙延昆“叙”；嘉庆三年戊午（1798）十五世孙永祥“刘氏三次修谱引”；同治十二年（1873）表弟进士左川云“叙”；民国十年（1921）邑增生赵云章“叙”；民国十年辛酉十七世孙荣爵“刘氏重修族谱序”；刘氏历世修谱名氏；民国十年重修族谱名氏；谱例；刘氏历世科名录；刘氏合族里居志。

彭城郡，原为西汉时期的楚藩属地，汉高祖刘邦的弟弟刘交受封于楚藩国（属地在今华东一带，辖薛郡、东海、彭城三郡），称楚元王。汉宣帝刘询在地节元年（公元前 69）以楚国改置彭城郡，治所在彭城县（今江苏省徐州市），其统辖范围大致包括今山东微山县、江苏徐州市的铜山、丰县、沛县、邳州等地区。因刘邦祖籍丰县，起家沛县，都属于彭城郡，所以天下刘氏莫不以祖籍彭城而为荣，称自己为彭城刘氏。彭城因此成为刘氏的正宗郡望。

相传莱阳彭城刘氏世族徙自昌邑土门（今无考），共分五支，一支居水沟头村（今青岛莱西水集街道水集一村、二村、三村）；一支居南岚村（今青岛莱西河头店镇南岚村）；一支居北寨（今不详）；一支居莱阳城东关；一支居莱阳城里宣化坊七甲（今烟台莱阳城厢街道）。

是谱所载刘氏系居住于莱阳城里宣化坊七甲，始祖为彦才之一支。彦才大约在明初迁来莱阳，其二世祖训生子二，长子名胜，次子名钊。从此二子始，又分为二支派，即胜公支派与钊公支派。

是谱由七世孙刘学言于清顺治十一年创修，后又于康熙、乾隆、嘉庆、同治年间以及民国十年五次重修。

据是谱载：“七世祖学言，字汝讷，号震河。明万历戊子科进士，授河南淇县知县，升陕西（山西）大同府分府。”

嘉庆三年戊午其十五世孙永祥在三修祖谱时，撰《题记》曰：

嘉庆戊午，修谱将竣，适得见旧谱宋继澄先生序。方知谱修自淇县祖始也，淇县祖讳学言，字汝讷，号震河，后升大同分府驻朔州。谱中传记皆其所著，但年久间有鱼蠹，不便悉载焉。继澄先生，鸿胪公胞弟也，字澄岚，号绿溪。天启丁卯举于乡，本朝纶命屡辞不就，读书万柳屯，友教天下，所往来者皆有道君子。当时称宋征君，道号万柳先生，与余家以世谊而联姻者也。小子永祥谨登其序于编首。

宋继澄（1594—1676），烟台莱阳古柳街道徐格庄人，明末清初著名文人学者，出身官宦之家，三十三岁时中举人。后建山庄办学授徒，据传，每收一名学生，就在山庄边栽一柳树，后来柳树成荫，山庄被称为万柳山庄，继澄便自号万柳居士，人称万柳先生。莱阳名人如左懋第、宋琬等，都出自其门下。著有《四书正义》《丙戌集》《万柳堂诗集》等。明亡后，隐居不仕，死后私谥“文祯”。其长兄宋继登（1579—1642），明万历三十二年（1604）进士，字先之，号道岸。官到南京鸿胪寺正卿，人称宋鸿胪。工书法，著有《松荫堂诗集》。

在民国十年重修谱中定有《谱例》十三条，其中第十三条规定的“命名定式”，八世一循环，有创意，摘出如下：

刘氏之占籍于莱阳者，实繁有徒，支分派别，各为一宗。今定以“金石丝竹，水木火土”为命名之序，自十八世为始，循环不已，虽百世不紊也。

《东莱刘氏族谱》四卷（一）

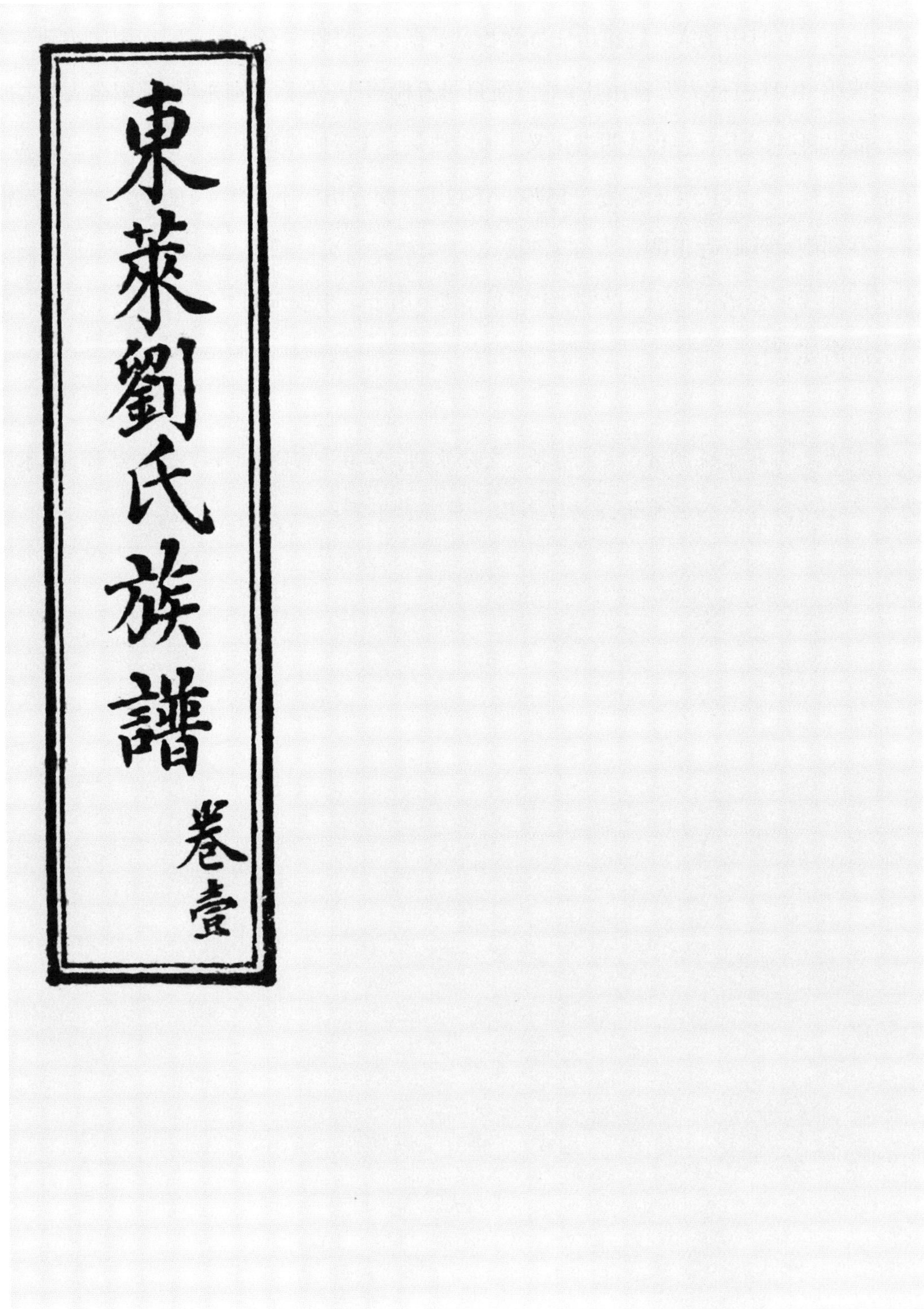

《东莱刘氏族谱》四卷（二）

東萊劉氏族譜序

吾劉氏世居四川成都府。相傳為漢北地王諶之後。固神明之裔也。然世遠風微。姑弗深考。自明初徙於萊州府掖邑。迄於今數十世矣。詩書相繼。科第蟬聯亦邑中一望族云。奈吾家素無族譜。事以久而易泯。其閒世系無徵。名字莫考。更有散處四方。生平不一謀面。並不知其為吾族中人者。甚非所以繼前人而開後昆也。夫木必有本。而後枝葉茂。水必有源。而後

《东莱刘氏族谱》四卷，四册，民国石印本。框高 21.2 厘米，宽 31.6 厘米，四周双边，无鱼尾。书衣：东莱刘氏族谱。

卷一前有：康熙壬辰（1712）族长八十九岁漳慧源氏“东莱刘氏族谱序”；康熙四十六年丁亥（1707）九世孙之达“东莱刘氏族谱序”；乾隆三十八年癸巳（1773）十一世孙象乾“东莱刘氏续族谱序”；十二世孙钟“配偶适庶辨”；同里毛式璐“东莱刘氏族谱跋”；十五世孙毓后“再续东莱刘氏族谱序”；九世孙之达“东莱刘氏族谱凡例”；十四世孙鸿逵“再续东莱刘氏族谱凡例”；目录。

卷四后有：壬辰之达“藏谱小记”；十七世孙书升“再续东莱刘氏族谱跋”与“附记”；说明。

东莱，古郡名。汉景帝初年，分胶东国而置，其地在今山东省烟台市、威海市、青岛市一带。东汉时治所为黄县（今山东龙口市）属青州，曹魏时移治掖县（今山东莱州市），南朝宋时移治曲城县（今山东招远市西部），北魏复治掖县，唐废东莱郡，改为莱州。

目录显示：卷一为始祖志与世系图（共七图）；卷二为世绩录（共十二世二百七十余人）；卷三为大宗图与小宗图（各三图）；卷四为坟墓图（共七图）与义子辨；附编：北流传图与劝置义田。

是谱创修于清康熙四十六年丁亥，但当时只是完成了初稿，过了五年，到了康熙五十一年壬辰，又经过增补、修改，最终誊抄成十部成谱。其中五部大支谱，五部二支谱。其后，又于乾隆三十八年癸巳续修。第三次修谱（即本谱）是在距乾隆三十八年癸巳一百四十余年后的民国四年乙卯（1915）。

《凡例》第一条记：“斯谱之成，始于乙卯三月，成于丙亥（应为丙辰）九月，前后计十有八月。”《凡例》最后记：“续谱已成，当倩石印法，订就四十部，按号分列。”

此次修谱人、十七世孙书升在《再修东莱刘氏族谱附记》中写道：

吾刘氏之谱，自乾隆间续修，距今已百四十余年。支繁派别，兼迁徙靡定，愈远愈疏，平日或相逢，竟若路人，几不知为谁氏，遑计其伦乎？升心焉伤之。此续修之谋，所由起也。

此举自乙卯春，迄今凡十有八月。多方探询，遍历各乡，风雨寒暑，辛苦所不敢辞。至费几许，往返食用，曾所不计。间有探得某支居某乡，数十里往投，一经提及，有喜而赞成者。亦有门若不相识，一再陈说，莫然应之者。且有闭门不纳，笑为多事者。置祖宗一脉为无关切要，殊为恨恨。此无他，世远年湮，愈远愈疏之所致也。

今幸续谱已成，愿吾族众鉴此次之难，岁时伏腊，声气相通，以敦睦为怀，勿为外人讥笑。庶不负此次之深心，至岁月变迁，再为踵成，则望后之有志者。谨略赘数语于谱末云。

书升在字里行间透露出续修族谱之艰辛与无奈。而且，相隔一百四十余年，续修前谱，要比创修一部新谱艰难得多。

他在《跋》中又介绍了其东莱刘氏之始迁祖及迁徙地：

吾刘氏于有明洪武初年，自蜀迁莱，旧谱之有否，无从追溯。迨九世族祖溟如公始成于康熙四十六年。乾隆三十八年，十一世叔祖羲钥公又踵成之。迄今又历多年。

升髫龄时，以为凡莱之刘氏，皆吾族类。及问诸先君，则曰否否。现莱之刘姓，有土著者，有宦于斯寄籍者，且有迁他省者。吾族自明迁来，上世相传，以大公祖为迁莱之始，以次则传闻靡恁。至瀛祖以下始，伦序不失，故以瀛祖为莱之一世祖。垂今已十余世矣。

其九世孙之达在《东莱刘氏族谱序》中介绍其先祖，曰：

吾刘氏世居四川成都府，相传为汉北地王谌之后，固神明之裔也。然世远风微，姑弗深考。自明初徙于莱州府掖邑，迄于今数十世矣。诗书相继，科第蝉联，亦邑中一望族云。

北地王谌：姓刘，名谌，生于约公元228年，死于公元263年，蜀汉昭烈帝刘备之孙，蜀汉后主刘禅第五子。景耀二年（259），刘禅封其为北地王，景耀六年（263），魏将邓艾兵临成都，后主刘禅决定投降，刘谌劝阻无果，自杀于先帝刘备之昭烈庙。

《即墨城后刘氏族谱》四卷（一）

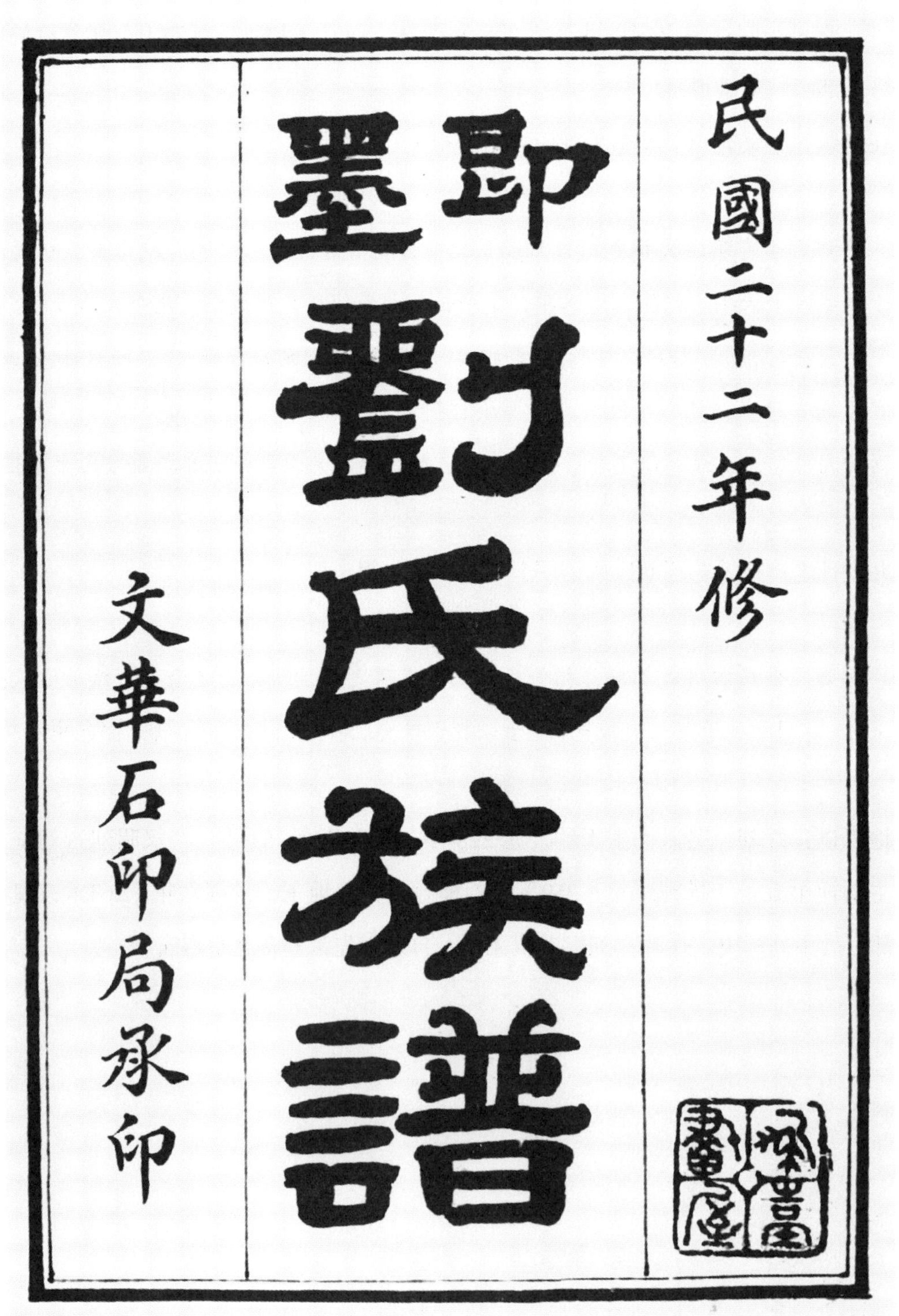
民國二十二年修

即墨劉氏族譜

文華石印局承印

《即墨城后刘氏族谱》四卷（二）

譜序

吾族原籍雲南烏沙衛相傳前明永樂初播遷山東三世　祖龕始卜居墨邑城後故邑人稱為城後劉云今按墨志暨舊譜所載二世　祖萃係宣德壬子科舉人任彰德府推官聞喜縣知縣則是吾　萃祖已入墨籍矣山左劉姓為夥其占籍萊郡知為同族者則有平度之金錢山濰縣之淄莊王伯等處居墨邑者二十餘村城後栗行祖居也故石河頭邨南墳

《即墨城后刘氏族谱》四卷，四册，民国石印本。框高 19.9 厘米，宽 29.0 厘米，四周双边，单鱼尾。书衣：敦睦堂即墨城后刘氏族谱。书名页：即墨刘氏族谱，民国二十二年修；文华石印局承印。

卷一前有：道光癸卯（1843）平阴县教谕韩揆文“刘氏族谱序”；道光八年戊子（1828）十六世孙熙波、熙文“谱序”；道光二十四年（1844）十七世孙鸿图“谱序”；光绪元年乙亥（1875）十八世孙思均“重修谱序”；光绪二十九年（1903）十九世孙贵行“三修谱序”；民国二十二年癸酉（1933）十七世孙选绩“四修谱序”；乾隆三十七年（1772）“祖茔坟墓祭田堂碑记”；道光六年丙戌（1826）十六世孙熙溶、世锡“茔域志”；道光二十四年“族谱凡例”；同族坐落村名。

卷四后有：跋四篇，刊刻名录四篇，修谱捐资名录三篇。

十七世孙鸿图《谱序》曰：

吾族原籍云南乌沙卫，相传前明永乐初播迁山东。三世祖龛始卜居墨邑城后，故邑人称为“城后刘”云。今按墨志暨旧谱所载，二世祖萃系宣德壬子科举人，任彰德府推官、闻喜县知县，则是吾萃祖已入墨籍矣。

山左刘姓为夥，其占籍莱郡知为同族者，则有平度之金钱山、潍县之淄庄、王伯等处。居墨邑者二十余村。城后栗行，祖居也。

即墨城后，不是具体地名，只是表示位于即墨古城城北方向。“即墨城后刘氏”是指居住于城北栗行村（今位于即墨区政府东北面的栗行街一带）之刘氏家族。

此城后刘氏自五世始，分为政、敬、致、信、佐、俍六分支族派，分别居于即墨及东北等地三十余村庄。

其排辈命名定式也别具一格，可用同音字于六支派。其取名范围宽松了许多。详述如下：

谱载命名定式，后人宜悉遵之。但予家族大人众，若尽拘所定字数命名，必至搜寻乖僻，不成文义。今自十九世至三十四世，谨定十六字式，又每于十六字之下，注其字异而音同者，六支分而用之。庶行辈易辨，而命名亦宽绰有余矣。

国（桂贵规）承（程成澄）仁（印人寅）泽（宅择），家（甲嘉）振（震珍箴）书（树述舒）声（昇盛升绳）。象（祥湘翔）贤（咸宪显献）麟（临林）若（悦岳），铭（名鸣明）

佩（沛培）福（甫孚扶）宏（鸿洪衡）。

政祖派：规程仁宅，甲震树昇。象贤麟悦，铭沛甫鸿。

敬祖派：贵成印宅，嘉振述盛。祥咸临若，名培福洪。

致祖派：国承人泽，家珍书声。湘宪林岳，名佩孚宏。

信祖派：桂澄寅择，甲箴舒升。翔显临若，明佩扶衡。

佐祖派：规程仁泽，甲震树绳。象献麟悦，铭沛甫鸿。

佷祖派：贵成印宅，嘉振述盛。祥咸临若，明培孚宏。

是谱《凡例》中有一条规定：“礼有三殇，惟上殇入谱，兹弗拘定。”

殇，意即未成年而死亡者。

三殇，古代丧礼，出自《礼记·丧服》，十六岁至十九岁死亡为长殇（上殇），十二岁至十五岁死亡为中殇，八岁至十一岁死亡为下殇。

《（莱西）刘氏族谱》四卷（一）

南墅

劉氏族譜

元

《（莱西）刘氏族谱》四卷（二）

劉氏碑文

劉氏之來也原自彭城遷居東萊武官莊族甚巨長生眞人子然特出其次有登賢書者惜年遠無所考至中葉我始祖仲良公家道式微二世祖才富於永樂四年流寓昌陽西偏南墅村入贅孫氏而承其業遂遷始祖墓而葬村西焉三世四世五世漸殷富至六世兄弟俱稱素封上謁王公之座下厠縉紳之列劉氏聲名頗震自是而後戶口繁衍凡數十餘村子弟入膠庠而貢成均者接踵相望也布衣偉人亦時出乎其間乃自遼人禍起屠戮倍慘繼以瘟疫滅絕失傳者甚多革代以來儲蓄稍不及昔而人丁書香猶稱望族可惜者曾祖琚所記譜牒被家人損壞以故堂叔琚再修譜書殘缺之餘不勝慨然迄今老成

《（莱西）刘氏族谱》四卷，四册，民国印本。框高 19.7 厘米，宽 27.4 厘米，四周双边，单鱼尾。书衣：刘氏族谱。书名页：刘氏族谱。

卷一前有：乾隆丙寅（1746）十四世孙士蕴“刘氏碑文”；光绪庚辰（1880）十七世孙毓香“刘氏谱牒叙”；民国二十四年乙亥（1935）十九世孙杲“序”；命名定式。

是谱每卷前载有本卷刘氏族人所居村庄名：

卷一，南墅。

卷二，唐家、院上河东、大墅、岚东、院上河西、东洼子、圈里。

卷三，早觉墅、西泥牛庄、冷家庄、北刘家庄、石格庄、台上、新庄、东泥牛庄、管家屯、稻子泊、柳行。

卷四，胡家沟、胡家都、白石山、刘家都、五子埠后、宋家、李家、南刘家庄、卧石、石家庄、院后、南岩、王家都。

这些村庄地属古昌阳县所辖，后唐时唐庄宗为避讳祖名，改昌阳为莱阳。1961 年莱阳与莱西分治，设莱西县，这些村庄属莱西县管辖，现分属莱西市的南墅、日庄等镇，均集中于莱西市的西北部。

据谱中《刘氏碑文》记载，这一支刘氏族人由东莱武官庄（即今烟台莱州市程郭镇之前后武官庄村）迁来。文曰：

刘氏之来也，原自彭城迁居东莱武官庄，族甚巨，长生真人子然特出，其次有登贤书者，惜年远无所考。至中叶，我始祖仲良公家道式微，二世祖才富于永乐四年流寓昌阳西偏南墅村，入赘孙氏而承其业，遂迁始祖墓而葬村西焉。三世、四世、五世渐殷富，至六世兄弟俱称素封，上谒王公之座，下厕缙绅之列，刘氏声名颇震，自是而后，户口繁衍凡数十余村，子弟入胶庠而贡成均者，接踵相望也，布衣伟人亦时出乎其间。

乃自辽人祸起，屠戮倍惨，继以瘟疫，灭绝失传者甚多。革代以来，储蓄稍不及昔，而人丁书香犹称望族。可惜者，曾祖琚所记谱牒被家人损坏，以故堂叔珺再修谱书，残缺之余，不胜慨然。迄今老成俱没，惟始祖以下诸墓尚传未混。

是谱于清光绪五年己卯（1879）由十八世孙鸿国（南墅村，乡饮介宾，字飞卿）重修，但没有刻版印刷，至民国二十四年（1935）族人续修捐资印刷成书。

命名定式（自二十一世起）：“熙敬承先志，昭明继宗功。传经乃世业，为善是家风。”

“长生真人”，即道教全真随山派创始人刘处玄，字通妙，号长生子，东莱前武官庄（今莱州程郭镇前武官庄村）人，生于南宋绍兴十七年（1147，金皇统七年），逝于南宋嘉泰三年（1203，金泰和三年）。他自幼丧父，事母至孝，清静自守。金大定九年（1169）拜王重阳为师学道，为全真教七子之一，全真教第四代掌门人。南宋庆元元年（1195），刘处玄携弟子五人来青岛崂山太清宫讲道传义年余，信徒众多，从此开创全真随山派，太清宫即成为随山派祖庭。元至元六年（1269），元世祖忽必烈诏赠为“长生辅化明德真人”，故世称“长生真人”。他的主要著作有《仙乐集》《至真语录》《道德经注》等。

《（黄县）范氏家乘》四卷（一）

同治己巳年重鐫

范氏家乘

板藏芝陽郡

《（黄县）范氏家乘》四卷（二）

范氏家乘

序

吾范氏之來黄也肇於元末年証闢攷之舊譜自

始祖以逮余身蓋十有三世矣舊譜之纂修在萬歷戊戌迄

今百有餘禩往往明係同宗而不識面本非異姓而不

知名倘及今不編已往者漸就磨滅方來者罔識源本

是誰之責也耶

先君素抱此志居常面命臨訣諄囑緣是遍邀闔族俾之

上遡祖父下逮子孫諱某字某與夫葬某地居某處莫

《（黄县）范氏家乘》四卷，五册，缺页，清刻本。框高18.6厘米，宽28.6厘米，四周单边，单鱼尾。书名页：范氏家乘，同治己巳年重镌，板藏芝阳郡。

卷一前有：康熙庚辰（1700）范澄伦“序”；万历戊戌（1598）寓黄十世孙从简“旧谱前序”；戊戌范联芳“旧谱后跋”；崇正（祯）庚辰（1640）大宗十五代孙复粹“刻姑苏合谱识”；康熙四十七年戊子（1708）居黄十五世孙灏“重修族谱序”；乾隆二十八年癸未（1763）二支十五世孙光学“二次重修谱序”；己巳（1869）“三次重修族谱序”；凡例。

卷四后有：乾隆二十八年居黄十六世孙斯芹“跋”；三次重修祖谱董事名氏；十八世孙同寿“跋”。

是谱为山东黄县（今龙口市）之范氏族谱，此支范氏自称是北宋名臣范仲淹次子范纯仁之忠宣房支派，其始迁祖玉于元末至正年间，由登州迁居黄县。至四世祖益生二子，长子惟和，次子惟德，分为东、西两支，惟和西支，惟德东支。东支九世祖沛生三子，又分为三支，长子从志东长支，次子从金东二支，三子从简东三支。

同治己巳年，三次重修族谱时，在前谱已有十字命名定式后，又添十字，为二十字命名：“斯日同由善，用培作圣基。延嘉继淑德，永世守良时。”

范氏寓居黄县第十世孙从简，于明万历二十六年戊戌初修族谱时《序》曰：

> 祖考，吾族系出陶唐，由虞夏商至东周。晋主夏盟士会，世为晋卿，食采于范，因以邑为氏，改今姓，渊源有自来矣。历秦汉、两晋、南北朝，以逮隋唐，代有闻人，史不胜书。
>
> 自唐丞相履冰祖，数传至宋中叶，文正公起自布衣，功业文章，炳昭史册。又数传至直儒祖，为经略河东张孝纯麾下属官。宣和七年，陷于金，后逃归，寄居青州府。又以乱，避居登州长山岛。迨元至正年间，其子玉始迁黄，遂家焉，是为迁黄始祖。五传至稳祖，以举人官于朝，有正声，历官顺天府尹，以忠直赠侍郎，族始著。由始祖距今已十世矣。

此段序言给出了多个与范氏有关的人物历史信息。

其一：士会，春秋时期晋国大夫，上军将，晋六卿之上卿。约于公元前660年至公元前583年在世。祁姓，士氏，名会，字季，谥号武，因被封于随，故称随会、随武子，因功又改封于范（在今山西长治市屯留区一带），故又称范会、范武子，系范氏受姓之祖。

其二：范履冰（？—689），陕西邠州（今陕西咸阳市彬州）人，唐高祖武德六年（623）进士，在唐武后垂拱年间任鸾台凤阁平章（宰相）。他忠直敢言，不畏权势，因武后欲篡夺李唐天下，排除忠于李氏之臣，逮范履冰下狱并杀害。

其三：文正公，即北宋杰出的思想家、政治家、文学家范仲淹（989—1052），原籍陕西邠州，其祖于唐末渡江南下，遂定居于吴县（今江苏苏州市）。谥号“文正”，世称范文正公。“文”是道德博闻，“正”是靖恭其位，“文正”是文人道德的极致，“是谥之极美，无以复加”（司马光语），是历代皇帝不肯轻易赐给的谥号。所以，“文正”成为古代读书人梦寐以求的至高荣誉。历史上有“文正”谥号的文臣不下数十人，被认为名副其实的只有两人：即北宋的范仲淹和清代的曾国藩。

其四：张孝纯（？—1144），字永锡，山东滕县（今滕州市）人。北宋哲宗元祐四年（1089）进士，宣和五年（1123），为河东路经略安抚使，兼太原知府。宣和七年（1125），金兵南下，攻打太原，张率军民坚守逾年，于次年城破被俘，拒降。南宋建炎四年（1130），伪齐政权建立，被任为左丞相，后为金行台左丞相。金皇统四年（1144）卒，谥号“简安”。

其五：《序》中说，范氏直儒祖为张孝纯部下属官，其年代应该在宣和七年（1125）之前。而《序》中又说，直儒之子玉在元至正年间，迁来黄县，元至正年间应该是公元1341年至1368年。二人之间时隔二百余年，不可能为父子关系，中间还应有数代范氏族人失传。

范氏东三支第十一世孙范从简之三子范复粹（？—1658），“字玉坡，别号紫霞，万历二十三年乙未进士，授开封府推官，历官东阁、文渊阁、武英殿大学士，特晋建极殿大学士，总载实录东宫日讲，特赐银章赐坐墩，赠封三代”。他于明崇祯十三年庚辰至十四年辛巳（1640—1641），出任明末最后一任内阁首辅。他在《刻姑苏合谱识》一文中，将明思宗朱由检的年号“崇祯”写为“崇正”，不知是笔误，还是别有他意，现已无法考证。

《（即墨）迟氏族谱》不分卷（一）

中華民國六年重修

遲氏族譜

文華石印局印

《（即墨）迟氏族谱》不分卷（二）

即墨遲氏始遷記

維桑與梓必恭敬止況乎播遷之餘遠離鄉井廟祠墳墓天各一方可不念厥故居耶余家本雲南省烏紗衛牛角衚衕自前明永樂二年余斌祖深祖自雲徙居即墨城東北七十里米粟山陽店子村又有斌祖兄弟行陶祖自雲徙居店子東南十餘里小橋村斌祖支又自店子村移居即墨城內城外其後自城內外徙者有斗溝旺町石棚子拖車夼塔子夼高哥

《(即墨)迟氏族谱》不分卷，二册，民国石印本。框高19.6厘米，宽28.2厘米，四周双边，单鱼尾。书名页：迟氏族谱，中华民国六年重修，文华石印局印。

册一前有：十三世孙重元“即墨迟氏始迁记”、“族谱补记”；道光八年戊子（1828）十五世孙光廷、十六世孙尚钰“重修族谱序”；十六世孙尚钰“迟氏谱例”；十五世孙道守、十七世孙恒圻“迟氏谱补例”；十三世孙重元、十五世孙光廷、十六世孙尚钰“一世斌、深祖派下命名定式”；同治十一年壬申（1872）十三世孙宗瑶、宗辉等“重修谱序”；民国六年（1917）十五世孙道守“增修族谱序”、修谱人记名。

册二后有：即墨迟氏祖茔图册；十七世孙恒宪遗稿“迟氏支祠追远堂祭田志”。

是谱载即墨迟氏有二支，分别为斌祖支派与深祖支派，斌、深二人（或系兄弟）于明朝永乐二年（1404）自云南省乌纱卫迁徙至即墨，同迁者还有一兄弟陶，但陶祖支派另有支谱，故是谱只记斌、深二支，册一为“讳斌祖派”，册二为“讳深祖派”。他们二人始居店子村（今即墨金口镇迟家店子村），而其兄弟陶则安家于距店子村东南十余里的小桥村（今即墨王村镇小桥村）。《即墨迟氏始迁记》曰：

余家本云南省乌纱卫牛角胡同，自前明永乐二年，余斌祖、深祖自云徙居即墨城东北七十里米粟山阳店子村，又有斌祖兄弟行陶祖自云徙居店子东南十余里小桥村。斌祖支又自店子村移居即墨城内城外，其后自城内外徙者有斗沟、旺町、石棚子、拖车夼、塔子夼、高哥庄、客旅店、田村诸町，自小桥外徙者，又有上庄村，先详记焉。

斗沟，地址不详。

旺町，今青岛市城阳区城阳街道前后旺疃村。

石棚子村，今即墨环秀街道石棚子村。

拖车夼村，今即墨龙山街道拖车夼村。

塔子夼村，今即墨龙泉街道东西塔子夼村。

高哥庄村，今即墨田横镇迟家高戈庄村。

客旅店村，今即墨金口镇店集。

田村，今青岛市城阳区城阳街道田村。

上庄村，今即墨田横镇上庄村。

《即墨迟氏族谱》在清道光八年前只有一手抄谱牒，是年由十五世孙光廷、十六世孙尚钰在十三世孙再一重修后，校对付刻版成谱书。后又经同治十一年十三世、十四世、十五世、十六世公孙重修，民国六年十五世孙道英等人又一次重修成是谱。

命名定式（自十七世起）：“恒继仁德（在底），克廷余庆（在底）。崇（在底）本慎源（在底），显（在底）瑞生芳（在底）。”

十七世孙恒宪捐出了他的宅院与一亩半土地，作为迟氏后人祭祀先祖之所，命名为“追远堂”，为防不测，特留遗嘱《迟氏支祠追远堂祭田志》，以示后人，志曰：

> 余生有五子，次子继诰出嗣，差堪自立，无烦为虑，余身后遗产自当与继诰无关。兹邀亲族议定：所有屋三间，院子一处，作为四分支祠，额之曰“追远堂”，以为后人祀先之所。但使年久失修，恐有坍塌圮毁之虞，因出大岭前地一亩，命长、三、四、五子按四分轮流租拔，以备修理支祠之用。又小岭地半亩，亦按四分，轮流耕种，以作祭田。恐后无据，致起争端，故特志之，以垂永远！

查是谱：恒宪系斌祖支派十七世孙，字圣范，家居石棚子村，配黄氏，继配宋氏，葬小岭东十二世祖茔，有子五，俱黄出。其五子名继诚，字孚臣，号春林，光绪乙酉恩奖军功五品，蓝翎，配宋氏，例封宜人。子一女二。其二子继诰，字文轩，过继给其二伯父恒恩，配焦氏，继赵氏，有子三，俱赵出。

《高密仪氏族谱》十二卷（首一卷、末一卷）（一）

康熙六十年十三世于庭採集

儀氏世業

民國十七年二十一世策獻增輯

《高密仪氏族谱》十二卷（首一卷、末一卷）（二）

民國二十一年冬闔族重修

儀氏族譜

二十一世孫策獻編次

《高密仪氏族谱》十二卷（首一卷、末一卷），十二册，民国石印本。框高 20.0 厘米，宽 29.0 厘米，四周双边，单鱼尾。

首卷书名页：仪氏世业，康熙六十年（1721）十三世于庭采集，民国十七年（1928）二十一世策献增辑。次有：康熙六十年辛丑后学黄鸿中“仪氏世业题辞”。

卷一书衣：高密仪氏族谱；卷次；支派。书名页：仪氏族谱，民国二十一年（1932）冬阖族重修，二十一世孙策献编次。次有：民国二十年辛未杜焕钲“重修族谱序”；后学邱性善“前修旧序”；民国九年庚申（1920）十七世孙荩臣“重订族谱序”；民国十七年戊辰二十一世孙策献“续修族谱序”；续修族谱凡例；续修族谱目录。

卷十后有：嘉庆十四年己巳（1809）十五世孙元勋等“前修族谱跋”；民国十一年壬戌（1922）十七世孙荩臣“重订族谱跋”；民国二十年辛未（1931）二十一世孙策献“跋”；命名字表；每世已用之命名字表。

续修族谱目录：卷首世业；卷一老长支；卷二老二支上册；卷三老二支下册；卷四老三支；卷五少长支；卷六少二支上册；卷七少二支中册；卷八少二支下册；卷九少三支；卷十少四支；卷末附备考、义支。

仪姓稀见，在宋版百家姓中未见。传说大禹其下有侍从名仪狄，是他酿出了世上第一杯美酒，后人称他为“酒神”，其后代遂以仪为姓氏。高密仪姓始祖名叫克诚，宋末元初自山西晋阳迁来高密，仪氏二十一世孙策献《续修族谱序》曰：

> 我族本出自晋阳，三代以来所见者无几，间有载之史传者，无如世远年湮，前代之世系茫无可考。迨至宋末，有吾克诚祖者卜居于山左高密胶水之东南渠村，厥后子孙遂以克诚公为始祖焉。继继绳绳，其中之登仕版位通显者，于明时尤盛。后值明季之乱，屡被兵火，族人流离。

晋阳，今山西省太原市。

南渠村，今高密姚哥庄镇（高密经济技术开发区）大南曲村。

登仕版位通显者，指仪氏二世均祥祖孙四代，即仪均祥，其子仪仲和，其孙仪智（字居贞），其重孙仪铭（字子新）。仪均祥与仪仲和在元代为官，但官位不高，政绩不显，而仪智与仪铭在明初进入政界，俱系荐举为官。仪智从高密县儒学训导做起，直至礼部左侍郎，赠资善大夫、太子少保，谥“文简”。仪铭从礼科给事中做起，直至兵部尚书，赠光禄大夫、左柱国、太师，谥“忠襄”。仪氏一族在仪智、仪铭之后，又出数名举人，十数名秀才，官至府推官、监察御史、州同知、国子监博士，等等。入高密乡贤祠者，有四位之多。《仪氏世业》就是他们耀眼业绩之文字见证。

十七世孙苌臣民国九年《重订族谱序》曰：

旧谱必以克诚公为始祖焉，历传二世祖均祥公、三世祖仲和公，相继仕元，一弘化司照磨，抒忱纳悃；一税课司副使，捍患恤民。四世祖文简公于洪武、永乐间累官进太子少师，以辅导启沃而疑丞重之，八十致仕，所谓富贵寿考非欤？至忠襄祖则五世其昌矣，由礼部而兼兵部，进太保而赠太师，历事三帝而颇有父风，景帝绘图、赐诗、视疾、馈药，谓非有大勋劳而能如是乎？

《高密仪氏族谱》在清康熙年间初编谱略，未有刻版付印，嘉庆十四年己巳重修成谱，刻版印书，光绪辛卯年（1891）开始续修，其中断断续续，几经波折，至民国十七年戊辰始有手抄成稿。民国二十年辛未付之石印，成书一百六十部，即是谱。

高密仪氏自十六世起，拟定三十二字，用以每世排名：“光明正直，国策垂名。修德立言，丕起家声。昭显祖训，有恒是程。慎而守之，启我贤英。”

另外，在《续修族谱凡例》中，特拟定一条关于取名之规定：

嗣后命名所用之字耳，偏旁务以五行相生为宜，上世已行之矣，如五世金旁，六世水旁可考，惜后世不遵行耳，兹修亦间有用之者。嗣后宜将每页（五代）水旁起，继以木火土金，每页照常循环无穷。